KB189481

아버지의 죄

The Sins of the Fathers:
The Law and Theology of Illegitimacy Reconsidered
by John Witte, Jr.
Translated by David D. Jung

아버지의 죄

존 위티 주니어 지음 ㅣ 정두메 옮김 ㅣ 김형태 감수

한길사

크리스토포로 사볼리니, 「하갈과 이스마엘의 추방」, 1675.

혼외출생의 원칙과 새로운 고찰
• 들어가는 말

"사생자는 여호와의 총회에 들어오지 못하리니 십 대에 이르기까
지도 여호와의 총회에 들어오지 못하리라."

이것은 내가 어린 시절 다니던 보수적인 개신교 교회의 강단에서
선포된 무서운 경고였다. 신명기 23장 2절을 인용한 이 가혹한 말씀
은 우리 교회가 교회의 일원이던 한 미혼모와 그 미혼모의 자식을
추방하기 위한 마지막 단계에서 선포한 것이었다. 나는 당시 어린 나
이임에도 매우 놀랐던 것으로 기억한다. 죄인으로 가득 찬 교회에서
어떻게 단지 새로 태어난 자식이 세례받기 원하는 또 다른 죄인을
추방할 수 있단 말인가. 더군다나 교회가 어떻게 어린 아기를 추방하
고 '세례'라는 성례를 거부할 수 있단 말인가.

간음이라는 죄가 (내가 당시 어린 마음으로 어리석게 행하던) 거짓말,
도둑질, 부모님을 공경하지 않기 등 십계명을 위반하는 다른 죄들보
다 훨씬 나쁜 죄인가. 나는 어쩌면 바로 내가 다음 추방의 대상이 될
지도 모른다는 생각으로, 아니 그보다 더욱 심각하게 사생아로 태어
나서 우리 집에 입양된 동생 로버트가 추방당할지도 모른다는 생각

으로 겁에 질렸었다.

나는 우리의 작고 긴밀했던 교회 공동체 내에서 그 미혼모와 그녀의 사생아를 추방해야 할 것인지의 문제로 인해 갈등이 일어났던 것을 기억한다. 이 문제에 직면한 우리 교회의 목사님은 자신의 총(Gun)에 율법(Law)이라는 총알을 장전해 반대자들에게 대항했다("아버지"와 어머니의 "죄"를 그들의 자식들에게 "갚는다"는 십계명의 요구가 그중 하나였다).[1] 교회의 다른 리더들은 복음으로 이에 대항했다. 우리가 과연 누구이길래 간음한 자를 "먼저 돌로 칠" 수 있으며, "어린아이들이 내게 오는 것을 용납하고 금하지 말라"고 하신 그리스도의 명령에 따르지 않을 수 있단 말인가.

이러한 갈등은 율법과 복음, 정의와 긍휼, 훈계와 사랑의 위대한 변증법을 내가 처음 실질적으로 접하게 된 사건이었다. 당시에 풀이 죽은 목사님은 결국 교회를 떠나게 되었고, 그가 정년을 채우지 못하게 만든 그의 침울한 설교도 사라졌다. 그러나 그 슬픈 날의 기억은 한 번도 나를 떠난 적이 없다. 바로 그 기억이 내가 이 책을 쓰게 된 동기의 일부분이다.

이 책은 깊은 연구에 따른 두껍고 대대적인 학술논문이 아니라 짧은 역사적 에세이에 불과하다. 이 책의 목적은 혼외출생(illegitimacy)의 역사에 대해 이미 널리 인정되는 설명들에 도전하는 것이 아니라, 역사적으로 인정되어온 혼외출생의 원칙(doctrine of illegitimacy)에

---

1) 출애굽기 20장 5절 ─ 옮긴이.

6

대해 새로운 고찰을 해볼 것을 자극하는 것이다. 나의 주된 목표는 성경과 전통에서 제기된 혼외출생의 원칙에 대한 찬반양론들을 다시 따라가보는 것이다. 나의 주된 결론은 혼외출생의 원칙이 일반적인 성경의 가르침에 위배되고, 또한 초기 유대교와 기독교에서는 혼외출생의 원칙에 반하게 가르쳤다는 것이다.

기독교 신학자들과 법학자들이 혼외출생의 원칙을 열심히 지지하기 시작한 것은 기원후 1,000년 이후의 일이며, 또한 이것은 혼인에 대한 교리를 강화하기 위한 노력의 일부분이었다. 중세 여러 가톨릭 교도들과 개신교도들은 로마법의 선례 및 엄선된 성경구절들을 인용해 혼인 외의 남녀가 저지른 죄를 그로 인해 태어난 자식들에게 전가했다. 그들은 혼인 외의 출생에 대한 일종의 카스트 시스템을 고안하여, 이 혼인 외의 출생자들의 권리를 그들의 부모들이 저지른 죄의 하나의 상관함수로 만들어버렸다. 부모의 죄가 클수록 그 자식의 사회계급과 법적 보호의 기준이 낮아졌다.

비록 근대 초기부터 교회와 국가의 개혁가들이 혼외출생자의 처지를 개선하기 위해 노력했으나, 20세기에 들어와서야 혼인 외의 출생으로 인한 법적 불이익이 모두 없어졌다. 그럼에도 오늘날 신학과 정치의 보수진영에서는 여전히 혼외출생의 원칙이 잔존하고 있을 뿐만 아니라, 번영을 누리고 있는 서구에서조차도 혼인 외의 출생으로 인한 경제적·정신적 결과들은 암울하기만 하다.

이 책은 내가 지금까지 일반적으로 서구 전통에서의 법과 종교, 특히 결혼과 가정생활의 역사에 대해 더욱 호의적인 견해를 취했던 것에 익숙한 일부 독자에게 의외로 느껴질 수 있다. 그렇다고 해서 내가 이 책을 통해 새로운 입장을 취하려는 것은 아니다. 나는 역사를 저술함에 있어 언제나 향수(nostalgia)를 피하고 현재 진화 중인 전통의 가르침과 오랜 성경의 가르침을 비교하려고 노력해왔다.

나의 소견으로는 전통이 가족에 대한 다른 주제들에 비해서, 혼외출생이라는 주제에 대해서는 기대에 못 미쳐왔다. 따라서 나는 혼외출생의 전통적 원칙과 그 대안에 대해서 재고하기를 요청한다. 혼외출생 문제에 대한 해결책을 제시하는 것은 쉽지 않다. 그러나 (일부 전통과 현재의 일부 신전통주의자가 가르치는 바와 같이) 혼인 외에서 출생한 자식으로 하여금 자신의 아버지와 어머니의 죄를 감당하도록 하는 것은 정당하지도, 필요하지도 않다.

이 책을 쓰면서 여러 감사의 빚을 지게 되었다. 먼저, 서구 전통에서 법과 기독교의 상호작용을 고찰하는 이 책과 다른 책들을 저술할 수 있도록 연구 지원과 시간을 제공해준 릴리 재단(Lily Endowment Inc.)의 크레이그 다이크스트라(Craig Dykstra) 박사와 그의 동료들에게 깊은 감사를 표한다.

또한 서구의 혼외출생의 원칙에 대한 방대한 신학자료를 훌륭하게 조사해준 (에모리대학교) 캔들러 신학대학원 졸업생 지나 와이저(Gina Weiser)와 핵심을 찌르는 몇 가지 중요한 고전 및 중세의 법률 자료를 찾아준 에모리 법학대학원 졸업생 컬린 플러드(Colleen

8

Flood)에게 감사를 전한다.

도서관에서 매우 훌륭한 지원을 제공해준 크리스 허드슨(Chris Hudson), 윌 해인즈(Will Haines), 켈리 파커(Kelly Parker)와 조사와 검토를 해준 트레버 핑커턴(Trevor Pinkerton)에게도 감사를 표하는 바이다.

이 책의 원고를 읽고 중요하고 건설적인 비판과 지침들을 제공해준 나의 동료들 프랭크 알렉산더(Frank S. Alexander), 마이클 어서벨(Michael Ausubel), 패트릭 브레넌(Patrick M. Brennan), 던 브라우닝(Don S. Browning), 마이클 브로이드(Michael J. Broyd), 크리스천 그린(M. Christian Green), 주디스 에반스 그럽스(Judith Evans Grubbs), 브룩스 홀리필드(E. Brooks Holifield), 티모시 잭슨(Timothy P. Jackson), 마틴 마티(Martin E. Marty), 찰스 리드 주니어(Charles J. Reid, Jr.), 로버트 윌큰(Robert Wilken)에게 특별한 감사를 표한다.

마지막으로 이 책을 쓸 수 있도록 권유하고 원고를 검토해준 캠브리지 유니버시티 프레스의 케빈 테일러(Kevin Taylor)와 케이트 브렛(Kate Brett)에게 감사를 전한다.

이 책은 에모리대학교의 법과 종교 연구센터에서 진행하는 '법, 종교, 사회에서의 아동'(Child in Law, Religion, and Society)이라는 주요 프로젝트의 일환으로 만들어진 것이다. 이 프로젝트는 아동으로서의 아동(children qua children), 즉 그들의 존재와 변화 과정, 탄생과 성장 과정 안에서의 아동이라는 주제에 초점을 두고 있다.

마틴 마티 교수의 지휘하에 20명의 학자로 이루어진 우리는 출산과 작명, 세례와 할례, 교육과 훈계에 따른 의식(rite)과 권리들을 연구하고 있다. 그리고 아동의 육체적·감정적·성적·도덕적·영적 형성들에 따른 단계들과, 각 단계에서 오는 의식과 고난, 권리와 책임들을 조사하고 있다. 또한 아동학대와 성폭행, 아동빈곤과 노숙, 소년범죄와 폭력, 혼외출생과 유아살해 등의 비애들을 조사하고 있다. 마지막으로 우리는 순수와 상상, 예민함과 솔직함, 감정이입과 치유, 함께 공유함과 보살핌이라는 아동 고유의 신비를 탐사하고 있다.

이러한 우리의 프로젝트와 센터에 많은 지원을 아끼지 않는 퓨 자선기금(The Pew Charitable Trusts)의 레베카 리멜(Rebecca Rimel)과 그녀의 동료들에게 깊은 감사를 표한다. 또한 원고 및 그림 작업을 훌륭하게 해준 에이미 윌러(Amy Wheeler) 및 에이프 릴 보글(April Bogle), 얼라이자 엘리슨(Eliza Ellison), 아니타 맨(Anita Mann), 린다 킹(Linda King)을 포함한 에모리 법과 종교 센터의 모든 동료에게 이 책뿐만 아니라 앞으로도 몇 권의 책 출간을 앞두고 있는 본 프로젝트를 훌륭하게 감당해주는 것에 깊은 감사를 표한다.

우리 가족이 "폰키"(Ponkie)라는 별명을 지어주었던 나의 동생 로버트를 기념하며 그에게 이 책을 바친다. 혼외출생으로 친부모에게 버림당하고 심각한 육체적·지적 장애를 겪다가 16세로 생을 마감하기까지, 순전한 신앙을 가지고 언제나 기뻐하던 로버트는 나에게 진정한 그리스도인의 삶을 보여주는 최고의 모델이었다. 그로 인해 나의 부모님과 형제들에게서도 선한 천사의 모습을 볼 수 있었고, 그는 나에게 수백 권의 책과 수백 번의 설교보다 더 하나님의 겸손하고 기

10

쁜 자녀가 되는 것이 무엇인지를 몸소 가르쳐주었다. 로버트의 이름
과 그에 대한 기억이 영원히 축복받기를 소망한다.

존 위티 주니어

일러두기

- 이 책은 존 위티 주니어(John Witte, Jr.)가 쓴 *The Sins of the Fathers: The Law and Theology of Illegitimacy Reconsidered*(Cambridge University Press, 2009)를 번역한 것이다.

- 본문에서 인용한 성서 내용은 특별한 언급이 없는 한 『성경전서 개역개정판』(대한성서공회, 1998)을 따른다. 성서 약어 또한 이에 따라 썼다. 외경의 경우 『성경』(한국천주교주교회의, 2005)을 기준으로 한다.

- 독자의 이해를 돕기 위해 각주에 옮긴이의 주를 넣고 '-옮긴이'라고 표시했다.

아버지의 죄

마티아스 스톰, 「아브라함에게 하갈을 데려가는 사라」, 1639.

혼인 외의 출생에 대한 모순

• 서문

성(sex)이라는 주제는 서구에서 오랜 기간에 신학과 법의 은밀한 연합을 자극해왔다. 서구의 성직자들과 위정자들은 합법적인 성관계가 무엇인지를 사법(private law)으로 정의하고 그것을 장려하기 위해 협력해왔다. 이 법에는 성에 관한 에티켓, 구혼과 약혼, 혼인 관계의 형성과 유지와 해지, 부부 간의 의무와 잘못과 요구, 부모의 역할과 권리와 책임 등에 대한 규칙과 절차들이 포함되어 있다.

서구 교회와 국가들은 오랜 시간 불법적인 성관계를 감찰하고 처벌하기 위한 도덕법과 형법들을 제정하기 위해 협력했다. 이 두 권력체는 수백 년 동안 간음과 음행, 남색과 항문성교, 중혼과 다혼, 매춘과 포르노그라피, 낙태와 피임 등의 서로 중복되는 성적 죄악(sin)과 범죄(crime)들의 목록을 공유했다. 또한 성에 대한 이러한 규칙들을 시행하기 위해 서로 연동적인 재판소들을 운영했다.

교회는 교회법, 고해, 교회법정 등의 장치를 통해 교인들의 내적 삶을 감독했고, 국가는 성범죄에 대한 정책·기소·처벌 등의 장치를 통해 시민들의 외적 삶을 감독했다. 성직자들과 위정자들은 이러한 과정에서 종종 누구의 법이 성·결혼·가정에 대한 관할권을 가지는 지에 대해 충돌하기도 했다. 이들 법에는 많은 변화가 있었으며, 특히 4·12·16·19세기에 급격한 변화를 겪었다. 그러나 이 모든 대립 관계와 변화에도 기독교(그리고 기독교 법들의 배경이 되었던 유대교와 그리스·로마의 고전들)는 서구의 성, 결혼, 가정생활 법들이 형성되는 데 많은 역할을 했다.

이 고전 법 원칙의 대부분은 현재 서구에서 급격히 증가된 성적 자유와 개인의 사생활이라는 대중적인 관습과 새로운 공법(public law)의 그늘에 가려지게 되었다. 구혼·동거·약혼·결혼 등은 주로 성에 관한 사적 계약이 되었고, 국가와 교회의 역할 및 이것들의 성립과 행사와 해체에 대한 규제들은 대거 축소되었다.

피임과 낙태를 죄악으로 규정했던 고전적 법원칙은 헌법의 자유를 위반하는 것으로 판결되었다. 간음과 간통에 대한 금지도 대부분의 전통 법전에서 이미 사라졌거나 곧 폐기될 문자들이 되었다. 언론의 자유를 보장하는 법은 외설에 해당하지 않는 한 모든 종류의 성적 표현의 자유를 보호한다.

헌법의 사생활 보호법들은 아동학대나 법정강간(statutory rape)에 못 미치는 모든 자발적 성행위를 보호한다. 근친상간·다혼·동성애 등을 금지했던 전통들이 아직도 일부의 법 서적에 존속하고 있으나, 뜨거운 헌법적·문화적 투쟁의 주제가 되었다.

이와 같이 서구의 오랜 전통적 원칙들 중에는 많은 논쟁이 있었음에도 그리 큰 비판의 대상이 되지 않았던 주제가 있다. 바로 '혼인 외의 출생자의 원칙'(doctrine of illegitimacy)[1]이다. 어쩌면 역사적으로 더욱 정확하지만 정치적으로 부적합한 용어는 '사생아의 원칙'(doctrine of bastardy)일 것이다.[2] 서구전통에서 사생아(bastard)는 '적

---

1) 이 책에서 'doctrine of illegitimacy'는 서구에서 전통적으로 남편과 아내의 적법한 혼인 외에서 출생한 자식들에 대한 권리와 제한을 다루는 데 있어 적용된 원칙을 가리킨다. 저자는 역사적 문헌들의 용어 사용에 따라 혼인 외의 출생자를 가리키는 용어로 '사생아'(bastard), '서출자' 또는 '적법하지 않게 태어난 자'(illegitimate) 등의 용어들을 사용했다. 현재 대한민국 민법에서는 이러한 부류를 가리키는 용어로써 '혼인 외의 출생자'를 사용한다. 이 책에서 'illegitimacy'는 '혼인 외의 출생' 또는 '혼외출생'으로, 'doctrine of illegitimacy'는 '혼인 외의 출생자의 원칙' 또는 '혼외자의 원칙'으로, 'bastard'는 '사생아'로, 'illegitimate'는 '혼인 외의 출생자' 또는 '혼외자'로 번역했다―옮긴이.

2) 영어에서 '사생아'(bastard)라는 용어는 '사생아 왕'이라고 알려진 11세기 후반의 정복자 윌리엄(William the Conqueror)을 가리키는 말로 처음 생겨났다. 이 용어의 어원이 불분명하지만, '말의 안장에서' 또는 '농장에서' 포태되었다는 뜻인 'bent'('부정직한' '성적으로 비정상적인'이라는 뜻)라는 단어에서 파생된 것으로 여겨진다. '사생아'라는 용어는 14세기까지 법적용어로 사용되었다. Nicholas Orme, *Medieval Children*(New Haven, CT: Yale University Press, 2002), p.57 참고. "'적법한 혼인 내에서 태어나지 않은'이라는 뜻인 '적법하지 않게 태어난'(illegitimate)이라는 형용사는 이 용어 전에 사용되었던 '사생아로 태어난'(bastard)이라는 용어를 대신하여 … 셰익스피어의 1536년도 작품인 『헨리 8세』에서 엘리자베스를 'the kynges doughter illegyttimate borne under same mariage[sic]'라고 표현하는 데 사용되었다. 17세기 초에 이르러서는 '적법하지 않게 태어난'이라는 용어가 '사생아로 태어난'이라는 용어의 유의어로 쓰이게 되었고, 이후 영미법과 영미문학에서 이러한 의미로 계속 사용되었다. Gail Reekie, *Measuring Immorality: Social Inquiry and the Problem of Illegitimacy*(Cambridge: Cambridge University Press, 1998), p.23. 또한 Jenny Teichmann, *Illegitimacy: An Examination of Bastardy*(Ithaca, NY: Cornell University Press, 1982) 참고. 역사적으로 혼외출생 자식을 가리키는 용어로 부모의 혼외 성행위의 종류에 따라 *mamzerim, spurii, nothi, filii naturalis, incestui, adulterini, favonius, illegitimus, vulgo quaesitus, vulgo conceptus* 등과 그 외의 많은 용어가 사용되었다. 15세기에 이르러서는 혼외에서 출생한 모든 자

법한 혼인관계 외에서 출생한 아동'이라고 정의되었다. 즉, 음행·간음·축첩·근친상간·매춘 또는 그외 성적 죄악 또는 범죄를 통해 출생한 아동을 가리켰다.

사생아로 태어난 아동은 이름도 없고 가족도 없었으며, 동시에 끊임없는 동정과 경멸, 자선과 학대, 낭만과 천박함의 대상이 되었다. 사생아들은 친자로 인지(legitimatize)되거나 양자로 입양되지 않는 한, 자신들의 세례증서, 입교증서, 혼인증서, 사망증서, 세금명부, 각종 법적 기록, 재산명부 등에 죄악과 범죄로부터 비롯된 출생의 낙인이 찍힌 채 평생을 살아가야 했다.

수백 년 동안, 사생아들은 재산을 상속받거나 유증할 수 있는 권리, 고위 성직 및 정치·군사적 직책을 가질 수 있는 권리, 법정에 소송을 제기하거나 증언할 수 있는 권리 등을 박탈당한 채, 단지 약간의 자선이나 원조의 대상으로써, 일종의 법적 고성소(limbo) 안에 존재했다. 또한, 출생한 사생아동을 즉시 질식시켜 죽이거나 유기하든지, 또는 살아남을 가능성이 매우 희박한 채로 간호사나 타인의 손에 맡기는 것이 드물지 않은 역사적 관행이었으며, 만약 이러한 관행에서 살

식을 일반적으로 가리키는 말로써 '사생아'(bastardi)라는 용어가 사용되었다. 이 책, 100-11, 123-26, 157-73, 185-93쪽과 John Brydall, *Lex Spuriorum, or the Law Relating to Bastardy Collected from the Common, Civil, and Ecclesiastical Laws*(London: Assigns of Richard and Edwards Atkins, 1703), pp.1-14 참고. 나는 이 책에서 역사적인 문을 기술하는 데 있어 '사생아'라는 용어와 '적법하지 않게 태어난 자'라는 용어를 섞어서 사용했고, 뉘앙스가 더욱 온건한 적법하지 않게 태어난 자'라는 용어를 더 선호했다. 현대에는 '혼인 외의 출생자'(non-marital child)라는 용어를 선호한다.

아남는다 할지라도, 종종 만성적인 빈곤, 소외와 학대 등에 시달리며 살아가야 했다.[3]

혼외자의 원칙은 세계 대부분의 법과 종교의 전통 내에 공통적으로 존재해왔다. 이 원칙은 오랫동안 가정 내 가부장의 권력과 책임의 범위를 규제하고, 재산·명의·혈통의 전달과 상속을 일반화하며, (일부 문화권에서는) 가정 종교(household religion)에 대한 통제를 확립하기 위한 역할을 해왔다.[4]

서구의 전통에서는 혼외자의 법 원칙(legal doctrine of illegitimacy)이 기독교 신학의 특별한 지지를 받았다. 혼외자의 원칙은 결혼한 부부만이 정당한 성관계와 출산을 할 수 있다는 입장을 지탱하려는 교회의 계속적인 노력에 자연적으로 따른 것이었다. 또 이 원칙은 "아

---

3) Mark Jackson, *New-Born Child Murder: Women, Illegitimacy, and the Courts in Eighteenth-Century England*(Manchester: Manchester University Press, 1996); T.E. James, "The Illegitimate and Deprived Child: Legitimation and Adoption," in Ronald H. Graveson and F.R. Crane, eds., *A Century of Family Law: 1857-1957*(London: Sweet & Maxwell, 1957), pp.39-55; Lionel Rose, *The Massacre of the Innocents: Infanticide in Britain 1800-1939*(London: Routledge and Kegan Paul, 1986); Mason P. Thomas, "Child Abuse and Neglect. Part I: Historical Overview, Legal Matrix, and Social Perspectives," *North Carolina Law Review* 50(1972), pp.293-349.

4) 일반적으로 John C. Ayer, Jr., "Legitimacy and Marriage," *Harvard Law Review* 16(1902): 22-42; Shirley Hartley, *Illegitimacy*(Berkeley: University of California Press, 1975); Peter Laslett, Karla Oosterveen, and Richard M. Smith et al., eds., *Bastardy and Its Comparative History: Studies in the History of Illegitimacy and Marital Non-Conformism in Britain, France, Germany, Sweden, North America, Jamaica, and Japan*(Cambridge, MA: Harvard University Press, 1980) 참고.

버지[그리고 어머니]의 죄악을 자식에게 갚게"(출 20:5, 34:7; 민 14:18; 신 5:9) 한다는 성경 말씀의 적절한 적용이며 표현이라고 여겨졌다.[5] 이미 어머니의 태중에 있을 때부터 "사람 중에 들나귀"(창 16:12)같이 되리라고 저주를 받고 결국 최소한의 생존 가능성만을 지닌 채 집에서 쫓겨났던 아브라함의 혼외자 이스마엘의 이야기를 보면, 성경에 의해 이와 같은 해석이 정당화되는 것처럼 보였다.

모세의 율법은 사생아들과 그 후손들을 "십 대에 이르기까지도 여호와의 총회에 들어오지 못하"(신 23:2)도록 금지시켰다. 이스라엘의 선지자들은 "간음의 소생들"이 "재판 때에 부모가 저지른 죄악의 증인"이 되기 때문에 "멸망하고 만다"(가톨릭 구약성서 지혜서 3:16-17, 4:6)고 경고했다. 그리스도와 성 바울은 사생아를 복음의 생명과 자유를 받아들이기를 거절하여 종이 되고 핍박당하는 저주받은 영혼에 비유했다(요 8:31-59; 갈 4:21-31).

기독교 신학자들과 법학자들은 중세부터 지금까지 이러한 성경구절을 근거로 하여 혼외자의 법 원칙에서 파생되는 많은 규제를 만들어냈다. 이 원칙은 서구의 대륙법·캐논법·영미법[6]의 지속적인 가르

---

5) 저자는 원서를 저술하는 데 인용한 모든 성경구절을 별도로 언급하지 않는 한 영어 성경 Revised Standard Version에서 발췌했다. 이 책에서는 별도로 언급하지 않는 한 개역개정 성경에서 발췌했다.—옮긴이.

6) '대륙법'(civil law)은 유럽 대륙 국가들의 시민법으로 정치체제로서의 각 국가가 관할권을 가지고 국가 내에서 적용한 국가법(시민법)이고, '캐논법'(canon law)은 유럽 가톨릭교회가 관할권을 가지고 가톨릭교회의 지배하에 놓였던 유럽 국가들에게 일반적으로 적용했던 교회법이며, '영미법'(common law)은 유럽 대륙 국가들과 상이하게 영국에서 발전하여 이후 영국의 식민지였던 국

침이 되었다. 그리고 오늘날 혼외출생의 빈도가 매우 높아지면서, 일부 기독교 및 기타 근본주의적 종교들이 이 원칙을 다시 새롭게 지지하고 있다.

그러나 혼외자의 원칙은 사실 성경의 다른 가르침들과 쉽게 일치되지 않는다. 이 원칙의 근본적 근거를 "아버지의 죄악을 자식에게 갚게" 한다는 우리에게 익숙한 성경적 금언에 두는 것은 오류다. 이 개념을 담은 글은 성경에서 네 번에 걸쳐 등장한다. 그중 두 번은 십계명에서 등장한다. 바로 "너를 위하여 새긴 우상을 만들지 말고 … 네 하나님 여호와는 질투하는 하나님인즉 나를 미워하는 자의 죄를 갚되 아버지로부터 아들에게로 삼사 대까지 이르게 하거니와 나를 사랑하고 내 계명을 지키는 자에게는 천 대까지 은혜를 베푸느니라" 라는 구절이다(출 20:4-6; 신 5:8-10).

이 계명에서 쟁점이 되는 죄악은 우상숭배이지, 간음이나 음행[7] 이 아니며, 이 계명이 다음 세대의 혼인 중의 출생자(또는 친자legiti-mate)[8]와 혼인 외의 출생자에게 차별적으로 적용되는 근거는 어디에

가들에서 적용되고 발전한 국가법을 가리킨다. 이 번역서에서는 시대 및 지역적 의미에 따라 '대륙법'을 때로는 '시민법'으로, '영미법'을 때로는 '코먼로'로 번역했다―옮긴이.

7) 원문에서는 "adultery or fornication". 우리말로 혼외정사를 의미하는 간음 또는 간통은 영어로 adultery 또는 fornication으로 쓰인다. 서구의 법 전통에서 adultery는 결혼을 한 자가 배우자가 아닌 다른 자와 성교하는 것을, fornication은 비혼자 간에 성교하는 것을 뜻한다. Black's Law Dictionary 참고. 이 책에서는 'adultery'는 '간음'으로, 'fornication'은 '음행'으로 번역했다―옮긴이.

8) 'legitimate'는 '적법한'이라는 뜻이다. 서구에서 'legitimate child'란 전통적으로

도 없다. 하나님을 사랑하고 그의 계명을 지키는 자식들에게는 그 자식들의 신분과 상관없이 하나님의 "은혜"가 약속된 것이다. 하나님을 계속 "미워"하거나 지속적으로 우상숭배를 하는 자식들은, 심지어 그들이 혼인 중의 출생자 또는 친자라 할지라도 하나님의 영원한 형벌을 받게 되는 것이다.

그럼에도 "노하기를 더디 하시는" 은혜로우신 하나님은 당신의 백성에게 회개할 시간을 주실 것이다. 그들에게 마땅한 형벌을 바로 내리는 대신, 하나님은 삼사 대에 걸친 후에야 그 자손들이 아버지의 죄를 "갚도록" 할지 판단하실 것이며, 그 역시 그들이 조상들의 우상숭배를 계속할 때에만 "갚도록" 하시겠다는 것이다.

십계명 전체를 지키지 않는 "아버지의 죄악"을 "자식에게 갚도록" 한다고 경고하는 다른 두 구절에서도 똑같은 약속이 반복된다(출 34:7; 민 14:18). 이 구절들이 뜻하는 바는 혼외자에게는 원죄에 대해 이중처벌의 원칙이 적용된다는 것이 아니다. 이 구절들은 모든 사람이 은혜로운 하나님 앞에 회개하고 의로워야 한다는 것을 강조하는 것이다.

(일반적으로 적법하게 맺어진 혼인 관계 내에서) 적법하게 태어난 자 또는 입양을 통해 친자로 인지된 자를 뜻한다. 적법하게 출생한 자의 범위는 시대와 지역에 따라 약간의 차이가 있다. 우리말로는 ('서자' 또는 '서출자'와 대조되는) '적자' 또는 '적출자'라는 용어가 더욱 정확할 수 있으나, 이 책 전체에서 용어의 통일성을 위해 가족법의 용어인 '친자'로 번역했다. 따라서 이 책에서 '친자'는 '혼외자'에 대조되는 적법한 혼인 내에서 태어난 자와 혼외에서 태어났으나 친생자로 인지된 자와 입양을 통해 친자로 인지된 자 등 적법한 자식의 신분을 가진 자를 총칭한다—옮긴이.

22

이러한 가르침은 다른 성경구절들에서 더욱 온화하게 표현된다. 성경은 신자들에게 아버지 없는 "고아"를 "억울하게" 하지 말라고 재차 명령을 내린다(신 24:17, 27:19; 시 94:6; 사 9:17; 애 5:3). 모세의 형법은 "아버지는 그 자식들로 말미암아 죽임을 당치 않을 것이요 자식들은 그 아버지로 말미암아 죽임을 당하지 않을 것이니 각 사람은 자기 죄로 말미암아 죽임을 당할 것이"라고 명백히 정했다(신 24:16). 이후의 이스라엘 선지자들은 "아들은 아버지의 죄악을 담당하지 아니할 것이요 아버지는 아들의 죄악을 담당하지 아니하리니 의인의 공의도 자기에게로 돌아가고 악인의 악도 자기에게로 돌아가리라"고 했다(겔 18:19-20).

신약에서는 이 개개인의 책임의 가르침을 강조한다. 그리스도의 속죄의 의미는 태아이건, 신생아이건, 그 누구이건, 자신의 부모 또는 타인 그 누구의 희생양도 될 수 없다는 것이다. 각 개인의 영혼은 하나님의 심판의 권좌 앞에 직접 서서 자신이 이생에서 무엇을 했는지를 대답하고, 하나님의 최후의 심판이나 긍휼을 받을 것이다. 여기에는 대위책임이 없다.

나아가 성경은 혼외자와 불행하게 태어난 자들을 구제할 수 있는 숭고한 방법으로써 '입양의 원칙'(doctrine of adoption)을 가르친다. 히브리 성경(구약)에서는 수차례에 걸쳐 입양이 혼외에서 태어난 자녀, 정복당한 자녀, 쫓겨난 자녀, 고아가 된 자녀의 불행을 구제하기 위한 방법이라는 점을 암시한다(창 30:1-13, 48:5-6; 출 2:7-19; 삿 11:1-2; 대상 2:34-35; 스 10:44; 룻 4:16-17; 에 2:7). 예레미야 선지자는 하나님이 이스라엘을 어떻게 선택된 백성으로 만들고 "아름다운 기업"을 약속하는지를 묘사하면서(렘 3:19) 입양의 이미지를 암시한다.

신약에서는 입양이 더욱 직접적으로 장려된다. 첫째, 그리스도 계보의 적자(친자)가 아닌 다섯 명의 인물──베레스, 세라, 보아스, 오벳, 솔로몬──이 그리스도의 계보로 입양되었고(마 1:1-17), 입다와 같은 사생아들도 구원의 역사에 입양되었다(히 11:32). 또 요셉은 당시 마리아의 혼외자로 알려졌던 그리스도를 입양했다(마 1:20-25). 마지막으로, 원죄와 스스로 저지른 범죄가 있더라도 믿음이 있는 자는 누구나 "구원의 후사로 입양"될 것이라는 약속이 있다(롬 8:14-15, 23, 9:4; 갈 4:4-5; 엡 1:5).

혼외자의 원칙은 신학적 교훈에 어긋날 뿐만 아니라 기본적인 법 원칙에도 어긋난다. 첫째, 범죄가 성립되기 위해서는 세 가지의 주요 요건이 충족되어야 한다. 즉 (1) 피고의 자발적 행위 또는 자발적 부작위에 의한 범죄행위가 있어야 하고, (2) 피고가 의도적으로 또는 고의로 또는 무분별하게 또는 부주의에 의해 행위했다는 범의가 있어야 하며, (3) 이 행위로 인해 피해자 또는 사회에 해를 입혔다는 원인이 있어야 한다.[9]

이 세 가지 요건은 의도와 이성과 인과관계에 대한 서구 고전의 가르침에서 기초하는 것들이다. 혼외에서 태어났다는 것은 흔치 않은

---

9) "Actus reus"를 '범죄행위'로, "mens rea"를 '범의'로, "causa"를 '원인'으로 번역했다──옮긴이.

24

신분의 비행(status offense)인데, 이것 역시 범죄로 성립되기 위해서는 위의 세 가지 요건을 충족해야 하지만, 실제로는 이 요건 가운데 하나도 충족되지 않는다. 그럼에도 혼외출생자들은 전통적으로 마치 범죄자인 양 취급받은 것이다.

둘째, 혼외자의 원칙은 서로 비혼 관계에 있는 두 사람이 성관계를 가지는 것을 예방하려는 목적을 가진, 흔치 않은 일종의 억지(deterrence) 방법인데, 이것은 결국 죄가 없는 제3자에게 해를 입힌다. 이 원칙은 정당한 성관계와 생식이라는 공동의 선을 이루기 위해 죄가 없는 아동들을 도구로 삼아 제도화한다. 타인들을 범죄에서 억지하기 위해 적법하게 유죄판결을 받은 범죄자에게 무거운 형벌을 내리고 범죄기록을 남기는 것은 정당하다고 할 수 있다. 범죄자는 적법한 유죄판결을 받는 즉시 "그 목적을 위해 사회에 구속되는 것"이기 때문이다.[10] 그러나 타인들을 정당하지 않은 성행위에서 억지하기 위해, 적법한 심리도 없이 죄가 없는 아동을 혼외출생자의 기록에 올려버리는 것은 그저 잔인하고 부당하기 짝이 없다.

마지막으로 혼외자의 원칙은 흔치 않은 형태의 대위책임으로써, 죄가 없는 자녀에게 부모의 혼외 행위 대가의 일부를 전가시키는, 말하자면 '하급자 대위책임의 원칙'[11]이다. 법에서 '상급자 대위책임의

---

10) Sydney Smith, *Elementary Sketches of Moral Philosophy* (New York: Harper and Bros, 1856), p.252. Cf. Immanuel Kant, *The Metaphysics of Morals*, 6:336 re: the punishment and killing of illegitimates.

11) 원문에서는 "respondeat inferior doctrine". '상급자 대위책임의 원칙' (respondeat superior)은 영미법에서 불법행위법의 원칙 가운데 하나로, 하급

원칙'을 찾는 것은 어렵지 않다. 자녀, 대리인, 피고용인의 행위로 인해 부모, 업주, 고용주에게 책임이 전가되는 경우를 쉽게 볼 수 있다. 대위책임제의 목적은 권한을 가진 자들이 자신의 책임하에 있는 자들을 가르치고, 감독하고, 통제하도록 장려하기 위한 것이다. 그러나 혼외출생자의 원칙은 이렇게 간단한 법 논리에 반대된다. 이 원칙은 타인의 행위를 감독하거나 통제할 능력이 전혀 없는 갓 태어난 아동에게 책임을 부가한다.

미국과 다른 서구 나라들에서 이미 혼외자의 원칙을 가르치는 고전 법과 교훈 가운데 많은 것이 효력을 잃고 있음은 의심할 여지가 없다. 대부분의 서구 국가는 혼외자들이 가질 수 있는 재산의 권리, 도움받을 권리, 법원에서 재판받을 당사자 자격 등의 권리에 대한 오래된 법적 제한을 대부분 제거했다. 국가의 복지와 교육 프로그램을 통해 혼외자에 대한 전통적인 사회 · 경제적 부담을 줄이기도 했다.

영미법에서는 20세기 초 처음 도입된 입양의 법 원칙을 통해 혼외자에 대한 추가적인 구제가 이루어졌다. 나아가 여전히 잔존하고 있던 혼외자에 대한 제한 법 중 많은 법이 유럽인권보호조약(European Convention on Human Rights)과 미국 수정헌법 제14조의 평등보호조항(equal protection clause)에 위반되는 것으로 판결되어 효력을 잃

자(예를 들면 피고용인)의 행위로 인해 타인에게 해를 입혔을 때 상급자(예를 들면 고용주)에게 대위책임이 있다는 원칙이다. 저자는 부모의 혼외성교 행위에 대해 혼외출생자녀가 그 책임을 진다는 의미로 '하급자 대위책임의 원칙'이라고 했다—옮긴이.

게 되었다.

미국 수정헌법 제14조에는, 하나의 조항에 의해 보장된 권리가 다른 조항에 의해 침해되는 경우가 있다. 제14조의 평등보호조항이 부모의 혼외정사에 대한 대부분의 대위책임에서 혼외자를 보호하는 것은 사실이다. 그러나 제14조의 적법절차조항(due process clause)은 반대로 활발한 성생활을 즐기는 어른들의 혼외정사를 형법상의 책임에서 보호하기도 한다. 혼외출생과 음란 모두에 대한 법적 낙인이 사라진 지금의 미국에서 혼외출생의 비율이 하늘을 찌를 만큼 솟아오른 것은 어쩌면 자연적인 결과일지도 모른다. 미국의 모든 아동 가운데 38퍼센트 이상, 미국의 흑인 아동 중 69퍼센트 이상의 아동이 혼외에서 출생했다.

혼외출생아동에 대한 형식적인 법적 제한이 사라졌지만 이들은 오래전부터 내려온 고질적인 사회적 제한을 받고 있으며, 이러한 제한이 가난과 교육부실, 결핍과 아동학대, 청소년비행과 범죄 등의 형태로 나타나고 있다. 게다가 가끔은 바로 그 미국 수정헌법의 제14조가 보호하는 어머니의 낙태의 권리로 인해 출생 전에 이미 사형의 저주를 받는 새로운 종류의 '자궁 안의(in utero) 혼외자'도 생겨나고 있다. 죄악에 대한 기독교 신학이 혼외자의 원칙으로 도를 넘어섰던 것이라면, 현재의 이 새로운 자궁 안의 혼외자들에 대한 불이익은 자유에 대한 헌법 이론이 도를 넘어선 것이다.

이 책에서는 이러한 역사적인 혼외출생자의 원칙에 대한 모순들을 분석하려 한다. 내가 이 책에서 주장하는 '아버지의 죄'는 '혼외관계'

에서 자녀를 출산하는 죄악의 행위만이 아니다. '아버지와 어머니의
부정'을 이 불법적인 결합에서 태어난 죄 없는 자녀에게 전가하는 죄
악 역시 '아버지의 죄'다. 서구의 역사에서는 혼외자의 아버지의 죄악
에 교회와 국가의 아버지들의 죄악이 가미되었다. 나의 의견으로는,
기원후 두 번째 천 년 동안 그들이 구체화한 혼외자에 대한 신학과 법
은 잘못 생성되고 부당하게 발전되었다.

비록 혼외자의 원칙이 분명한 도덕적 교훈과 깨끗한 가정의 유산
을 등에 업고 있었으나, 이것으로 인해 열등한 지위에 놓인 혼외자들
의 신분은 교회의 목회적 서비스로도 또 국가의 형평상의 구제로도
완전히 회복될 수가 없었다. 영미법은 대륙법의 전통이었던 입양과
친자인지를 거부함으로써 문제를 악화시키다가 20세기 초에서야 이
전통들을 받아들였다. 따라서 영미법 사회의 혼외자들은 대륙법 사
회의 혼외자들보다도 "낯선 사람의 호의"[12]에 더욱 의존해야만 하는
결과가 나타났다.

오늘날 아버지의 (실제적 및 상징적) 죄악은 행위보다는 부작위로,
혼외출자녀의 요람에서 그들을 저주하기보다는 그들의 불행함 자체
에 무관심한 것으로 이루어지는 경우가 많다. 이러한 무관심은 피임
이 쉬워진 오늘날에도 피임하지 않은 채 성관계를 하거나, 혼외동거
를 하다 예상치 못한 임신이나 아이가 태어났을 때 내버려두고 떠나

---

12) John Boswell, *The Kindness of Strangers: The Abandonment of Children in
Western Europe from Late Antiquity to the Renaissance*(New York: Pantheon
Books, 1988).

거나, 미국 내에서 입양을 장려하는 사역들보다 낙태를 반대하는 운동에 훨씬 많은 관심이 쏠리고 있는 것이나, 지구상에서 가장 부자 나라라는 미국에서 수백만의 혼외 아동들이 의료보험, 교육, 지원의 부실을 겪고 있다는 창피한 사실 등의 형태로 나타난다.

이 책의 제1장에서는 혼외자와 적출인정에 대한 서구의 고전 문헌들과 그 제한에 대해 분석한다. 성경을 탐구하고 또 유대의 랍비들과 기독교의 교부들이 성경을 설명한 것들을 탐구한다. 제2장에서는 친생(legitimacy)과 친자인지에 대한 고대 로마법을 분석한다. 로마에서는 그리스도 시대 이전에 이미 이 법들이 잘 발전되어 있었고, 4세기에서 6세기까지의 시기에는 기독교적 도덕률에 의해 변형되었다. 제3장에서는 중세 캐논법을 살핀다. 중세 캐논법의 혼인에 대한 복잡한 신학으로 인해 혼외출생의 종류가 더욱 구체화되었고, 성례전적인 신학(sacramental theology)으로 인해 친자인지 제도가 더욱 구체화되었다. 제4장에서는 영국의 코먼로를 살핀다. 영국의 코먼로는 로마법과 캐논법에서 의도적으로 분리되었고, 혼외자의 원칙에 대한 초점을 죄악과 도덕에서 토지와 유산으로 옮겼다. 제5장에서는 미국에서의 혼외자법(law of illegitimacy)의 쇠퇴를 분석한다. 이러한 쇠퇴는 현재 출생 신분을 막론한 모든 아동의 자연권과 평등보호법이 대두됨으로써 촉진되고 있다. 맺음말에서는 현대사회의 혼외출생 문제에 대해 성경과 전통에서 책임감 있게 배울 수 있는 몇 가지 구제방법을 조사한다.

귀스타브 도레, 「이스마엘과 하갈의 추방」, 1866.

1 죄 없는 아동 벌하기
- 초기 유대교와 기독교에서의 혼외출생

혼외자의 원칙은 아브라함과 하갈의 사생아인 이스마엘에 대한 성경 이야기에서 탄생했다. 창세기에서 기록하고 있는 사실은 다음과 같다. 당시 부와 힘을 가진 아브라함은 75세가 되자 대와 유산을 잇는 것에 대해 걱정하기 시작했다. 아브라함은 자신과 사라 사이에 자식이 없음에 대해 하나님께 불평했고, 당시의 관습에 따라 자신의 가구(household) 내에서 태어난 종을 골라 상속자가 되게 할 것을 계획했다(창 15:2-3).

그러나 하나님은 아브라함에게 종이 상속자가 되지 않을 것이라 하시고, 대신 아브라함의 친자가 상속자가 될 것과 그 친자가 셀 수 없이 많은 자손—"하늘의 별과 같고 바닷가의 모래와 같이" 많은 자손—을 낳을 것임을 약속하셨다(창 15:2-6, 22:17). 그러나 그후로 10년이 지나도 아브라함과 사라 사이에 자녀가 없었다(창 16:3, 16). 시간이 얼마 남지 않음을 걱정한 사라는 당시의 관습에 따라, 아브라함에게 자신의 여종 하갈을 취하여 자식을 낳을 것을 종용했다.

아브라함은 사라의 기대를 저버리지 않았고, 하갈은 임신을 하게 되었다. 임신한 하갈은 자식이 없는 자신의 여주인 사라를 "멸시"했다(창 16:4). 이에 격노한 사라는 하갈을 학대했고, 하갈은 광야로 도망쳤다(창 16:6).

하갈에게 천사가 나타나 돌아갈 것을 명령했다. 그러면서 천사는 하갈의 자식이 살아남아 많은 자손을 가질 것이라고 약속했다(창 16:7-10). 그러나 천사는 그녀의 사생아가 가질 비운에 대해 다음과 같은 불길한 말을 했다. "네가 임신하였은즉 아들을 낳으리니 그 이름을 [하나님이 들으셨다"라는 뜻의] 이스마엘이라 하라. 이는 여호와께서 네 고통을 들으셨음이니라. [그러나] 그가 사람 중에 들나귀 같이 되리니 그의 손이 모든 사람을 치겠고 모든 사람의 손이 그를 칠지며 그가 모든 형제와 대항해서 살리라"(창 16:11-12).

이스마엘은 아브라함의 집에서 태어났다(창 16:16). 아브라함은 이스마엘을 자신의 장자로 여겼으며, 하나님의 백성이라는 표시로 이스마엘에게 할례를 행했다(창 17:18, 23-26). 그러나 15년 후, 아브라함과 사라는 하나님의 약속대로 기적적인 임신을 하여 이삭이라는 아들을 낳았다(창 17:15-21, 21:1-7). 그러던 중, 청소년이 된 이스마엘이 이제 갓 젖을 뗀 이삭을 "희롱" —어쩌면 성적으로[1] —하는 것을 사라가 보고 분노하게 되었다.

사라는 아브라함의 큰 부를 이삭이 상속받게 하는 문제에 대해 근

---

1) '놀다'라는 뜻의 히브리어 "Tzad chet hoof"는 히브리 성경에서 종종 성적인 의미를 내포한다. 예를 들어 창 17:17, 18:12-15, 19:14, 21:6-9, 26:8, 39:14-17 참고.

심하게 되었다. 이에 따라 사라는 아브라함에게 하나님의 이전의 명령과 같이(창 15:4) "이 여종과 그 아들을 내쫓으라. 이 종의 아들은 내 아들 이삭과 함께 기업을 얻지 못하리라"고 요구했다(창 21:8-10). 아브라함은 깊은 고통에 찬 고민과 기도를 한 후, 이스마엘에 대한 자신의 애틋한 감정과 어떻게 임신을 했든 자신의 종과 그들의 자녀를 주인이 보살폈던 당시의 관습에도 불구하고, 사라의 요구를 들어주었다(창 21:11-14).

하갈과 이스마엘은 충분한 음식과 물도 갖추지 못한 채 사막으로 쫓겨났다. 식량이 떨어졌고, 이스마엘은 약해졌다. 하갈은 이스마엘을 떨기나무 아래에 두고 몇 발짝 떨어져서 돌아앉아 이스마엘이 죽는 것을 보지도 듣지도 않기만을 바라며 울었고, 이스마엘도 울었다(창 21:15-16). 그때 천사가 하갈에게 돌아와 "두려워하지 말라 하나님이 저기 있는 아이의 소리를 들으셨나니 일어나 아이를 일으켜 네 손으로 붙들라. 그가 큰 민족을 이루게 하리라 하시니라"고 선언했다(창 21:17-18).[2]

기적적으로 우물을 찾은 하갈은 이스마엘의 생명을 살릴 수 있었다. 이스마엘은 숙련된 사냥꾼이며 용사로 자라났다(창 21:19-21). 이후 하갈은 자신의 동족 중 하나를 골라 이스마엘의 아내가 되도록 했다. 이스마엘은 열두 명의 (친생) 아들을 두었고, 이들은 고대 중동

---

2) 창세기 21장 13절에서 하나님은 아브라함에게 "여종의 아들도 네 씨니 내가 그로 한 민족을 이루게 하리라"고 말씀하셨다.

부족들의 왕(방백)이 되었다(창 25:12-18).[3] 아브라함은 이스마엘 및 다른 혼외자들에게 다양한 선물을 주어 "자기 아들 이삭을 떠나"도록 했다(창 25:6). 비록 유산을 이어받지는 않았으나, 이스마엘은 자신의 이복동생 이삭과 함께 아버지 아브라함의 장사를 지냈다(창 25:9). 이스마엘은 왕성한 삶을 살다가 137세에 죽었다(창 25:17). 여기까지가 창세기에 기록된 사실들이다.

이후 성경의 여러 부분에서 사생아 이스마엘에 대한 가혹한 처사들을 재차 언급하는 것을 볼 수 있다.[4] 어떤 구절에서는 사생아와 혼외출생에 대해 과도한 비난의 묘사를 하기도 한다. 모세의 율법에서는 사생아와 그 후손들이 집합적인 예배에 참여하는 것을 금지하며, 심지어는 그 공동체 자체에서 제외되는 것으로 볼 수도 있다. "사생자는 여호와의 총회에 들어오지 못하리니 십 대에 이르기까지도 여호와의 총회에 들어오지 못하리라"(신 23:2).

이 구절에 따르면, 최소한 혼외자가 성전의 제사장이 될 자격은 없는 것으로 보인다. 왜냐하면 모세의 율법은 제사장들이 과부, 이혼녀, 창녀, 첩 그리고 그외 부정한 여인 등과 혼인하는 것을 금하고 있기 때문이다(레 21:7-14).

---

3) 요셉을 이집트에 팔아 넘긴 "이스마엘 사람"(창 37:25, 27; 39:1)과 이후 고대 이스라엘의 적이었던 "이스마엘 사람"(삿 8:24; 시 83:6)을 참고. 성경학자들은 이 사람들이 아브라함의 아들 이스마엘의 후예인지에 대해 의견을 달리한다.
4) 나는 이 부분에서 사용한 성경구절들에 대해 Revised Standard Version을 사용해 성경에 나온 문자 그대로의 구절을 인용했다. 이 장의 후반부와 제2장과 마지막 장 맺음말에서 이 구절들의 해설의 역사에 대해 다루기로 한다.

스가랴 선지자는 "아스돗에는 잡족이[5] 거하리라. 내가 블레셋 사람의 교만을 끊고"라며 이 사생아(잡족)의 통치에 대한 부당성을 알리고 사생아가 정치적 리더 직책을 가질 수 없다고 암시한다(슥 9:6).

사사 통치의 시대에 길르앗의 아들들은 자신들의 이복형제인 입다가 '기생의 아들'이라는 이유로 쫓아냈다. 그들은 입다에게 "너는 다른 여인의 자식이니 우리 아버지의 집에서 기업을 잇지 못하리라"고 했다(삿 11:1-2). 사사기서는 입다가 이스마엘과 같이 다루기 힘든 기질을 가졌다는 것을 강조한다. "잡류가 그에게로 모여 와서 그와 함께 출입하였더라"(삿 11:3). 유대인들이 바빌론 포로 생활에서 돌아왔을 때, 그들의 리더였던 에스라는 금지된 이방 여자들과의 혼인 하에서 태어난 자식들을 모두 모아 "사로잡혔던 자의 모임에서 쫓아 내리라"고 했다(스 9:10-10:44).

하나님은 호세아 선지자를 통해 간음의 결과로 낳은 자식들을 저주했다. "내가 그의 자녀를 긍휼히 여기지 아니하리니 이는 그들이 음란한 자식들임이니라. 그들의 어머니는 음행하였고 그들을 임신했던 자는 부끄러운 일을 행하였나니"(호 2:4-5). 예레미야 선지자와 에스겔 선지자는 둘 다 "아버지가 신 포도를 먹었으므로 아들들의 이가 시다"는 것에 불평했다(렘 31:29; 겔 18:2-3). 또 다른 선지자는 "우리 아버지들[6]은 범죄하고 우리는 그 죄악을 담당하였"다고 애

---

5) 원서에서는 "A bastard"(사생아)라고 표기되어 있으나, 개역개정 성경의 번역에 따라 '잡족'이라고 번역했다―옮긴이.
6) 개역개정 성경에서는 '조상들'이라고 번역되어 있으나, 이 책에서는 원서의

도했다(애 5:7). 집회서에서는 "사람의 영광은 제 아버지의 명예에서 나오"는 반면, "어머니가 불명예스러우면 그 자녀들은 비난거리가 된다"고 명백히 쓰여 있다(집회서 3:11).[7]

지혜서는 혼외출생에 대해 더욱 위협적인 입장을 취한다. "간음의 소생들은 크지 못하고 부정한 잠자리에서 생긴 자식들은 망하고 만다. 오래 산다 하여도 그들은 아무것도 아닌 것으로 여겨지고 결국은 나이가 많음도 그들에게는 영예롭지 못하다 … 부정한 잠자리에서 생겨난 자식들은 재판 때에 부모가 저지른 죄악의 증인이 된다"(지혜서 3:16-17, 4:6). 혼외자들이 대위책임을 가질 것임을 경고하는 이 모든 구절은 "아버지의 죄"를 "삼사 대까지" 이르도록 자식들에게 갚겠다는 하나님의 반복적인 약속을 옹호하는 듯하다(출 20:5, 34:7; 민 14:18; 신 5:9).

신약성경에서도 이러한 가르침이 부분적으로 다시 나온다. 바울은 믿는 자들의 신앙이 그들의 자녀들을 경건하게 하는 것처럼, 믿지 않는 자들의 죄가 그 자녀들에게 돌아간다는 것을 시사한다. "어떤 여자에게 믿지 아니하는 남편이 있어 아내와 함께 살기를 좋아하거든 그 남편을 버리지 말라. 믿지 아니하는 남편이 아내로 말미암아 거룩하게 되고 믿지 아니하는 아내가 남편으로 말미암아 거룩하게 되나

"fathers"를 따라 '아버지들'이라고 번역했다—옮긴이.

7) (개신교도들이) 외경이라고 부르는 경전들은 70인역과 불가타에 포함되었으며, 이 성경들은 혼외출생에 대한 전통적인 입장을 형성하는 데 많은 영향을 주었다. 따라서 나는 이 외경들을 성경문헌의 일부로 다룬다.

니 그렇지 아니하면 너희 자녀도 깨끗하지 못하니라"(고전 7:13-14)
라고 암시한다.

히브리서에는 이스마엘이 '들나귀'로 표현되었던 것처럼, 혼외자
가 다루기 힘들고 제멋대로일 것이라는 우리에게 이미 익숙한 가정
을 한다. "너희가 참음은 징계를 받기 위함이라. 하나님이 아들과 같
이 너희를 대우하시나니 어찌 아버지가 징계하지 않는 아들이 있으
리요. 징계는 다 받는 것이거늘 너희에게 없으면 사생자요 친아들이
아니니라"(히 12:7-8).

게다가 신약은 그리스도인으로서 모세의 율법으로부터 자유하는
복음의 약속을 거부하는 모든 이를 사생아(nothos)라고 칭한다. 그리
스도는 당시 바리새인과 율법학자들에게 그리스도인의 진리와 자유
에 대해 반복적으로 말씀하셨다. 진정한 "하나님의 아들"이란 복음의
진리와 복음이 주는 "자유의 약속"을 받아들여 율법의 구속에서 해방
된 자라고 했다(요 8:31-32).

율법학자들은 이에 대해 "우리가 아브라함의 자손이라 남의 종이
된 적이 없거늘 어찌하여 우리가 자유롭게 되리라 하느냐"고 반문했
다(요 8:33). 이에 대해 그리스도는 그들이 아브라함과 달리 "나(그리
스도)를 죽이려" 할 정도로 죄에 구속되어 있다고 했다(요 8:34-38).
그러나 율법학자들은 "사마리아인"이라고 불리는 그리스도와 달리
자신들의 "아버지는 아브라함이라"고 했다(요 8:39, 48). 그리스도는
다시 그들이 아브라함의 친자라면 하나님의 아들이며, "조상 아브라
함이 … 기뻐"한 자신을 죽이려고 위협하지 않았을 것이라고 했다(요

8:40, 42, 56). 율법학자들은 이에 맞서 자신들은 "음란한 데서 태어난" 혼외자가[8) 아니며, 사실은 "한 분뿐"인 "아버지", "곧 하나님"의 자식들이라고 했다(요 8:41).

이에 그리스도는 자신이 하나님의 아들이므로, 만약 "하나님이 너희 아버지였으면 너희가 나를 사랑하였으리"라고 하며, 율법학자들이 그리스도를 사랑하고 그리스도의 말씀의 진리를 귀담아 듣기는커녕 그리스도를 죽이려고 위협하였으므로, 그들이 아브라함의 혼외자일 뿐만 아니라 진정한 악마의 자식이고, "거짓말쟁이" "도둑" "살인한 자"이며, 사람들에게서 하나님의 생명과 진리를 빼앗아가는 자라고 반박했다.

또한 "너희는 너희 아비 마귀에게서 났으니 너희 아비의 욕심대로 너희도 행하고자 하느니라. 그는 처음부터 살인한 자요 진리가 그 속에 없"었다고 하고, "하나님께 속한 자는 하나님의 말씀을 듣나니 너희가 듣지 아니함은 하나님께 속하지 아니하였음"이라고 했다(요 8:42-44, 47). 그러자 율법학자들은 "귀신"이 들린 것은 바로 그리스도 당신이라고 하면서 "돌을 들어 치려" 했다(요 8:48, 57, 59).

바울은 이 자유를 가진 그리스도인과 노예가 된 (또는 소유가 된) 유대인들의 대조를 아브라함과 이스마엘의 이야기에 바로 연결시켰다. 아브라함의 친자들은 복음을 받아들이는 자들이다. 아브라함의 혼외

---

8) 저자가 인용한 이 구절은 "born of fornication"(음행으로 인해 태어난)이라고 되어 있고, NIV 성경에서는 이 구절을 "illegitimate children"(혼외자)이라고 번역했다—옮긴이.

자들은 계속 율법에 메이길 고집하는 자들이며, 특히 유대인들이다. 친자들은 자유를 가진 그리스도인들로서, 이들의 삶은 약속으로 가득 차 있다. 사생아들은 노예가 된 비(非)그리스도인들로서, 이들에게는 소망이 없고, '들나귀' 이스마엘과 같은 삶을 살며, 쫓겨나든지 제재를 받아야 하는 자들이다. 바울은 계속 모세의 율법을 지킬 것을 고집했던 갈라디아의 새로운 그리스도인들을 훈계하며 이스마엘 이야기의 새로운 버전을 전했다.

"내게 말하라 율법 아래에 있고자 하는 자들아 율법을 듣지 못하였느냐. 기록된 바 아브라함에게 두 아들이 있으니 하나는 여종[하갈]에게서, 하나는 자유 있는 여자[사라]에게서 났다 하였으며 여종에게서는 육체를 따라 났고 자유 있는 여자에게서는 약속으로 말미암았느니라. 이것은 비유니 이 여자들은 두 언약이라 하나는 시내산으로부터 종을 낳은 자니 곧 하갈이라. 이 하갈은 아라비아에 있는 시내산으로서 지금 있는 예루살렘과 같은 곳이니 그가 그 자녀들과 더불어 종 노릇하고, 오직 위에 있는 예루살렘은 자유자니 … 형제들아 너희는 이삭과 같이 약속의 자녀라. 그러나 그때에 육체를 따라 난 자가 성령을 따라 난 자를 박해한 것같이 이제도 그러하도다. 그러나 성경이 무엇을 말하느냐. 여종과 그 아들을 내쫓으라. 여종의 아들이 자유 있는 여자의 아들과 더불어 유업을 얻지 못하리라 하였느니라. 그런즉 형제들아 우리는 여종의 자녀가 아니요 자유 있는 여자의 자녀니라"(갈 4:21-31; 롬 9:6-13 참고).

위 구절은 이후 혼외자의 원칙뿐만 아니라 반유대주의적 기독교

이론과 실천들을 정당화하는 표준구절이 되었다.[9]

초기 유대교의 가르침

초기 유대인들의 법적 자료에서는 혼외자의 원칙을 많이 다루지 않았으며, 혼외자의 부류와 결과를 매우 협소하게 정의했다.[10] 탈무드(기원후 첫 5세기 동안 수집된 율법에 대한 책들)의 랍비들은 신명기 23장 2절의 구절로 시작했다. "사생자는 여호와의 총회에 들어오지 못하리니 십 대에 이르기까지도 여호와의 총회에 들어오지 못하리라." 이러한 금지규정은 거세된 자들이나 생식기를 훼손당한 자에게도 적용되고, 암몬 사람과 모압 사람은 십 대까지,[11] 그리고 에돔 사

9) 이 책, 125, 168쪽 참고. 이 구절 및 기타 다른 구절들에서 발전된 반유대주의적 교훈들에 대해서는 Heiko A. Oberman, *The Roots of Antisemitism in the Age of Renaissance and Reformation*(Philadelphia: Fortress Press, 1984); James W. Parkes, *The Jew in the Medieval Community: A Study of his Political and Economic Situation*, 2nd edn.(New York: Hermon Press, 1976); Amnon Linder, ed., *The Jews in the Legal Sources of the Early Middle Ages*(Detroit: Wayne State University Press, 1997); Amnon Linder, ed., *The Jews in Roman Imperial Legislation*(Detroit: Wayne State University Press, 1987) 참고. 유대교 및 이슬람교의 해석에 대해는 Phyllis Trible and Letty M. Russell, eds., *Hagar, Sarah, and Their Children: Jewish, Christian, and Muslim Perspectives*(Louisville, KY: Westminster John Knox Press, 2006) 참고.

10) 유대교의 법 문헌에 대한 개괄과 기독교가 기원후 이 문헌들을 어떻게 해석했는지에 대해서는 David Novak, "Law and Religion in Judaism," in *Christianity and Law: An Introduction*, ed. John Witte, Jr. and Frank S. Alexander (Cambridge: Cambridge University Press, 2008), 33-52; David Weiss Halivni, *Midrash, Mishnah, and Gemara: The Jewish Predilection for Justified Law* (Cambridge, MA: Harvard University Press, 1986) 참고.

11) 개역개정 성경에서는 "암몬 사람과 모압 사람은 … 십 대뿐 아니라 영원히

람과 이집트 사람은 삼 대까지 적용된다(신 23:1-8).

랍비들은 이 신명기의 구절이 토라 전체 내에서 혼외출생에 대해

유일하게 공식적으로 명시된 법이라고 강조했다. 이스마엘의 이야기

를 포함해, 혼외출생에 관한 다른 성경구절들은 교훈적이거나 개인

적으로 적용될 수는 있어도, 직접적인 법적 효력은 없었다.[12]

여호와의 총회에 들어오지 못하리라"고 되어 있으나, 영어 Revised Standard
Version 성경에는 "even down to the tenth generation"이라고 되어 있어, 한
글로 번역하면 "심지어는 십 대까지라도"라는 뜻으로 되어 있다—옮긴이.

12) 혼외출생에 대한 유대법에 대한 주요 문헌들로는 The Mishnah, trans.
Herbert Danby(Oxford: Oxford University Press, 1987), Yebamoth 4.12-
13; 5.2, 14; 7.1-8:3, 9:1-2; 10:1-9; Hagigah 1.7; 2.4; Ketuboth 1.8-9;
3.1; Sotah 8.3-5; Gittin 8.59.3-4; Kiddushin 2.3; 4.1, 8; Horayoth 1.4; The
Minor Tractates of the Talmud, 2nd edn., trans. and ed. A. Cohen, 2 vols.
(London: Soncino Press, 1971), pp.407, 424-27, 531-32; The Schottenstein
Edition Talmud: The Gemara(Brooklyn: Mesorah Publications, 1990),
Tractate Yevamos 44a-46a, 78a, 78b, 93b, 115a, 116b; id., Tractate Kiddushin
68b, 69a-70a; The Hebrew-English Edition of the Babylonian Talmud, trans.
Israel W. Slotki, ed. I. Epstein(London: Soncino Press, 1984), Yebamoth
21b-22a, 44a-46a, 49a-50a. 후대의 유대법에 대한 요약과 해설은 The
Code of Maimonides(Mishneh Torah), Book 5, The Book of Holiness, ed.
Leon Nemoy, trans. Louis I. Rabinowitz and Philip Grossman(New Haven,
CT: Yale University Press, 1965), pp.10-16, 97-105 and The Shulchan
Aruch, trans. and ed. Eliyahu Touger(Brooklyn: Kehot, 2002), Family Law,
Book 4.1, 4.14-16 참고. Menachem Elon, ed., The Principles of Jewish Law
(Jerusalem: Keter Publishing House, 1975); Menachem Elon, Jewish Law:
History, Sources, Principles, trans. Bernard Auerbach and Melvin J. Sykes,
4 vols.(Philadelphia: The Jewish Publication Society, 1994); Joseph B.
Soloveitchik, Family Redeemed: Essays on Family Relationships, ed. David Shatz
and Joel Wolowelsky(New York: Meorot Harav Foundation, 2002); Louis
M. Epstein, Sex Laws and Customs in Judaism(New York: Ktav Publishing

랍비들은 서구에서 사생아를 "합법적인 혼인 관계 외에서 태어난 아동"으로 정의한 것보다 더욱 협소하게 정의했다.[13] "신명기에서 사생아(mamzer)와 사생아의 후손들에게 가한 법적 규제는 너무나 가혹하여, 그것을 가장 협소한 한도 내로 국한시키려는 모든 노력이 이루어졌다."[14] 기원후 68년에 예루살렘 성전이 파괴되고 디아스포라로 인해 지역 유대인의 인구가 줄어들고 위협을 받게 되자 이러한 요구는 더욱 거세졌다. 유대인들은 자신들의 공동체 내에서 최대한 구성원을 확보하려 했다.

따라서 랍비들은 사생아를 사형·파문·절멸(karet)로 다스릴 수 있는 "금지된" 성적 연합의 죄에서 태어난 아동들로 국한했다(레 18:29).[15]

House, 1967); id., *Marriage Laws in the Bible and the Talmud*(Cambridge, MA: Harvard University Press, 1942); Rabbi Elie Kaplan Spitz, "Mamzerut," *The Committee on Jewish Law and Standards of the Rabbincal Assembly*(March 8, 2000), pp.558-86; Stephen M. Passameneck, *Some Medieval Problems in Mamzeruth*(Cincinnati: Hebrew Union College Annual, 1966)의 현대 주석 참고. 나는 동료이자 친구이며 이 유대법에 대한 문헌들을 알려준 마이클 브로이드(Michael J. Broyde) 교수에게 깊은 감사를 표한다. 유대교의 혼인과 가정생활에 대한 브로이드 교수의 저술들로 Michael J. Broyde, *Marriage, Divorce, and the Abandoned Wife in Jewish Law*(Hoboken, NJ: Ktav Publishing House, 2001); Michael J. Broyde and Michael Ausubel, eds., *Marriage, Sex, and Family in Judaism*(Lanham, MD: Rowman & Littlefield, 2005); Michael J. Broyde, "Adoption, Personal Status, and Jewish Law," in *The Morality of Adoption: Social-Psychological, Theological, and Legal Perspectives*, ed. Timothy P. Jackson(Grand Rapids, MI: Wm. B. Eerdmans, 2005), pp.128-47 참고.
13) 서구의 이러한 입장의 로마법적 근원에 대해서는 이 책, 100-11쪽 참고.
14) "Bastard," in *The Universal Jewish Encyclopedia*, ed. Isaac Landman, 10 vols.(New York: The Universal Jewish Encyclopedia, Inc., 1942), p.587.
15) Yev. 4.13.

여기에는 주로 간음 또는 근친상간으로 인해 태어난 자들이 포함되었다. 그러나 간음이라는 것조차도 유대인 남자와 이미 약혼 또는 결혼한 유대인 여자가 다른 유대인 남자와 성관계를 가진 것이 증명되었을 때에만 성립했다(레 20:10; 신 22:22).[16] 유대인 기혼남자와 (유대인이든 이방인이든) 다른 일반 여자와의 성교나 유대인 기혼여자와 다른 이방인 남자의 성교는 간음에 속하지 않았다. 그러한 성관계는 여전히 정결하지 못하고 죄스러운 행위였으나, 그러한 관계 내에서 태어난 아동들은 여전히 친자로 간주되었고, 유대인 공동체의 완전한 구성원이 되었다.

심지어 일부의 초기 랍비들은 간음에 따른 혼외자 부류를 이보다도 더 협소하게 정의하기도 했다. 이들은 유대인 여자가 남편이 아닌 유대인 남자와 성관계를 갖는 행위는 형벌을 받을 수 있는 범죄이나, 그렇다고 해서 그 행위를 통해 태어난 아동들이 꼭 사생아가 되는 것은 아니라고 주장했다. 간음을 저지른 여자와 남자가 근친이라는 절대적인 요소로 인해 영원히 합법적인 결혼을 할 수 없을 때에만 그 자녀가 사생아로서 비난받게 되는 것이라고 했다. 또한 이론상 간음 당사자가 이혼하거나 배우자가 사망함으로써 결혼이 가능한 경우,

---

16) 그러나 혼외출생의 입증 책임의 기준은 매우 높았다. 아내가 문란한 성생활을 즐기더라도, 남편과 아내가 함께 살고 있는 경우에는 그 아내가 출산한 아동의 아버지는 아내의 남편인 것으로 간주했고 그 아동을 적출아동으로 간주했다. 남편이 몇 해 동안 아내와 함께 있지 않았고, 그 기간에 아내가 다른 유대인 남성과 동거하거나 결혼했을 때에만 간음이 성립되고 태어난 아동은 혼외출생아동으로 간주되었다. 이 책, 180-82쪽에서 영국 보통법에도 비슷한 규칙이 있었던 것을 참고.

그들의 자녀를 친자로 봐야 한다고 했다.

고대 유대법에서 간음이 협소하게 정의되었던 것과 달리 근친상간은 폭넓게 정의되었다. 토라는 사형, 추방, 그외 가혹한 형벌로 다스릴수 있는 근친상간의 긴 목록을 제시했다. 한 남자가 자신의 모친·양모·장모·장모의 모친 등과 성교하는 경우,[17] 한 남자가 자신의 여자형제·이복 여자 형제·형제의 아내 등과 성교하는 경우, 한 남자가자신의 딸·아들의 딸·양자의 딸 등과 성교하는 경우(그리고 여자가위와 같은 관계에 있는 남자들과 성교하는 경우)가 모두 근친상간에 해당되었다(레 18:6-18, 20:12, 17; 출 20:11, 14, 19-21; 신 22:30, 27:20-23). 이러한 근친상간을 통해 출생하는 아동들은 혼외자가 되었다.

탈무드의 랍비들은 이혼한 후에 서로와 다시 재결합을 한 남자와여자 사이에서 태어난 아동이 사생아로 간주되어야 하는지에 대해의견을 달리했다. 토라에서 이러한 경우의 성교를 금지했기 때문이다(신 24:4). 대부분의 랍비는 이러한 아동들이 친자이긴 하지만 '부정한' 친자라며 남자 제사장이나 남자 제사장의 아내가 될 수 없다는제약을 가하는 데 동의했다.

또한 대부분의 랍비는 '부정한 친자'(legitimate but profane)라는 이

---

17) 레비레디트혼(죽은 남편의 형제가 과부와 결혼하는 유대인의 풍습—옮긴이)의 경우는 제외다. 토라는 남자가 사망하는 경우 망자의 혈통이 끊어지지않기 위해 망자의 형제(레비르, levir)가 망자의 과부와 자식을 출산해야 한다고 했다(신 25:5-10). 이것이 바로 창세기에서 오난이 자신의 사망한 형의 아내와 성교를 했으나 임신시키지 않으려고 "땅에 설정"함으로써 위반한의무였다. 이 의무 위반으로 인해 "여호와께서 그도 죽이"셨다(창 38:1-10).

지위를 대제사장과 과부·이혼녀·창녀·부정한 여인 등과의 사이에
서 태어난 아동, 또는 이혼녀와 일반 제사장과의 사이에서 태어난 아
동에게도 적용했다. 이러한 모든 성관계는 제사장의 정결함에 대한
토라의 규칙들(레 21:7, 13-14)을 어긴 것으로써, 부모들이 죄에 대한
형벌을 받도록 되어 있었다. 그러나 그 자녀들은 친자가 되었고, 단지
남자 제사장 또는 남자 제사장의 아내가 되지 못한다는 제한이 있을
뿐이었다.

탈무드에 따르면, 사생아는 사생아를 낳았다. 매우 적은 예외 경우
를 제외하고, 성관계를 가진 당사자 가운데 한 명이 그 성관계에 의
해 아기가 포태되었을 당시에 사생아였을 경우 태어난 자식 또한 사
생아가 되었다.[18] 랍비들은 버려진 기아, 부모가 없는 고아, 부모를
알 수 없는 신생아 등의 지위에 대해 긴 논의를 했다. 부모 가운데 하
나 또는 둘 다 혼외자일 수 있지 않은가?

결국 '미심쩍은 사생아'(doubtful bastards)라고 불리게 된 이러한 자
가 유대인 공동체 내에서 발견된 경우(특히, 회당에 버려진 경우)나, 부
모가 유대인이라는 정황이 있는 경우(예를 들어 할례를 한 경우)나, 또
는 엄마가 유대인인데 이 유대인 엄마가 그 자식을 친자라고 선언하

---

18) Yev. 2.4, 5.2. 이방인인 노예와 결혼하여 낳은 자식이 그후에 유대교로 개종
한 경우는 예외였다. Yev. 78a에서 "사생아도 정결케 될 수 있다. 즉 사생아라
는 신분을 자신의 자식에게 물려주지 않을 수 있는 방법이 있다. 어떻게 그
럴 수 있는가? 사생아가 여자 노예와 결혼을 하면 그 자식은 노예이지 사생
아가 아니다. 왜냐하면 유대인 남자와 여자 노예의 자식은 어머니의 법적 지
위를 가지기 때문이다. 그리고 그후에 [자식을] 해방하면, 그 자식은 자유인
이 된다"라고 한 것을 참고.

는 경우에는 친자로 간주했다. 그러한 상황이 아닌 경우에는, 그 아동을 공식적으로 유대교로 개종시키는 것이 가장 안전한 방법이었다. 개종하게 되면 그 아동의 혈통에 대한 모든 의심이 사라지고, 그 아동은 그후로 유대인 공동체에서 온전히 적법한 지위를 가진 구성원이 되었다.[19]

따라서 고대 유대법에서는 사생아를 주로 세 가지 부류로 나누어 규제했다. 간음에서 태어난 자식, 근친상간에서 태어난 자식, 사생아의 자식이었다. 대부분의 랍비는 그외 금지되거나 의심이 갈 만한 관계 내에서 태어난 자식들을 친자로 간주했다. (그러나 탈무드에서는 이러한 사례들 가운데 몇몇 경우에 대해 논쟁이 있었음을 보여준다.) 토라에서는 여자의 월경 기간에 성교하는 것을 명시적으로 금지하고 있음에도 불구하고, 여자가 월경기 동안 임신한 자식도 친자에 포함되었다(레 18:19, 20:18). 유대인과 이방인 사이에 태어난 자식과 유대인과 그 유대인의 노예 사이에 태어난 자식들 역시 (심지어는 간음이나 근친상간인 경우에도) 친자에 포함되었다.

또 단순한 음행(fornication), 혼전음행(premarital fornication), 매춘,

---

19) 유대교 개종의 절차에 대해서는 Michael J. Broyde, "Proselytism and Jewish Law: Inreach, Outreach, and the Jewish Tradition," in *Sharing the Book: Religious Perspectives on the Rights and Wrongs of Proselytism*, ed. John Witte, Jr. and Richard C. Martin(Maryknoll, NY: Orbis Books, 1999), pp.45-60 참고. 탈무드에서 의식법에 따라 부정하게 태어난 아동들을 다룬 자세한 내용에 대해서는 Christine E. Hayes, *Gentile Impurities and Jewish Identities: Intermarriage and Conversion from the Bible to the Talmud*(Oxford: Oxford University Press, 2002), pp.164-92 참고.

첩과의 관계 등에서 태어난 자식, 실수·사기·두려움·강제·강간·유혹 등에 의한 성교로 인해 태어난 자식, 잠든 상태에서 성교를 당했거나 뻔뻔한(적극적으로 성교에 응한) 여자에게서 태어난 자식, 혼인관계에 있으나 서로를 미워하거나 이혼 절차 중에 있었던 부모 사이에서 태어난 자식 등도 친자에 포함되었다. 이러한 경우에는 임신하는 과정에서 그 부모가 저지른 죄에 대한 형벌을 자신들이 받더라도 자녀들에게는 벌이 전가되지 않았다.

고대 유대법에서 혼외자들에게 부여된 법적 규제는 주로 한 가지였다. 바로 사생아는 친자의 신분을 가진 유대인들과 결혼할 수 없다는 것이었다. (그러나 사생아들이 유대인이든 이방인이든 노예든 다른 사생아와 결혼하는 것이나, 혈통과 상관없이 유대교로 개종한 자와 결혼하는 것은 허용되었다.) 이것이 바로 대부분의 초기 랍비가 신명기 23장 2절에서 말씀하는 바와 같이 사생아들과 그들의 자손을 "십 대"까지 "여호와의 총회"에서 금지시키는 방법이었다. 랍비들은 이 구절이 사생아가 결혼 예식을 올리기 위해 성전에 들어가는 것을 금지할 뿐이라고 했다. 그리고 사생아는 또다시 사생아를 낳기 때문에, 이 구절이 사생아와 그 자손들에게 ("십 대까지" 즉 영원히) 성전에 들어가는 것을 금지시키는 것이라고 했다.[20]

그러나 사생아들이 결혼하는 것 외의 목적으로 성전을 드나드는 것은 허용되었다. 심지어 사생아들은 유대 공동체의 모든 곳에 모

20) 특히 Yev. 78b 참고. 일부 랍비는 이 구절을 더욱 유연하게 해석해 여자 혼외자에게는 적용되지 않고 남자 혼외자에게만 적용된다고 했다.

든 법적 목적으로 드나들 수 있었다. 가장 초기의 랍비들은 사생아들이 랍비직 또는 정치공직을 가지거나, 법정에서 소송을 하든지 증언을 하거나, 재산을 상속·취득·소유·처분·유증하거나, 다른 모든 의례·사회·상업적 삶을 다른 유대인들과 같이 누릴 자유가 있다는 것을 명백히 했다.

랍비들은 토라가 이러한 부분에 대해 침묵하고 있다는 것에 근거해 친자와 혼외자가 혼인 문제를 제외한 삶의 모든 면에서 평등한 권리를 가진다고 주장했다. 신명기 17장 15절의 구절을 보면 "네 위에 왕을 세우려면 네 형제 중에서 한 사람을" 세우라고 했을 뿐이며 친자와 혼외자의 구분이 없었다. 토라는 분명 제사장의 자격에 대해 정결한 신분의 법을 정하고 있었지만, 학자인 랍비의 자격에 대해서는 사생아를 제외시킨 적이 없었다. 그래서 "무지한 대제사장보다 학자인 사생아가 먼저다"라는 유명한 속담도 있었다.[21]

재산과 유산에 대한 토라의 규칙은 혼인 내 또는 외에서, 이혼 전 또는 후에 태어난 자식들이 그들의 신분과 상관없이 아버지의 재산을 상속할 수 있다는 것을 분명히 했다(레 25:46; 신 21:15-17). 상속

---

21) Hor. 3.8. 그러나 Sof. 1.13에서는 사생아가 복사하거나 기술한 토라 및 기타 문헌들을 성전에서 사용할 수 없다고 했고, Hor. 1.4에서는 사생아 및 다른 이들이 산헤드린 공회와 일반 법정들의 판관이 될 자격이 없다고 했다. 일부 소수는 이 문헌들에 근거하여 혼외출생의 신분이 일부 공동체 내에서 공직 또는 성직을 가지는 것에 대한 장해가 된다고 했다. Alexander Guttmann, *Rabbinic Judaism in the Making*(Detroit: Wayne State University Press, 1970), p.26; Judah Goldin, *Studies in Midrash and Related Literature*(Philadelphia: The Jewish Publication Society, 1988), pp.208-09 참고.

권이 제한된 자는 노예 또는 이방인에게서 태어난 자식뿐이었다. 그러나 그 제한은 그들의 경제적·종교적 신분 때문이었지, 그들이 혼외자이기 때문이 아니었다. 유대인의 의례·사회·경제적 삶을 관장하는 그외 모든 토라의 규칙은 친자와 혼외자를 차별하지 않았고, 따라서 탈무드의 랍비들도 이러한 평등권리를 준수했다.

랍비들은 "아버지의 죄"를 그 자식들에게 "갚되"라고 한 토라의 네 구절로 인해 이 평등권리의 규칙을 변경해야 할 이유를 찾을 수 없었다. 그중 두 구절은 십계명 가운데 한 계명에 대한 해설로 나온다.

"너를 위하여 새긴 우상을 만들지 말고 또 위로 하늘에 있는 것이나 아래로 땅에 있는 것이나 땅 아래 물속에 있는 것의 어떤 형상도 만들지 말며 그것들에게 절하지 말며 그것들을 섬기지 말라. 나 네 하나님 여호와는 질투하는 하나님인즉 나를 미워하는 자의 죄를 갚되 아버지로부터 아들에게로 삼사 대까지 이르게 하거니와 나를 사랑하고 내 계명을 지키는 자에게는 천 대까지 은혜를 베푸느니라"(출 20:4-6; 신 5:8-10 참고).

랍비들은 여기서 쟁점이 되는 죄악은 우상숭배의 죄악이지, 간음이나 그외 다른 성적 범죄가 아니라는 것을 분명히 했다. 그리고 이 구절들에서 친자와 혼외자에 대한 어떠한 차별도 찾을 수 없다고 했다. 그 신분이 무엇이든 간에 하나님을 사랑하고 하나님의 계명을 지키는 자녀들에게는 하나님의 지속적인 사랑이 약속되었다. 반대로,

그 신분이 무엇이든 간에 하나님을 미워하고, 그 조상들과 같이 계속 우상숭배를 행하는 자녀들에게는 하나님의 벌이 임할 것임을 경고했다. 랍비들은 더욱 나아가 하나님의 계명을 어기는 자에게 하나님의 벌이 임할 것임을 경고하는 이는 하나님 자신이므로, 그 형벌을 결정하는 것은 인간의 재판이 아니라 하나님께 달려 있다고 했다.

오늘날 한 권위 있는 학자는 초기 랍비들을 인용하여 "법정에 제기된 사건 가운데 신법(divine law)에 의한 책임이 있는 사건에 대해, 법정은 그 책임 당사자에게 '우리는 당신에게 법적인 제재를 가하지 않을 것이나, 하늘(Heaven)이 당신을 심판할 것이기 때문에 당신은 하늘이 보기에 당신의 의무를 다하는 것이 좋을 것이다'라고 알려야 한다. 법정이 이렇게 선포함으로써, 그 당사자가 그 일에 대해 심사숙고하고, 자신의 이웃과 화해하여 하늘의 의무를 다하도록 해야 한다"고 했다.[22]

'아버지의 죄'에 대한 나머지 두 구절은 하나님이 십계명을 준비하며 시내산에서 모세와 나눈 대화에 대한 해설로 나온다. 그 대화는 백성들이 십계명을 따르고, 그에 대한 반대급부로서 하나님의 언약을 약속받는 것에 초점이 맞추어져 있다.

"여호와께서 그의 앞으로 지나시며 선포하시되 여호와라 여호와라 자비롭고 은혜롭고 노하기를 더디하고 인자와 진실이 많은 하나님이

---

22) Elon, *Jewish Law*, 1, p.147.

라. 인자를 천대까지 베풀며 악과 과실과 죄를 용서하리라. 그러나 벌을 면죄하지는 아니하고 아버지의 악행을 자손 삼사 대까지 보응하리라. 모세가 급히 땅에 엎드려 경배하며 이르되 주여 내가 주께 은총을 입었거든 원하건대 주는 우리와 동행하옵소서. 이는 목이 뻣뻣한 백성이니이다. 우리의 악과 죄를 사하시고 우리를 주의 기업으로 삼으소서"(출 34:5-9; 민 14:18-19 참고).

랍비들은 이 구절이 공식적인 법을 직접 언급한 것이 아니라, 법과 법의 제정자인 하나님의 긍휼에 대한 이야기를 하고 있다고 했다. 사생아뿐만 아니라, 그외 모든 문제에 대한 유대인의 법은 토라의 계명에 의해 정해지는 것이었지, 이러한 계명들이 어떠한 배경에서 나온 것인지에 대한 이야기에 따라서 정해지는 것이 아니었다. 게다가 이 구절의 핵심은 하나님이 자신의 계명을 위반한 자에게 하나님의 벌을 내리는 상황 내에서도 긍휼을 베푸는 하나님의 인자를 강조하기 위한 것이었다.

탈무드의 랍비들은 이러한 하나님의 자제(divine restraint)에 대해 몇 차례에 걸쳐 언급했다.[23] 그러나 이것이 가장 명백히 나온 부분은 기원후 초기의 설교문에서 발췌한 글인 하가다(Aggadah)에서 찾을

---

23) 예를 들어 San. III. a-b와 Reinhard Neudecker, "Does God Visit the Iniquity of the Fathers upon their Children? Rabbinic Commentaries on Ex. 20,5b (Deut. 5,9b)," *Gregorianum* 81(1)(2000) pp.5-24에 있는 다양한 문헌들의 분석 참고.

수 있다. 하나님이 우상숭배자들과 그들의 자녀들에게 즉시 형벌을 내리는 대신, 다음과 같이 말했다고 쓰여 있다.

"내가 범죄한 자에 대한 형벌을 갚되 사 대까지 기다릴 것이나, 그 세대들이 계속해서 범죄하면, 더 이상 기다리지 않고 형벌을 내릴 것이다. 그러나 나를 사랑하거나 경외하는 자는 천 대까지 상을 내릴 것이다. 하나님이 아버지의 죄를 그후 세대들이 연속적으로 범죄했을 때에만 갚겠다는 말씀을 들은 모세는, 이스라엘 중에서 세 세대가 연속적으로 범죄를 한 적이 없었음을 알았으므로, 땅에 엎드려 하나님께 감사를 드렸다."[24]

랍비들은 이 '아버지의 죄'에 대한 구절들이 부모의 사악함에 대해 자녀들이 대가를 치러야 함을 보장하는 것으로 이해하는 일은 토라에서 특히 그러한 대위책임을 금지시키는 것에 반대된다고 했다. 토라가 대위책임의 원칙을 내포하고 있는 것은 사실이다. 예를 들어 동물이 피해를 입히는 경우 그 주인이 벌을 받거나, 심지어는 자신의 소가 타인을 죽게 만드는 것을 재차 용인하는 주인의 경우 사형을 당할 수도 있다(출 21:28-36, 22:5).

---

24) Louis Ginzberg, *The Legends of the Jews*, trans. Henrietta Szold and Paul Radin(Philadelphia: The Jewish Publication Society, 2003), p.605. 또한 *ibid.*, 1021-22, citing Koh. 4.1; Hash 3b 참고. 또한 Spitz, "Mamzerut," pp.562-64에서 인용한 Midrash Vayikra의 Daniel the Tailor가 사생아의 역경을 동정하며 논한 것을 참고.

그러나 토라는 부모나 자식이 서로의 범죄에 대해 대위책임을 질 수 없다는 것을 분명히 한다. "아버지는 그 자식들로 말미암아 죽임을 당하지 않을 것이요 자식들은 그 아버지로 말미암아 죽임을 당하지 않을 것이니 각 사람은 자기 죄로 말미암아 죽임을 당할 것이니라"(신 24:16).[25]

탈무드 시대의 랍비들은 이 구절이 대위책임을 금지할 뿐만 아니라, 부모와 자식이 서로에 대해 불리한 증언을 하는 것마저도 금지한다고 보았다. "부모가 자식[의 범죄] 때문에 사형을 당할 수 없으며, 자식이 부모[의 범죄] 때문에 사형을 당할 수 없다. 그러나 '사람이 자신이 지은 죄로 인함 외에는 죽임을 당할 수 없다'는 구절이 이미 있으므로, 이것은 이미 당연한 것이 아닌가. 이 말은 부모가 자식의 증언으로 사형당할 수 없고, 자식이 부모의 증언으로 사형당할 수 없다는 말이다."[26]

랍비들은 고대 유대법이 공식적으로 아버지와 어머니의 죄를 자식들에게 갚게 하지 않음에도 불구하고, 혼외자나 심지어 친자라 하더라도 금지되거나 의심의 여지가 있는 관계 내에서 태어난 자녀들이 충분히 고통받는 삶을 산다는 것을 알고 있었다. 탈무드에서는 "누구든지 흠을 가진 혈통[의 여자]과 결혼하는 자는 변변치 못한

---

25) San. 28a. "너는 객이나 고아의 송사를 억울하게 하지 말며"(신 24:17)라는 그다음 구절은 개개인에게 적용되는 이 교훈을 강조한다.

26) Elon, *Jewish Law*, 1, p.304, quoting *Sifrei Deuteronomy*, Ki Teze, sec. 280 (p.297). 또한 San. 28a; Babylonian Talmud San. 27b 참고.

(unworthy) 자식, 즉 혈통에 흠이 있는 자식을 낳을 것"이라고 했다. "자신에게 걸맞지 않은 여자와 결혼해 자신의 자녀를 부적격자로 만들고 자신의 가족을 오염시키는 자에게는 화 있을진저. 엘리야가 그를 묶고 거룩한 분(Holy One)이 그를 채찍질할 것이다."[27] 후에 한 해설가는 다음과 같이 저술했다. "순결하지 못한 배경과 가증스러운 의도와 죄스러운 계획에서 비롯된 사생아를 잉태하는 것은 그 자체가 매우 악하며, 부모의 그러한 악한 본질이 아이에게 이미 내포되어 있다. 따라서 하나님은 우리를 악한 모든 것으로부터 분리시키고 격리시키셨던 것처럼 하나님이 사랑하시는 거룩한 사람들을 [이것]으로부터 격리시켜 오신 것이다."[28]

적법하고 유효한 혼인을 통해 정당한 자녀를 생산하는 것이 부모로서 할 수 있는 훨씬 나은 선택이었다. 악하게 잉태된 자식이 법적으로 사생아의 불이익을 당하지 않을 수 있다 하더라도, 그 자식은 다른 불이익을 감당해야만 했다. 따라서 랍비들은 합법적인 혼인관계 외에서 자식을 낳지 않도록 재차 경고했다. 탈무드에는 이 문제에 대해 매우 현명하게 조언하는 놀라운 구절이 나온다.

"[법적으로] 사생아가 아니더라도, 마치 사생아와 같은 사람에는 열 가지의 부류가 있다. 이들은 바로 니다(niddah)[월경 중인 여인]의 자식, 파문당한 상태에 있는 자의 자식, [강압적인 성교와 출산을 하도록

---

27) Kid. 70a2.
28) *Sefer HaHinukh*, Mitzvah 560, quoted in Spitz, "Mamzerut," p.567.

한] 두려움(위협)에 의해 태어난 자식, [동거 또는 성교의] 강제를 당한 여자의 자식, 미움을 받는 아내의 자식, 유혹당한 여자의 자식, 마음으로 이미 이혼한 아내의 자식, 아내가 아닌 여자의 자식, 술 취한 여자의 자식이다. 어떤 이들은 뻔뻔한 여자의 자식, 잠든 여자의 자식, 자신의 장인의 집에서 약혼녀와 성교한 자의 자식을 포함한다.

니다의 자식은 결국 나병을 앓게 된다. 파문을 당한 상태에서 태어난 자식은 결국 이스라엘의 총회에 들어갈 수 없다. 두려움에 의해 태어난 자식은 결국 [토라의] 신성함의 근원에서 제거될 것이다. 강제를 당한 여자의 자식은 그 자식도 범함을 당할 것이다. 유혹당한 여자의 자식은 결국 다른 이에게 마음을 유혹당할 것이다. 마음에서 이혼한 여자의 자식은 결국 모든 선에서 분리되고 악을 고수하게 될 것이다. 아내가 아닌 다른 여자의 자식들은 결국 그들의 믿음을 버릴 것이다. 술 취한 여자의 자식은 마치 술 취한 자들처럼 [여겨지게] 될 것이다. '네가 언제까지 취하여 있겠느냐?' [삼상 1:14]라고 쓰인 구절은 타르굼(Targum)에는 '실성하여'라고 나와 있다.

'뻔뻔한 여자의 자식'은 얼굴에 철면피를 깐 뻔뻔한 자다. '잠든 여자의 자식'은 게으른 자다. '장인의 집에서 약혼녀와 성교한 자'의 자식에 대해서는, 랍(Rab)과 사무엘(Samuel)의 의견이 분분하다. 하나는 그 자식이 사생아라 하고, 하나는 그 자식이 아버지를 알 수 없는 자식 [즉, 미심쩍은 사생아]이라고 한다."[29]

---

29) *The Minor Tractates of the Talmud*, pp.424-25.

탈무드의 랍비들은 당시 로마법[30] 및 다른 법 체계에서 허용하고 성행하던 입양제도를 명시적으로 거부했다. 입양제도는 자식이 없는 부부에게 자식과 상속자를 주었고, 반대로 고아와 버려진 아이들에게 그들을 양육하고 부양할 수 있는 새 부모를 주었다. 혹자는 "유대교에서 로마의 입양제도를 인정하지 않은" 이유가 "로마의 입양개념이 생물학적 사실(biological fact)을 법적 의제(legal fiction)로 대체함으로써 입양을 한 부모와 입양이 된 아들 간에 자연적인 관계가 있는 듯한 허구를 만드는 것이기 때문"이라고 했다.

"유대교에서는 이것에 대한 입장을 명백하게 밝혔다. 사람에게 창조주(Creator)가 부여한 것을 인간이 개입해서 방해해선 안 된다. 자연적인 관계를 바꾸어선 안 된다. 이 관계에 법으로 개입하는 것은 창조주(Maker)의 전지하심과 본래의 계획에 개입하는 것이다."[31]

랍비들은 히브리 성경에서 나오는 입양의 사례들(창 30:1-13, 48:5-6; 출 2:7-19; 삿 11:1-2; 왕상 11:20; 대상 2:34-35; 스 10:44; 룻 4:16-17; 에 2:7) 가운데 법적인 의미에서 입양이었던 적이 없으며, 이 사례들의 대부분이 공식적인 유대인의 규칙과 상관없이 일어난 일이라고 했다. 그리고 만약 이 사례들이 로마법에 따라 법적인 입양으로 간주할 수 있다고 하더라도, 토라에서는 입양에 대한 공식적인

---

30) 또한 이 책, 103-12쪽; Bruce W. Frier and Thomas A.J. McGinn, *A Casebook on Roman Family Law*(Oxford: Oxford University Press, 2004), pp.304-14에 있는 참고문헌들을 참고.

31) Soloveitchik, *Family Redeemed*, pp.60-61; Broyde, "Adoption, Personal Status, and Jewish Law," pp.140-45.

법이 없으며, 따라서 이것이 유대 공동체의 규범이 될 수는 없다고 했다.

그렇다고 하여 부모에게 버림받은 혼외자가 아무런 지원을 받을 수 없는 것은 아니었다. 지역 유대법정이 '모든 고아의 아버지' 역할을 담당하여 유대 공동체에 있는 모든 아동에 대한 보살핌을 확보할 책임을 가졌다. 또한 유대법에는 보호자 제도(apotropos)가 있었다. 이 제도는 자격을 갖춘 성인이 친부모의 역할을 하여, 아동에 대한 대부분의 양육·교육·부양·재정 지원 등을 제공할 권리와 의무를 가질 수 있도록 했다.[32]

초기 기독교의 가르침[33]

이상의 내용이 기원후 첫 6세기 동안의 교부들(Church Fathers)이 활용할 수 있었던 아동과 혼외출생에 대한 랍비들의 주된 가르침이었다. 교부들은 성·결혼·가정생활에 대한 가르침을 발전시키면서 혼외출생에 대한 체계적인 신학이나 법을 발전시키지는 않았다.[34]

---

32) Broyde, "Adoption, Personal Status, and Jewish Law," pp.140-45; Elon, ed., *Principles of Jewish Law*, pp.440-45 참고.

33) 저자가 초기 기독교라고 부른 시대는 대체로 중세 이전의 시대로서 기원후 약 1,000년 정도의 기간을 가리킨다 — 옮긴이.

34) 일반적으로 Philip L. Reynolds, *Marriage in the Western Church: The Christianization of Marriage During the Patristic and Early Medieval Periods* (Leiden: E.J. Brill, 1994) 참고. 이러한 교부의 저술들의 번역으로 *The Ante-Nicene Fathers: The Writings of the Fathers Down to A.D. 325*, trans. and ed. Alexander Roberts et al. [1885], repr. edn., 10 vols.(Peabody, MA: Hendrickson Publishers, 1995)[이하 F"라 함]; *Early Church Fathers: Nicene*

하지만 교부들이 조금이나마 혼외출생에 대해 언급한 것들은 랍비들의 가르침과 매우 유사한 어조를 띠었다.

초기 랍비들과 마찬가지로, 대부분의 교부는 아버지의 죄를 자식들에게 갚는다는 개념을 거부했고, 이후의 교부들은 그러한 대위책임을 부과하는 근거로 이스마엘의 이야기를 드는 것을 불허했다. 또 랍비들과 마찬가지로, 교부들은 혼외출생이 많은 피해와 고통을 야기시킨다는 점을 인정하면서도 그리스도인의 공동체 내에서 혼외자가 가지는 불이익을 매우 제한했다.

그러나 교부들은 초기 랍비들이 단지 토라에 의존해 이러한 입장을 취했던 것과 달리 성경 전체 교리에 의존했고, 그 결과 혼외자에 대한 가혹한 성경구절들에 대한 완충으로써 혼외자의 보호와 입양을 주문하는 다른 성경구절들을 사용했다. 또한 성·결혼·가정생활에 대한 가르침을 발전시키면서 중대한 성적 죄악이 되는 행위의 목록을 크게 넓혔다. 그러나 교부들이 이에 상응하여 혼외자의 원칙을 확장하지는 않았다. 혼외자의 원칙의 확장은 그다음 1,000년 동안에 이루어졌다.

---

and *Post-Nicene Fathers*, First Series, trans. and ed. Philip Schaff, [1886-89], repr. edn., 14 vols.(Peabody, MA: Hendrickson Publishers, 1994)[이하 "CF 1"이라 함]; and *Early Church Fathers: Nicene and Post-Nicene Fathers*, Second Series, trans. and ed. Philip Schaff and Henry Wace, [1886-89], repr. ed., 14 vols.(Peabody, MA: Hendrickson Publishers, 1994)[이하 "CF 2"라 함] 참고.

성·결혼·가정

교부들이 혼외출생과 입양에 대해 쓴 여기저기 흩어진 자료들을 훑어보기 전에, 당시 그들 사이에서 대두되던 결혼과 가정생활의 가르침을 따라가보는 것이 도움이 될 것이다. 정당한 성관계가 무엇인지 또 정당하지 못한 성관계가 무엇인지에 대한 근대에 이르기까지의 기독교적 견해가 그러한 가르침들에 의해 형성되었기 때문이다.

교부들은 처음부터 이성 간의 일부일처제 결혼만이 정당한 성교를 할 수 있는 관계이며, 모든 형태의 혼외 성교는 죄악이라는 것을 분명히 했다. 또한 결혼의 가장 주된 선이며 목표가 자녀를 생산하는 것이며, 결혼관계 내에서조차 자녀를 생산하지 않는 성교에 대해서는 조심해야 한다고 했다.

교부들의 이러한 입장은 신약의 몇몇 구절에 근거했다. 그리스도는 결혼이 하나님이 창조하신 한 남자와 한 여자의 연합이라고 가르쳤다. "사람을 지으신 이가 본래 그들을 남자와 여자로 지으시고 말씀하시기를 그러므로 사람이 그 부모를 떠나서 아내에게 합하여 그 둘이 한 몸이 될지니라 하신 것을 읽지 못하였느냐"(마 19:4-5).

그리스도의 사역은 가나의 혼인 잔치에서 물을 포도주로 바꾼 첫 번째 기적을 통해 그 잔치를 축복함으로써 시작되었다(요 2:1-11). 그리스도가 십자가에서 마지막으로 한 말 가운데 하나가 어머니 마리아에게 자신의 사도인 요한을 새로운 가족으로 맞아들이라는 것이었다. "여자여 보소서 아들이니이다." 아들아, "보라 네 어머니라"(요 19:26-27).

또 그리스도는 하나님 나라(Kingdom of God)에 대한 기본을 가르치는 데 결혼과 가정의 이미지를 사용했다. 그는 "천국은 마치 자기 아들을 위하여 혼인 잔치를 베푼 어떤 임금과 같다"고 선포했다. 반드시 초대받은 자만 이 잔치에 참여할 수 있다. 반드시 신랑이 올 때에 잔치에 올 준비가 되어 있는 자들만 들어갈 자격을 얻을 것이다(마 22:1-14, 25:1-13).

나아가 하나님 나라를 확대된 영적 가족으로 볼 수도 있다. "내 어머니와 내 동생들은 곧 하나님의 말씀을 듣고 행하는 이 사람들이라"(눅 8:21). "어린아이들이 내게 오는 것을 용납하고 금하지 말라. 하나님의 나라가 이런 자의 것이니라"(눅 18:16-17). 심지어는 가장 방탕한 "탕자"와 탕녀마저도 아이와 같은 믿음으로 용서를 구하는 자는 이 신성한 가족에 포함될 수 있다(눅 15:11-32). 하나님의 자녀가 됨과 동시에 그리스도의 형제자매가 된다는 것은 새로운 그리스도인 공동체의 핵심적인 특징이었다.

그리스도인들은 하나님 나라의 영적인 요구들보다 자신들의 원래 가족들의 세속적 요구들을 더욱 중요시해서는 안 되었다. 그리스도는 열두 명의 사도들에게 그들 자신의 가족과 생업을 떠나 자신을 따르라고 명령했다. 아버지의 상을 치르는 이에게는 "죽은 자들이 그들의 죽은 자들을 장사하게 하고 너는 나를 따르라"고 명령했다(마 8:21-22). 그리고 제자들에게 "내가 진실로 너희에게 이르노니 하나님의 나라를 위하여 집이나 아내나 형제나 부모나 자녀를 버린 자는 현세에 여러 배를 받고 내세에 영생을 받지 못할 자가 없느니라"고

했다(눅 18:29-30).

또한 그리스도인들은 자신들의 죄스러운 계획하에 모세가 결혼과 성에 대해 가르친 도덕법을 이용해서도 안 되었다. 그리스도는 산상수훈에서 새로운 그리스도인의 법과 그 법의 정신을 선포했다. "간음하지 말라 하였다는 것을 너희가 들었으나 나는 너희에게 이르노니 음욕을 품고 여자를 보는 자마다 마음에 이미 간음하였느니라." "또 일렀으되 누구든지 아내를 버리려거든 이혼 증서를 줄 것이라 하였으나 나는 너희에게 이르노니 누구든지 음행한 이유 없이 아내를 버리면 이는 그로 간음하게 함이요 또 누구든지 버림받은 여자에게 장가드는 자도 간음함이니라"(마 5:27-32). "하나님이 짝지어 주신 것을 사람이 나누지 못할지니라"(마 19:6).

바울은 새로운 그리스도인들의 교회에 전하는 서신에서 이러한 복음의 가르침을 더욱 구체화했다. 바울은 그리스도가 하나님 나라를 묘사하기 위해 결혼의 이미지를 사용한 것에서 더욱 나아가 그리스도와의 연합의 성격을 정의하는 데에도 결혼의 이미지를 사용했다. 그는 교회가 신부이고 그리스도가 신랑이라고 했다. 그리고 바로 이 비유에 그리스도인의 교회와 결혼의 요건인 권위와 순종, 사랑과 희생의 첫 번째 원칙들이 있었다. 바울은 에베소 교회의 교인들에게 편지를 써서 다음과 같이 전했다.

"남편이 아내의 머리 됨이 그리스도께서 교회의 머리 됨과 같"다. "교회가 그리스도에게 하듯 아내들도 범사에 자기 남편에게 복종할지니라 … 남편들도 자기 아내 사랑하기를 자기 자신과 같이 할지니 자기 아내를 사랑하는 자는 자기를 사랑하는 것이라. 누구든지 언제나 자기 육체를 미워하지 않고 오직 양육하여 보호하기를 그리스도께서 교회에게 함과 같이 하나니 우리는 그 몸의 지체임이라"(엡 5:23-30).

바울은 하나님 나라가 이 세상의 가족들보다 더욱 우월하다는 그리스도의 가르침을 독신이 결혼보다 더욱 우월하다는 더 일반적인 설명으로 해석했다. "남자가 여자를 가까이 아니함이 좋으나 … 나는 모든 사람이 나와 같[이 독신하]기를 원하노라"(고전 7:1, 7). 바울은 할 수 있으면, 처녀들이 독신으로 살고 과부와 홀아비들이 재혼을 하지 않을 것을 권고했다. 사람들이 결혼으로 인해 영적인 삶뿐 아니라 세속적인 관계에도 헌신해야 하는 상황에 놓이며, 따라서 하나님에게 헌신하는 것이 방해를 받게 되기 때문이었다(고전 7:8-39; 딤전 5:3-16).

그러나 바울은 "정욕이 불같이 타는 것보다 결혼하는 것이 나으리라"고 하며 성적 죄악의 유혹을 받는 자들에게 결혼을 허용했다(고전 7:9). 그리고 결혼한 부부 관계에서 성적 요구에 대한 평등한 권리와 존중을 권고했다.

"음행을 피하기 위하여 남자마다 자기 아내를 두고 여자마다 자기 남편을 두라. 남편은 그 아내에 대한 의무를 다하고 아내도 그 남편에게 그렇게 할지라. 아내는 자기 몸을 주장하지 못하고 오직 그 남편이 하며 남편도 그와 같이 자기 몸을 주장하지 못하고 오직 그 아내가 하나니, 서로 분방하지 말라. 다만 기도할 틈을 얻기 위하여 합의상 얼마 동안은 하되 다시 합하라. 이는 너희가 절제 못함으로 말미암아 사탄이 너희를 시험하지 못하게 하려 함이라"(고전 7:2-5).

그리스도가 간음과 정욕을 금지한 것에 대해, 바울은 결혼관계 외에서의 성적 죄악에 어떤 것이 있는지를 구체적으로 규정하고 이것들을 금지함으로써 부연설명을 했다. 금지되어야 할 죄악에는 근친상간·동성애·남색·매춘·중혼 또는 다혼·유혹·적절치 못한 복장 및 차림새 그리고 그외 형태의 성적 '부도덕' 및 '왜곡'이 포함되었다(롬 1:24-27; 고전 5:1, 6:9, 15-20; 엡 5:3-4; 골 3:5-6; 딤전 2:9-10; 3:2). 바울의 가장 유명한 경고는 "음행을 피하라"는 것이었다(고전 6:18).

성·결혼·가정생활에 대한 이 구절들은 공식적으로 성경에 포함되기 이전부터 초대 교회의 교인과 성직자들의 성과 결혼의 도덕을 다스리는 캐논법 규칙으로 발전했다. 디다케(서기 90-120년)에서 시작하여 발전한 가장 초기의 교회법은 남색·간음·소아애(pedophilia)·음행 등의 죄를 금지했고, 정숙한 삶을 살고 적절한 복장을 갖출 것을 명했으며, 남녀가 함께 목욕하거나 교육받는 것을 금지했다.[35]

---

35) *The Teaching of the Twelve Apostles, Didache, or The Oldest Church Manual,* Philip Schaff, trans. and ed., 3rd rev. edn.(New York: Funk & Wagnalls, 1889), pp.161, 168, 172; *Didascalia Apostolorum*, R. Hugh Connolly, trans. (Oxford: Clarendon Press, 1929), chaps. 2, 3, 4, and 14.

325년부터 451년까지의 세계공의회(Ecumenical Church Councils)에서 이러한 새로운 기독교 윤리를 재차 언급했고 일부 재정립하기도 했다. 3세기부터 6세기까지 몇몇 지역 시노드(Synod)와 공의회를 통해 더욱 많은 규칙이 제정되었다. 먼저 주교·성직자·수도승 그리고 그외 교회 지도자들에게 정숙한 생활을 명하고 동성애와 다혼을 금지했다. 5세기에 이르러서는 고위성직자들에게 독신으로 살 것을 명하고, 매춘을 하거나 첩을 두는 등의 성적 행위를 금지했으며, 이를 어길 시에는 성직을 파면했다.

일반 신도에게는 일부일처제 내에서 이성 부부의 평화로운 성적 연합이 허락되었다. 이들에게는 모든 종류의 성적 죄악이 금지되었으며, 특히 바울이 열거한 성적 죄악이 재차 강조되고, 때로는 근친상간·수간·다혼 등을 금지하는 엄격한 규칙들이 더해졌다. 또한 기독교인은 유대인·이단·이교도와 결혼하거나, 자신과 간통한 자와 결혼하는 것이 (임신한 경우를 제외하고) 금지되었다.[36]

이러한 초기 입법의 대표적인 예가 스페인의 엘비라 공의회(Council of Elvira)였다. (밀라노 칙령에 따라 로마제국의 기독교 교회들에 대해 관용이 선포되기 직전인) 기원후 약 300년부터 309년까지의 기간 동안

---

36) *The Seven Ecumenical Councils*, CF 2, XIV: II, pp.46-51, 70, 73, 79, 81-82, 92, 95, 98, 129, 149, 156, 157, 279, 280, 452, 460-62, 569-70, 604-13에 나온 조항들을 참고. David Balch and Carolyn Osiek, *The Family in Early Christianity*(Louisville: Westminster John Knox Press, 1997); David Balch and Carolyn Osiek, eds., *Early Christian Families in Context: An Interdisciplinary Dialogue*(Grand Rapids, MI: Wm. B. Eerdmans, 2005)의 논의들을 참고.

열린 엘비라 공의회에서는 일련의 징계 규칙이 제정되었다. 엘비라에서 제정된 81항의 교회법 가운데 3분의 1 이상이 성·결혼·가정생활에 대한 것이었다. 이 교회법의 대부분은 교인이 이것을 위반할 시 성찬식에 참여하는 것을 금지하거나 교회에서 출교/파문하는 등 가혹한 영적 징계 규칙을 부과했다.

다음과 같은 엘비라 교회법이 적법한 혼인의 형성과 해지의 문제를 다루었다.

8. 납득할 만한 이유 없이 자신의 남편을 떠나 다른 남자와 연합하는 여자는 죽을 때까지도 성찬에 참여할 수 없다.

9. 세례받은 여자가 간음을 저지른 세례받은 남편을 떠나 다른 남자를 찾는 경우, 그 남자와 결혼할 수 없다. 만약 결혼하는 경우, 그 여자는 중병을 앓고 있는 경우를 제외하고, 전 남편이 죽을 때까지 성찬에 참여할 수 없다.

10. 세례받지 않은 여자가 세례지원자(catechment)였던 남편에게 버림받아 다른 남자와 결혼하는 경우, 그 여자는 세례받을 수 있다. 여자가 세례지원자인 경우에도 동일한 규칙이 적용된다. 그리스도인 여자가 자신이 결혼하는 남자가 이유 없이 전 아내를 버린 사실을 알면서도 그 남자와 결혼하는 경우, 그 여자는 임종 시에만 성찬에 참여할 수 있다.

11. 세례지원자인 여자가 자신이 결혼하는 남자가 이유 없이 전 아내를 버린 사실을 알면서도 그 남자와 결혼하는 경우, 그 여자는 중병

을 앓는 경우를 제외하고, 5년 동안 세례를 받을 수 없다.

61. 자신의 아내가 죽은 후, 그 아내의 자매이며 세례를 받은 자와 결혼하는 남자는, 병으로 인해 5년 이내에 화목을 해야 하는 경우를 제외하고, 5년 동안 성찬에 참여할 수 없다.

엘비라 공의회에서는 그리스도인과 비그리스도인의 결혼을 금지했다.

15. 그리스도인 소녀는 아무리 결혼할 수 있는 남자의 수가 적더라도 이교도(pagan)와 결혼할 수 없다. 그러한 결혼은 영의 간음(adultery of soul)에 이르게 하기 때문이다.

16. 이단자(heretic)는 가톨릭 신앙을 받아들이지 않는 한 가톨릭 소녀와 결혼할 수 없다. 가톨릭 소녀는 유대인이나 이단과 결혼할 수 없다. 신앙을 가진 자와 신앙을 가지지 않은 자가 결혼하는 경우 연합이 될 수 없기 때문이다. 이러한 결혼을 허용하는 부모는 5년 동안 성찬에 참여할 수 없다.

17. 부모가 자신들의 딸이 이교의 사제(pagan priest)와 결혼하는 것을 허락하는 경우, 그 부모는 죽을 때까지도 성찬에 참여할 수 없다.

또 어떤 법은 부도덕한 성적 행위, 특히 공의회가 매우 엄격히 규제한 음행(fornication)과 간음(adultery)에 대한 것이었다.

7. 그리스도인이 성적 범죄에 대한 속죄를 끝낸 후 또 다시 음행을 하는 경우, 그 남자 또는 여자는 죽을 때까지 성찬에 참여할 수 없다.

31. 젊은 남자 중 세례를 받은 후 부도덕한 성적 행위에 연루된 자는 필요한 속죄를 끝낸 경우 결혼할 때부터 성찬에 참여할 수 있다.

44. 전에 창녀였던 자로서 결혼을 하였고 기독교 신앙을 허락받기를 희망하는 자는 지체 없이 허락받을 것이다.

47. 세례받은 기혼 남자가 반복하여 간음하는 경우, 임종에 가까웠을 때 묻는 것과 마찬가지로 용서를 받으면 교정(reform)할 것인지를 물어야 한다. 교정하겠다고 약속하는 경우, 성찬에 참여할 수 있다. 용서를 받았는데 또다시 간음하는 경우, 죽을 때까지도 다시는 성찬에 참여할 수 없다.

64. 임종 시까지 간음 관계에 있는 여자는 성찬에 참여할 수 없다. 간음 관계를 청산하는 경우, 10년의 속죄를 마친 후 성찬에 참여할 수 있다.

65. 성직자가 자신의 아내가 간음한 사실을 알면서도 함께 살면, 그 자는 죽기 전에도 성찬에 참여할 수 없다. 선한 삶의 본보기를 보여야 하는 자가 죄를 용납한 것으로 보여서는 안 되기 때문이다.

69. 기혼자가 한 번 간음을 한 경우, 중병으로 인해 5년 이내에 화목이 필요한 경우를 제외하고, 5년의 속죄기간 후에 화목할 수 있다.

70. 아내가 간음한 사실을 알고도 함께 사는 남편은 죽기 전에도 성찬에 참여할 수 없다. 만약 남편이 아내가 간음한 후 일정 기간 동안 함께 살다가 떠난 경우, 10년 동안 성찬에 참여할 수 없다.

72. 과부가 남자와 성교한 후 그 남자와 결혼하는 경우, 그 과부는 5년의 속죄 후에 성찬에 참여할 수 있다. 다른 남자와 결혼하는 경우, 죽을 때까지 성찬에 참여할 수 없다. 그 과부가 결혼한 남자가 기독교인인 경우, 과부는 병으로 인해 10년 이내에 성찬에 참여하는 것이 좋다고 여겨지는 경우를 제외하고 10년의 속죄기간을 마칠 때까지 성찬에 참여할 수 없다.

78. 그리스도인이 유대인이나 이교도 여자와 간음했다고 고백하는 경우, 일정 기간 동안 성찬에 참여할 수 없다. 그 죄가 타인에 의해 밝혀진 경우, 주일 영성체를 하기 전에 5년의 속죄를 마쳐야 한다.

일부 법에서는 아동을 직접적으로 다루기도 했다. 아동에게 부모의 학대 또는 태만으로부터 약간의 영적 및 육체적 보호를 제공했고, 여기에는 간음으로 인해 포태되어 낙태나 죽임당할 위협에 처해진 자식도 포함되었다.

12. 자신의 자식이 성적 학대를 받도록 내버려 두는 부모나 그리스도인은 타인의 몸을 파는 것이며, 타인이나 자신의 몸을 파는 자는 임종 시에도 성찬에 참여할 수 없다.

22. 가톨릭교회에서 이단으로 떨어져 나갔다가 다시 돌아오는 자의 경우, 자신의 죄를 인정한 것이므로 속죄해야 한다. 그러한 자는 10년의 속죄 후에 성찬에 참여할 수 있다. 만약 자녀를 이단으로 이끈 경우, 그것은 자녀의 잘못이 아니며, 따라서 자녀는 바로 다시 받아들여

야 한다.

54. 자식의 결혼 약속을 지키지 않고 약혼을 파기하는 부모는 3년 동안 성찬에 참여할 수 없다. 신부나 신랑이 중죄를 범하는 경우, 부모는 약혼을 파기할 수 있다. 신부와 신랑이 둘 다 죄악에 연루된 경우, 첫 번째 규칙이 적용되며 부모가 개입할 수 없다.

63. 여자가 간음으로 인해 임신한 후 낙태한 경우, 임종이 급박해도 다시는 성찬에 참여할 수 없다. 두 번의 죄악을 저질렀기 때문이다.

68. 세례지원자 가운데 간음하여 임신한 자식을 질식사시킨 자는 임종이 가까웠을 때에만 세례를 받을 수 있다.

66. 자신의 양딸과 결혼하는 남자는 근친상간의 죄를 범한 것이며, 죽기 전에도 성찬에 참여할 수 없다.

71. 소년들을 성적으로 학대하는 자는 임종이 급박해도 성찬에 참여할 수 없다.[37]

2세기 이후에는 엘비라 공의회에서 제정된 새로운 교회법뿐만 아니라 새로운 기독교 신학도 대두되었다.[38] 기원후 4세기에 로마가 기독교를 국교로 선포하기 전의 교부들은 이따금 로마의 법과 사회에

---

37) Hamilton Hess, *Sexuality and Power: The Emergence of Canon Law at the Synod of Elvira*(Philadelphia: University of Pennsylvania Press, 1972)와 http://faculty.cua.edu/pennington/Canon%20Law/ElviraCanons.htm(visited April 16, 2008)에 게재된 Kenneth Pennington의 번역 참고. 역사학자들은 이 캐논법들이 한 번의 공의회에서 제정된 것인지 여러 번의 공의회에서 제정된 것들이 이후에 한데 묶인 것인지에 대해 의견을 달리한다.

38) Reynolds, *Marriage in the Western Church*, pp.121-240.

날카롭게 반대되는 가르침을 저술하곤 했다. 그들은 특히 로마에서 성행하는 성전에서의 매춘(temple harlotry)·축첩제(concubinage)·복장도착(transvestism)·동성애·근친상간·다혼·낙태·영아살해·아동학대 등을 가장 비난했다.[39) 로마가 기독교 국가가 된 이후의 교부들은 이전 교부들의 교훈을 반복해 주장했고, 이러한 그들의 노력은 결국 로마법에 약간의 수정을 가져오는 효과를 낳았다.[40)

이들 가운데 결혼과 가정생활에 대해 가장 풍부하게 저술한 이는 5세기 초반의 아우구스티누스였다. 아우구스티누스는 결혼이 신앙의 "진정하고 충성된 파트너십"이고, "도성의 모판"이며, "인간 조직의 첫걸음"이라고 했다.

하나님은 사람의 삶과 사회 내에서 세 가지 선(bona)을 이루기 위해 결혼을 정했다. 결혼은 "출산(proles)을 위해 정해진 방법이고, 충절(fide)의 보장이었으며, 영원한 연합(sacramentum)의 결속"이었다.

---

39) 예를 들어 Tertullianus, *Apologeticus* and *De Spectaculis*, in *Tertullian*, Gerald H. Rendall, trans. and ed.(New York: G.P. Putnam's Sons, 1931), pp.32, 35-48, 79, 105, 179, 274-81; Tertullianus, *Against Marcion*, ANF, III, pp.294, 385-87; Clement, *The Instructor*, ANF, II, pp.212-22, 250-53, 259-63; Clement, *Stromata*, ANF, II, pp.377-79 참고.

40) 또한 이 책, 118-20쪽 참고. Jean Gaudemet, "Les transformations de la vie familiale au bas empire et l'influence du christianisme," *Romanitas* 4(1962), pp.58-85; id., "Tendances nouvelles de la legislation familiale aux ivme siècle," *Antiquitas* 1(1978), pp.187-207; John T. Noonan, "Novel 22," in *The Bond of Marriage: An Ecumenical and Interdisciplinary Study*, ed. W.J. Bassett(Notre Dame/London: University of Notre Dame Press, 1968), pp.41-90; Engbert J.J. Jonkers, *Invloed van het Christendom op de romeinsche wetgeving betreffende het concubinaat en de echtscheiding*(Wageningen: H. Veenman, 1938) 참고.

결혼은 자연적으로 창조된 출산의 방법으로서 부부의 성교행위를 정당하게 했다. 또 결혼은 충절의 계약으로서 남편과 아내에게 서로의 육체에 대한 동등한 권한과, 서로 상대 배우자에게 간음하지 않을 것을 요구할 동등한 권리와, "부당한 성교를 피하기 위해 서로의 약점을 보완하기 위한 어느 정도의 봉사"를 요구할 동등한 권리를 부여했다.

결혼은 "확실하고 신성한 결속"으로서 그리스도인들의 영원한 연합의 근원이며 상징이었다. 아우구스티누스는 "결혼은 신성한 결속을 내포하며 … 당사자 중 한 명이 죽는 경우 외에는 결혼이 해지될 수 없다. 결혼의 결속은 명백한 불임으로 인해 본래의 목적인 자식을 낳을 수 없는 상황에서도 계속 유효하며, 결혼을 한 자들이 자식을 낳지 못할 것을 안다고 해서, 자식을 낳기 위해 서로 헤어지고 다른 자들과 연합하는 것은 적법하지 못하다"고 했다.[41]

아우구스티누스에게는 출산과 충절과 연합이 결혼의 세 가지 선이었다. 이것이 바로 결혼 제도가 좋은 이유였고 결혼하는 것이 좋은 이유였다. 이 세 가지는 사람이 결혼함으로써 소망하고 예상할 수 있는 선이며 목표였다. 아우구스티누스는 주로 이 세 가지를 위와 같은 순서로 배열함으로써, 출산을 가장 큰 선으로 여겼다. 그는 적어도 두

---

41) Augustinus, *The Good of Marriage*, in R.J. Deferrari, ed., *St. Augustine: Treatises on Marriage and Other Subjects*(New York: Fathers of the Church, Inc., 1955, pp.17, 31-32; Augustinus, *On Marriage and Concupiscence*, CF 1, V, p.271; Augustinus, *On Original Sin*, CF 1, 5, p.251; Augustinus, *City of God*, XIV, pp.10, 21, 22; XV, p.16; XIX, pp.7, 14, CF 1, II.

번, "결혼 제도는 출산을 위해 존재한다. 그러한 이유로 우리의 조상들이 결혼의 연합을 이룬 것이고, 합법적으로 아내를 맞은 것이다. 오직 자녀를 가질 의무 때문이다"[42]라고 쓰며 이 우선순위를 강조했다.

그렇다고 하여 아우구스티누스가 출산만이 결혼의 주된 선이고 다른 것들은 부차적이라고 하지는 않았다. 그는 이따금 이 선의 목록에서 순서를 바꾸어 "충절, 출산, 연합"이라고 쓰기도 했고, 이것은 이후의 캐논법학자들과 신학자들이 '결혼의 사랑'을 가장 주된 결혼의 선으로 여기는 이론을 발전시키는 데 기여했다.[43] 아우구스티누스는 결혼의 첫 번째 선이 출산이라고 할 때에도, 만약 부부에게 자식이 없거나 자식이 가구를 떠난 후에도 그 결혼 관계를 충분히 유지하기 위해서는 부부 간의 충절과 연합을 유지하는 것이 반드시 필요하다고 했다. 그리고 자신의 주장을 뒷받침하기 위해 고대 저술가들이 "결혼은 부부 당사자들에게 주어지는 혜택"이라고 한 것을 강조했다.

"내가 보기에 [결혼은] 자녀 출산으로 인해 선할 뿐만 아니라, 두 이

---

42) Augustinus, *Adulterous Marriages*, in *St. Augustine: Treatises on Marriage*, p.116 (강조는 저자).

43) Augustinus, *Commentary on the Literal Meaning of Genesis*, 9.7.12, trans. J.H. Taylor, in Johannes Quasten et al., eds., *Ancient Christian Writers: The Works of the Fathers in Translation*(New York: Newman Press, 1982), 42, p.78. John T. Noonan, Jr., "Marital Affection among the Canonists," *Studia Gratiana* 14(1967), pp.489-99, 중세 후기의 이론 참고; Jean Leclercq, *Monks on Marriage: A Twelfth Century View*(New York: Seabury Press, 1982), pp.11-38, 71-81.

성 간의 자연적인 동료애(societas)로 인해서도 선하다. 그렇지 않고서는 늙은 부부의 결혼관계에 대해, 특히 자녀를 떠나보냈을 때에나 자녀를 전혀 출산하지 않는 경우의 관계에 대해 말할 수 없다. 그러나 선한 결혼관계 내에서는 여러 해가 지나가고 여자와 남자 사이 젊음의 열정이 사그라진 후에도 남편과 아내 사이의 충절이 여전히 건재하다 … 남자와 여자의 건강이 약화되고 완전히 기운이 없는 상태로 늙어가더라도 서로에게 약속한 봉사와 존중이 유지되고, 서로 합당하게 연합된 영혼의 충절은 더욱 순결해지며, 더욱 강해지고 더욱 안전하고 더욱 평화로워진다."[44]

결혼의 선에 대한 아우구스티누스의 설명은 대부분의 기독교 초기 사상의 견해보다 낙관적이었다. 아우구스티누스 전후의 많은 교부는 결혼을 순결이나 독신보다 고결하지 못한 것으로 여길 뿐만 아니라, 결혼 자체와 혼내 성교를 매우 경시하고 자제시키는 말을 하기도 했다. 이중 몇몇은 아예 모든 종류의 성교와 심지어는 결혼 자체까지도 반대하는 입장을 보이기도 했다.

4세기 후반에 이르러서는 그리스도인이 가져야 할 도덕 중에서 결혼이 최하위에 있는 것으로 보고, 출산이라는 제한된 목적 외에는 성교를 자제해야 한다는 의견이 널리 퍼졌했다.[45] 이러한 입장은 기

---

44) Augustinus, *The Good of Marriage*, pp.12-13.
45) Ambrosius, *Concerning Widows*, chap. 4.23, CF 2, X, p.395. 또한 Gregorios of Nyssa, *On Virginity*, CF 2, V, pp.342-71; Hieronymus, *Letters*, CF 2,

원후 첫 1,000년의 후반기에 들어 만들어진 참회규정서(penitential literature)를 통해 더욱 강조되었다.[46]

사생과 입양

사실 서구의 초기 교회에서 혼인관계 내에서의 제한된 성교만이 정당한 성행위라고 엄격히 강조한 것과 결혼만이 정당한 출산의 장이 될 수 있다고 새롭게 강조한 것은 혼외출생에 대한 폭넓은 이론을 발전시킬 수 있는 배경이 될 수도 있었다.

그러나 첫 6세기 동안 저술된 교회 문헌에서는 이러한 이론을 찾아볼 수가 없다. 당시 캐논법 가운데 현재까지 남아 있는 것들은 혼외출생이라는 주제에 대해 침묵으로 일관하고 있다. 이 기간에 소집된 교회 공의회에서는 부모와 자녀가 서로를 지원하고 교회와 교회의 지도자들이 고아와 버려진 아동을 보살펴야 한다는 주장들만이 제기되었을 뿐이다.[47]

혼외출생을 언급한 교부들은 모든 종류의 혼외성교를 비난했다. 그러나 그들은 이러한 (남녀의) 연합에서 출생한 아동들을 저주하거나, 혼외출생에 대한 성경 말씀을 쉽게 적용하는 것을 허락하지 않

VI, pp.22-42, 66-79, 102-11, 141-48, 260-72, and Hieronymus, *Against Jovianus*, CF 2, VI, pp.346-86. 또한 David G. Hunter, *Marriage, Celibacy, and Heresy in Ancient Christianity: The Jovinianist Controversy*(Oxford: Oxford University Press, 2007)의 분석을 참고.

46) James A. Brundage, *Law, Sex, and Christian Society in Medieval Europe*(Chicago: University of Chicago Press, 1987), pp.77-175.

47) 예를 들어 CF 2, XIV, pp.98-99; ANF VII, p.433에 있는 회의 규정들을 참고.

았다. 예를 들어 3세기 초반 카르타고의 키프리아누스(Cyprianus of Carthage)는 간음 및 음행을 한 자들과 창녀들(그리고 종파 분리를 주장하는 주교들과 어울린 부모들)의 자녀들과 어울리기를 거부하는 동료 그리스도인들을 질책했다. 당시 이 지역의 교회는 바울(엡 5:5; 골 3:5-6)을 인용하며, 위와 같은 사람들이 '부정한 우상승배자들'이고 따라서 지역 회중의 정결과 경건을 유지하기 위해 교회가 그들을 거부하고 금지시켜야 한다고 했다.

그러나 키프리아누스는 이러한 교회의 입장에 반론을 제기했다. 각자는 "자신의 신앙에 따라", 단지 "자신 고유의 죄"에 대한 책임을 져야 할 뿐이라며, "주님이 우리에게 '의인의 공의도 자기에게로 돌아가고 악인의 악도 자기에게로 돌아가리라'(겔 18:20)고 이미 경고했고, 또한 '아버지는 그 자식들로 말미암아 죽임을 당하지 않을 것이요 자식들은 그 아버지로 말미암아 죽임을 당하지 않을 것이니 각 사람은 자기 죄에 죽임을 당할 것이니라'(신 24:16)고 하신 바와 같이 다른 사람의 죄에 대해 대신 책임을 질 수 없다"고 했다. "이 구절들을 숙고해보면 그 누구도 행복과 소망과 평화의 열매를 가지는 것을 거부당할 수 없다. 왜냐하면 우리는" 혼외자의 출생신분 및 부모의 죄에도 불구하고 "죄인이 회개를 한다는 것과 참회자에게는 용서와 긍휼이 따른다는 것을 이미 알고 있기 때문이다."[48]

또 다른 3세기 시대의 교부인 메토디오스(Methodios)는 심지어 교

---

48) Cyprianus, *The Epistles*, Epistle 51, ANF V.

회의 주교직 및 다른 성직에 있어서도 그리스도의 완전함이 혼외출
생의 어떠한 오점도 가려준다고 했다. "의롭지 않은 씨앗으로 잉태된
이가 형제 가운데 많이 있을 뿐만 아니라, 종종 형제들을 감독하는
소명을 받을 수도 있다." "간음으로 인해 태어난 자들도 진실로 완전
함에 이를 수 있다." "간음으로 인해 잉태된 자들도 수호천사에게 맡
겨진다."[49]

많은 저술을 남긴 3세기의 교부 오리게네스(Origenes)는 아버지의
죄를 자손들에게 갚는다는 개념을 비난했다. 오리게네스는 많은 성
경구절을 인용해 그리스의 비평가이며 그리스도인이 아니었던 켈수
스(Kelsus)가 혼외자들을 비난한 것을 반박했다.

"성경 말씀에 얼마나 잘 나와 있는가. '아버지는 그 자식들로 말미암
아 죽임을 당하지 않을 것이요 자식들은 그 아버지로 말미암아 죽임
을 당하지 않을 것이니 각 사람은 자기 죄로 말미암아 죽임을 당할 것
이니라'(신 24:16). '신 포도를 먹는 자마다 [자식의 이가 아니라] 그의
이가 신 것같이'(렘 31:30). '아들은 아버지의 죄악을 담당하지 아니할
것이요 아버지는 아들의 죄악을 담당하지 아니하리니 의인의 공의도
자기에게로 돌아가고 악인의 악도 자기에게로 돌아가리라'(겔 18:20).
'아들의 아들, 그리고 후대의 자손'이라는 답변이 '죄를 갚되 아버지로
부터 아들에게로 삼사 대까지 이르게 하거니와'(출 20:5)라는 구절과

---

49) Methodius, *The Banquet of the Ten Virgins*, Disc. 2, chaps. 3, 6, ANF V.

일치한다고 하는 자들에게 전한다. 이 구절이 문자 그대로 이해되어서는 안 됨을 에스겔 선지자에게 배우도록 하라. 에스겔은 '아버지가 신 포도를 먹었으므로 그의 아들의 이가 시다'고 하는 자들에 대해 그들이 틀렸다고 했으며, '주 여호와의 말씀이니라. 내가 나의 삶을 두고 맹세하노니 … 범죄하는 그 영혼은 죽으리라'(겔 18:2-4)고 했다."[50]

교부들은 (혼외에서 출생한) 아동이 부모에 대한 대위책임을 지는 것을 비난하는 신명기 24장, 에스겔 18장, 예레미야 31장에서 발췌한 이 구절들을 반복 인용했다. 4세기 중반 성경의 라틴어 불가타 역본을 번역한 히에로니무스(Hieronymus)는 이 성경구절들을 인용하며 "노인의 수없이 많은 죄를 아무 잘못 없는 신생아에게 돌린다는 것은 공정하지 못하다"고 선언했다. 또한 "엄마의 매춘에 대해 자식들이 대가를 치르도록 할 수 없다"고 했다.

히에로니무스는 그리스도의 계보에도 유다가 저지른 간음·근친상간·매춘을 통해 태어난 베레스와 세라(창 38:12-30), 다혼했던 다윗이 밧세바의 남편 우리야를 살해하고 밧세바와 간음해 태어난 솔로몬(삼하 11:1-12:25)을 포함해 다섯 명의 사생아(마 1:1-17)가 등장한다고 했다. 또한 '창녀의 아들'로서 난폭한 사람이었던 입다마저도 고대 이스라엘의 위대한 사사의 명단과 "사도가 의로운 자들이라고

---

50) Origenes, *Against Celsus*, bk. 8, ch. 40, ANF 4. 그리스의 일반적 견해에 대해서는 Daniel Ogden, *Greek Bastardy in the Classical and Hellenistic Periods* (Oxford: Oxford University Press, 1996)를 참고.

한 이들의 명단"에 포함되었다고 했다. "간음에서 비롯된 출생은 자
식이 아니라 오직 그 아버지만을 탓할 수 있는 것"이었다. "부모의 덕
이나 악이 자식들에게 전가될 수는 없는 것"이었다. 히에로니무스는
랍비들의 가르침과 마찬가지로 모세 5경에서 나오는 '아버지의 죄'에
대한 구절들의 핵심에 대해 다음과 같이 저술했다.

"아버지의 죄를 자식들에게 삼사 대까지 돌린다는 것은 죄지은 자
를 곧바로 벌하시는 것이 아니라 그들이 처음 지은 죄들을 용서하시
고 그 죄가 계속될 때에만 벌하시겠다는 것이다. 만약 그렇지 않고 하
나님이 죄의 순간마다 벌을 하시는 분이라면 교회는 많은 성도를 잃을
수밖에 없으며, 사도 바울도 없었을 것이다."[51]

아우구스티누스 역시 이와 같은 주장을 했으며, 출생신분과 상관
없이 모든 사람이 그리스도 안에서 다시 태어나야 한다고 강조했다.
"혼인 내에서 태어난 자식들뿐만 아니라 간음으로 인해 태어난 자식
들도 하나님이 창조하신 선한 피조물이다. 간음을 통해 태어난 자들
뿐만 아니라 혼인 내에서 태어난 자들도 두 번째 아담인 그리스도 안
에서 다시 태어나지 않는 한 첫 아담의 원죄의 저주하에서 태어난 자
들일 뿐이다."
아우구스티누스는 원죄에 대한 그의 저술에서 모든 사람이 아담과

---

51) Hieronymus, *Letters*, Letters 39, 60, 107, 147, CF 2, 6; Hieronymus, *To Pammachius against John of Jerusalem*, ch. 22, CF 2, 6.

하와의 죄에 대해 책임을 지며, 모든 사람이 "자기 부모의 죄 안에서 임신되고 태어난다"고 했다. 따라서 "모든 사람은 사생아"다. 그러나 동시에, 모든 사람은 믿음 안에서 하나님의 은혜를 구하고 그리스도 안에서 다시 태어나면 죄에서 구원받을 수 있다는 약속을 받았다. 이 구원에 있어서는 자신의 부모가 어떠한 성품을 가지고 있는지 또는 자신이 어떠한 출생신분을 가지고 있는지 등은 상관이 없다. "그 누구도 자신의 어머니의 뱃속으로 다시 들어가서 다시 태어날 수는 없다." 모든 사람은 그리스도 안에서 다시 태어나야 하며, "교회의 일원이 되어 더 이상 … 사생아가 아닌 하나님의 아들이 된다."52)

"그리스도인들은 성경에서 '아버지의 죄'에 대한 구절을 읽을 때, 이 약속된 '중생의 언약'(covenant of regeneration)이라는 배경 안에서 이해해야 한다."

아우구스투스는 계속해서 주장한다. "'아버지의 죄를 아들에게 갚되'라는 말이 '나를 미워하는 자'라는 말과 연결되어 있음을 보라. 즉, "그들의 아버지가 나를 미워했듯이, 자녀들도 미워하는 자라는 말이다. 따라서 선을 따르면 자신의 죄마저 없어지는 것이지만, 악을 따르면 자신의 죄뿐만 아니라 자신이 따라한 자의 죗값마저도 감당해야 하는 결과를 초래한다는 말이다."

---

52) Augustinus, *Tractates on John*, Tractates 11-12, CF 1, VII; Augustinus, *On Marriage and Concupiscence*, bk. 2, ch. 35, bk. 2, ch. 50, CF 1, V; Augustinus, *On the Psalms*, Ps. 51, ch. 10, CF 1, VIII; *Augustine, Against the Donatists*, bk. 6, ch. 29, CF 1, IV.

이것은 예레미야 선지자와 에스겔 선지자가 아들들이 자신들 아버지의 죄를 대신 감당할 수 없으며, 딸들이 어머니의 죄로 인해 벌을 받을 수 없음을 말한 것으로 확인되며, 이러한 가르침은 이미 신명기 24장 16절의 옛 언약하에서 예견된 것이다.[53]

또 아우구스티누스는 그리스도인들이 고대 아브라함과 이스마엘에 대한 이야기를 읽을 때 개인이 자신에 대한 책임을 져야 한다는 동일한 성경 가르침의 배경을 가지고 이해해야 한다고 주장했다. 이 이야기는 일부의 초기 교부가 생각했던 것과 같이 '아버지의 죄'가 어떻게 그 자식들에게 전가되는지를 보여주는 것이 아니다.[54]

이스마엘은 아브라함의 죄가 아닌 자신의 죄 때문에 쫓겨난 것이

---

53) Augustinus, *On the Psalms*, Ps. 119, ch. 14, CF 1, VIII. Augustinus, *The Enchiridion*, chaps. 46-47, CF 1, III을 참고: "'나를 미워하는 자의 죄를 갚되 아버지로부터 아들에게로 삼사 대까지 이르게 하거니와'(출 20:5, 산 5:9)하는 신성한 심판의 말씀은 아들이 중생해 새 언약 아래로 오기 전까지만 적용된다. 새 언약은 에스겔을 통해 예언되었는데, 이스라엘에서 더 이상 '아버지가 신 포도를 먹었으므로 그의 아들의 이가 시다'(겔 18:2)는 말이 없으리란 것이다. 중생의 필요성이 여기에 있다. 원죄에서 해방되기 위해서다. 살아가면서 짓는 죄는 회개로 치유될 수 있다. 하나님께서 아버지의 죄를 아들에게로 삼사 대까지 이르게 한다고 위협하시는 것은, 조상의 죄에 대한 진노를 그 이상으로 확장하지 않으시기 때문일 수 있다. 중생의 은혜를 받지 못한 자들이 인류의 시작부터 모든 조상의 모든 원죄를 짊어지고 벌을 치른다면 너무나 무거운 짐에 눌릴 것이기 때문이다. 이 거대한 문제에 대한 다른 해결책이 더 성실하고 신중한 해석을 통해 성경에서 발견될지도 모르기에 나는 경솔하게 단언하지 않겠다."

54) 아브라함과 이스마엘 이야기를 문자 그대로 해석해 혼외자 추방의 근거로 삼은 사례는 Clement, *Stromata*, bk. 1, ch. 5, ANF, II; Irenaeus, *Against Heresies*, bk. 1, ch. 18, ANF, I; Justin Martyr, *Dialogue of Justin*, ch. 56, ANF, I; Hilary of Poiters, *On the Trinity*, bk. 4, chaps. 26-27, CF 2, IX 참고.

다. 사실 아브라함은 이 이야기에서 전혀 죄를 지은 것이 없다. 아브라함은 하나님이 자신에게 약속한 바와 같이 자신의 상속자가 아들이 되기를 원했던 것뿐이다. 그는 좋은 남편으로서 자신의 아내인 사라에게만 자신의 몸을 허락했다. 오히려 사라가 아브라함에게 하나님의 약속을 이루기 위한 방법으로 자신의 여종 하갈을 취하도록 아브라함을 설득했다.

당시 부부에게 자식이 없을 경우 여종과 성교하는 것은 일반적이었다. 그 여종은 여주인을 위한 대리모 역할을 했다. 당시는 하나님이 수많은 자손에 대한 하나님의 약속을 이루는 방법의 하나로써 이를 금지하시기 전이었다. 다만 역시 당시의 일반적인 관습이었던 자신의 노예 가운데 하나를 입양하는 것을 금지하셨다. 전체 이야기에서 탐욕이나 거짓에 대한 조그마한 힌트도 찾아볼 수가 없다는 것이다.

"절대 아브라함이 첩 문제에 관해 죄를 지었다고 볼 수 없다. 후계자를 낳기 위한 목적으로 그녀를 이용했던 것뿐이지, 탐욕을 채우기 위해서가 아니었다. 그리고 그것은 자신의 아내에게 모욕을 주기 위해서가 아니라 아내의 요구에 순응하기 위한 것이었다 … 여기에는 음탕한 정욕도, 더러운 음란함도 없다. 아내가 후계자를 위해 남편에게 여종을 데리고 간 것이고, 남편 역시 후계자를 위해 이를 받아들였으며, 둘다 죄의 결과가 아니라 자연스러운 열매를 원했을 뿐이다."[55]

---

55) Augustinus, *City of God*, bk. 16, ch. 25, CF 1, II. 또한 Augustinus, *Tractates on John*, Tractate 11, ch. 8, 13, CF 1, VII; Augustinus, *Reply to Faustus the*

아우구스티누스는 계속해서 다음과 같이 주장했다. 이스마엘이 아브라함의 집에서 쫓겨나고 유산을 받지 못하게 된 것은 이스마엘 자신의 죄 때문이다. 이스마엘은 사라에게 "못되게" 굴었고, 동생 이삭을 "속이고 놀리는" 죄를 지었으며, 심지어는 "탄압"했다. 이스마엘이 벌을 받은 것은 바로 이 죄의 행위 때문이다. 즉, "여종〔하갈〕의 아들이었기 때문이 아니라 … 자신의 동생에게 거만하게 굴었기 때문, 즉 거만하게 놀리며 희롱했기 때문이다."

이스마엘이 쫓겨난 것은 그가 여종의 몸에서 태어난 서출자(혼외자)였기 때문이 아니다. 그것은 '자신의 오만함' 때문이다. "악인이 쫓겨날 때에는 종된 여인의 자녀이고, 〔악〕이 쫓겨날 때에는 자유 있는 여인의 자녀이다. 따라서 그 누구도 선한 부모에게서 태어났다고 좋아하지 말고" 악한 부모에게서 태어났다고 슬퍼하지 말라.[56]

아우구스티누스는 계속해서 자신의 주장을 전개했다. 이 고대 이야기의 도덕적 교훈에 대해 논쟁의 여지가 있다고 볼 수 있더라도, 바울은 그리스도인들이 하갈과 사라의 이야기를 문자적이 아닌 상징적으로 이해해야 한다는 것을 보여준다. 아우구스티누스는 계속해서 자신이 저술한 『하나님의 도성』(City of God)에서 다음과 같이 주장했

Manichaean, bk. 22, ch. 32, CF 1, IV 참고.

56) Augustinus, *Against the Donatists*, bk. 1, ch. 10, CF 1, IV; Augustinus, *Tractates on John*, Tractate 11, chaps. 12-13 and Tractate 12, on John 3:16-21, ch. 4, CF 1, VII. 또 다른 교부는 이스마엘이 "난폭했고 이삭을 발로 찼다"고 했다. Ephraim Syrus, *Nineteen Hymns on the Nativity of Christ in the Flesh*, Hymn 8, CF 2, XIII 참고.

다. 갈라디아서 4장 21-31절을 보면, 바울이 "자유 있는 여인인 사라"로 하나님의 "자유한 도성을 예시"하며, 종된 여인인 하갈은 인간의 노예된 도성을 나타낸다.

"시민들은 죄로 오염된 본성으로 인해 세상의 도성(또는 세속적 나라, earthly city)에 있으나, 죄에서 본성을 자유롭게 해방하는 은혜로 인해 천상의 도성(또는 천국의 나라, heavenly city)에 있는 것이다. 전자는 '분노의 그릇'이라고 부르고, 후자는 '긍휼의 그릇'이라고 부른다. 그리고 이 두 가지는 아브라함의 두 아들에 의해 상징되었다. 육체에 따라 여종 하갈의 아들로 태어난 이스마엘과 약속에 따라 자유 여인 사라의 아들로 태어난 이삭이다. 실제로 둘 다 아브라함의 씨에서 나왔으나, 하나는 자연 법칙에 의해 잉태되고, 나머지 하나는 하나님의 약속에 따라 주어졌다. 하나의 출생에서는 인간의 행위가 나타나고, 나머지 하나의 출생에서는 하나님의 자비로움이 빛으로 나온다."[57]

비록 교회 내에서 혼외자의 원칙이 도입되지 않았어도, 교부들은 이미 혼외자들이 혼외출생에 대한 로마제국의 법과 문화로 인해 불

---

57) Augustinus, *City of God*, bk. 15, ch. 2-3, CF 1, II. 또한 Augustinus, *Letters*, Letter 93, CF 1, I; Augustinus, *On Christian Doctrine*, bk. 4, ch. 20, CF 1, II; Augustinus, *On the Proceeding of Pelagius*, ch. 14, CF 1, V; Augustinus, *A Treatise on the Grace of Christ and on Original Sin*, bk. 1, ch. 31, CF 1, V; Augustinus, *On the Psalms*, Ps. 120, ch. 6, CF 1, VIII 참고.

명예와 어려움을 가지고 살아야 한다는 것을 알고 있었다.[58] 교부들은 이러한 로마제국의 현실을 이용해 신도들에게 혼외성교를 피하고, 성경의 문자와 정신의 가르침에 따라 올바른 성생활을 하도록 요구했다. 아우구스티누스 시대 그리스 출신의 요한네스 크리소스토모스(Ioannes Khrysostomos)는 자신의 회중에게 전하는 말에서 그들의 성적 도덕을 지킬 것을 촉구했다.

"나는 당신들이 음행(fornication)과 그것의 어머니인 술 취함(drunkenness)에서 도망할 것을 간청합니다. 수확할 수 없는 곳이나, 만약 수확할 수 있더라도 그 열매로 인해 당신들이 창피를 당할 것이라면 왜 씨를 뿌리겠습니까? 아이가 태어난다고 해도 당신 자신에게 불명예스러우며, 그 아이는 이미 당신의 불법적인 배경을 통해 태어남으로써 부당한 피해를 입은 것입니다. 그리고 당신이 그러한 자식에게 많은 돈을 남기지 않는다면, 그 자식이 매춘부의 자식이든, 여종의 자식이든, 집에서도, 도시(사회)에서도, 법정에서도 불명예스러운 일을 당할 것입니다.
당신도 마찬가지로 사는 동안뿐만 아니라 죽어서도 불명예스러울 것입니다. 당신의 올바르지 못한 행동이 당신이 죽은 후에도 계속 기억될 것이기 때문입니다. 그렇다면 왜 이런 불명예를 군이 가지려 합니까? 왜 열매가 파괴될 땅에 씨앗을 뿌린단 말입니까? 다분히 낙태를 하려는 가능성이 있는 곳에 말입니다. 아이가 태어나기도 전에 살인을

---

58) 이 책, 96-102쪽 참고.

할 곳에 말입니다. 그리고 그 매춘부도 더 이상 단순한 매춘부가 아닌 살인자가 되고 맙니다. 이제 술 취함이 어떻게 매춘에서 간음, 간음에서 살인, 또는 심지어 살인보다도 더 나쁜 것으로 이어지는지를 알았을 것입니다."[59]

로마법에서는 혼외자식이나 원하지 않는 자식을 낙태하거나, 질식사시키거나, 유기하거나, 버리는 것을 허용했고, 교부들은 이러한 행태를 비난했다.[60] 일부 교부들은 이러한 행위가 성경에서 하나님의 사람들이 자기들 중에 있는 "아비가 없는 자(고아)"[61]들, 즉 사생아와 고아들을 자애와 선행으로 보살펴야 한다고 가르치는 것(신 24:17; 시 68:5; 욥 29:12; 사 1:17; 렘 5:28; 약 1:27)에 위배된다는 것을 재차 지적했다.[62]

---

59) Ioannes Khrysostomos, *Homilies on the Epistle of Paul to the Romans*, Hom. 24 on Rom. 13:14, CF 1, XI. 또한 Ioannes Khrysostomos, *Homilies on Matthew*, Hom. 9, 74, CF 1, X 참고.

60) 이 책, 96쪽 참고 TK. 또한 John Boswell, *The Kindness of Strangers: The Abandonment of Children in Western Europe from Late Antiquity to the Renaissance* (New York: Pantheon Books, 1988), pp.148ff 참고; John T. Noonan, Jr., *Contraception: A History of Its Treatment by Catholic Theologians and Canonists* (Cambridge, MA: Harvard University Press, 1986) 참고.

61) 원문에서는 "fatherless". 개역개정 성경에서는 '고아'로 번역되어 있으며, 영어 Revised Standard Version에서는 일부는 "fatherless"로, 일부는 "orphan"으로 번역되어 있다. 저자는 "fatherless"를 사용했으며, 이것은 '아버지가 없는 자'라는 뜻으로, 저자는 이것에 혼외출생자(illegitimate)와 고아(orphan)가 둘 다 포함되는 것으로 해석했다—옮긴이.

62) Peter Brown, *Poverty and Leadership in the Later Roman Empire*(Hanover, NH/

몇몇 교부는 입양의 원칙을 훨씬 나은 해결책으로 보았다. 로마에서는 이미 1세기에 이르러 입양의 원칙이 일반적으로 도입되어 있었다. 이미 초기 교회법에서는 "자식이 없는" 성도들이 "고아를 입양해 자신들의 자식과 같이" 키우는 것을 장려했다. 이러한 "위대한 행위"를 하는 자들은 "고아의 아버지"이신 "하나님으로부터 자애에 대한 상급을 받을 것"이라고 했다.[63] 특히 주교 및 성직자에게는 "고아에게 부모의 보살핌을 제공하고 … 소녀는 결혼하는 나이가 될 때까지 보살피며, 〔교회의〕 형제와 결혼시키고, 소년에게는 통상(trade)을 가르쳐 그것의 이윤으로 생계를 유지할 수 있도록 도울" 책임이 있다고 했다.[64]

입양을 특히 옹호한 자 가운데 하나가 바로 아우구스티누스였다. 아우구스티누스는 입양이라는 제도가 이방 로마의 제도로써 기독교인들이 참여해서는 안 된다고 생각하는 자들을 비판했다. 아우구스티누스는 입양이 도움을 필요로 하는 아동들과 상속자가 없는 부모들에게 혜택을 준다고 생각했다. 그는 당시 지배적인 랍비들의 의견에 반대했으며, 구약에서도 이미 입양이 일반적으로 이루어졌다고 믿었다.[65]

그는 타인의 자식을 입양한 것으로 생각되는 구절들을 지적했다.

London: University Press of New England, 2000)의 참고문헌들을 참고.
63) *Constitutions of the Holy Apostles*, bk. 4, sec. 1, ANF VII, p.433.
64) *Ibid.*, pp.433-34.
65) 이 책, 56-57쪽 참고.

아브라함과 사라는 하갈에게서 태어난 이스마엘을 입양했다. 야곱과 레아는 레아의 여종의 아들을 입양했다(창 30:1-13). 야곱은 요셉에게서 태어난 자신의 손자들을 입양했다(창 48:5-6, 15-16). 나오미는 자신의 손자 오벳을 입양했다(룻 4:16-17). 다른 몇몇 교부도 히브리 성경에 나오는 입양의 예들을 지적했다. 바로의 딸이 아기 모세를 입양했고(출 2:10), 이후의 바로가 그누밧을 입양했으며(왕상 11:20), 모르드개가 사촌동생인 에스더를 입양했다(에 2:7). 아우구스티누스는 이러한 예들이 "유대 전통에 '입양'(huiothesia)이라는 용어가, 또는 적어도 입양의 현실이 오랫동안 이어져 내려왔음"을 보여준다고 했다.[66]

따라서 그리스도인들은 "입양 문화가 우리의 성경과 상관없는 것이며, 마치 이것이 우리가 거부해야 하는 인간이 만들어낸 전통법으로서 신성한 책들의 권위와 조화될 수 없는 것"이라고 생각해서는 안 된다. "입양은 오래된 역사이며, 교회 문헌에서 쉽게 찾아볼 수 있다. 입양은 자연적인 임신을 통해서만 아니라 자유로운 선택에 따라서도 아들을 가질 수 있도록 한다."

또한 입양은 자연출산에 대한 중요한 대안으로서 부모와 자녀 모

---

66) Augustinus, *Reply to Faustus the Manichaean*, bk. 22, ch. 32, CF 1, IV; Augustinus, *Sermons on Selected Lessons of the New Testament*, Sermon 1, ch. 28, CF 1, VI; Augustinus, *The Harmony between the Evangelists Matthew and Luke Concerning the Lord's Genealogy*, Sermon 51, in *The Works of Saint Augustine*, trans. and ed. John E. Rotelle(Charlottesville, VA: Intelex Corporation, 2001), 3.37.

두에게 혜택이 되는 제도다. "형제들이여, 입양이 주는 권리들을 보라. 한 사람이 자신을 잉태하지 않은 사람의 아들이 되는 것과, 이 입양의 행위로 인해 입양한 자가 그 입양된 자를 자연적으로 잉태한 자보다 더욱 큰 권리들을 가지게 되는 것을 보라. 그러한 경우, 〔자식을 입양한 자는〕 아버지라 불릴 모든 권리가 있을 뿐만 아니라, 가능한 한 가장 큰 권리를 가진다."[67]

나아가 아우구스티누스는 입양이란 하나님이 사람들을 하나님과의 영원한 언약 관계 안으로 데려오기 위한 방법이라고 했다. 구약에서는 하나님이 이스라엘을 "장자"로 포용하고 하나님의 신성한 유산을 약속했다(출 4:22; 삼하 7:14; 시 2:7; 렘 3:19). 신약에서는 "입양이라는 단어가 우리의 신앙 체계에서 중요한 가치를 가지는데" 그 이유는 하나님이 입양을 통해 우리를 죄성에서 구원하시고 그리스도의 가족 안으로 데려오기 때문이었다.

아우구스티누스는 이 이미지를 반복 사용한 바울을 인용했다. "하나님이 그 아들을 보내사 여자에게서 나게 하시고 율법 아래에 나게 하신 것은 율법 아래에 있는 자들을 속량하시고 우리로 아들의 명분을 얻게 하려 하심이라"(갈 4:4-5; 롬 9:4-5). "무릇 하나님의 영으로 인도함을 받는 사람은 곧 하나님의 아들이라. 또한 하나님의 상속자

---

67) Augustinus, *Reply to Faustus the Manichaean*, bk. 22, ch. 32, CF 1, IV; Augustinus, *Sermons on Selected Lessons of the New Testament*, Sermon 1, ch. 28, CF 1, VI. 마지막 인용문구는 Augustinus, *The Harmony between the Evangelists*, 3.37-38에 있는 번역에서 발췌.

요 그리스도와 함께한 상속자니"(롬 8:14, 17). "우리까지도 속으로 탄식하여 양자 될 것 곧 우리 몸의 속량을 기다리느니라"(롬 8:23). 아우구스티누스는 위의 구절들에서 다음과 같은 결론을 도출했다. "우리의 주 예수 그리스도가 하나님의 독생자"이신 반면, "그리스도가 기쁨으로 받아들여주시는 그리스도의 형제들과 함께한 후사들은 신성한 은혜로 인한 일종의 입양을 통해 아들들이 되는 것이다."[68]

아우구스티누스는 대부분의 교부보다 혼외자의 원칙과 입양의 원칙을 더욱 적극적으로 논했다. 그럼에도 하나님과 인간, 죄와 구원, 말씀과 성례, 교회와 국가에 대해 그가 방대하게 저술한 신학 이론들 또는 상당한 관심을 기울였던 혼인과 성의 윤리에 대한 연구 등에 비하면, 위와 같은 혼외자와 입양에 대한 논의는 매우 빈약하다. 이는 혼외출생과 이에 대한 구제가 기원후 첫 6세기 동안의 교부들에게 주요한 이론적 또는 윤리적 문제가 아니었기 때문이다. 그러나 교부들이 이 주제에 대해 언급할 때에는 부모의 성적 죄악을 자녀들에게 갚는 것을 매우 비판하는 입장을 취했다.

요약 및 결론

성경에는 혼외자에 대한 '공포의 구절'[69]이 몇 군데 있다. 창세기와 사사기에는 첩과 매춘을 통해 태어난 이스마엘과 입다가 그들의

---

68) Augustinus, *The Harmony between the Evangelists*, 3.38-39.
69) Phyllis Trible, *Texts of Terror: Literary-Feminist Readings of Biblical Narratives* (London: SCM Press, 2002).

집에서 쫓겨난 이야기가 나온다. 에스라에는 다른 종교에 속한 이와 결혼한 자들의 자녀들이 그 땅에서 추방된 이야기가 나온다. 신명기에서는 사생아와 그 자녀들이 하나님의 총회에 참여하는 것을 금지한다. 스가랴는 이러한 자들이 국가를 통치할 자격을 제한한다.

창세기, 사사기, 요한복음, 고린도전서, 갈라디아서, 히브리서에서는 사생아들을 난폭하고, 통제할 수 없으며, 다루기 쉽지 않고, 고집이 세고, 부정하고, 불미스럽고, 악마적인 또는 잘못된 사상들에 사로잡힌 자들로 묘사한다. 호세아, 예레미야, 예레미야애가, 집회서, 지혜서에서는 사생아가 부모의 성적 죄악에 대한 증인이며 피해자로 간주된다. 따라서 심지어 사형까지도 포함하는 이들에 대한 가혹한 형벌은 모세 5경에서 "아버지의 죄"를 "아들에게 갚을" 것이라는 명령에 대한 고통스럽지만 필요한 귀결로 여겨진다.

그러나 성경은 분명 혼외자의 구제에 대해서도 가르친다. 창세기에는 이스마엘이 자신의 어머니와 함께 집에서 쫓겨나 유산을 상속받지 못했음에도 생존하고 번성했으며 열두 명의 아들과 많은 민족을 남겼다고 기록되어 있다. 사사기와 히브리서에는 입다가 고대 이스라엘의 위대한 사사 가운데 하나가 되었으며, 구원에 대한 역사 드라마에서 중요한 역할을 하는 배우였다고 기록되어 있다. 신명기, 예레미아, 에스겔에서는 모두 부모의 죄를 자녀에게 돌리는 것을 명시적으로 금지하며, 각자가 자신의 행위에 대해 책임지는 것이지 자신의 부모에 대해 책임져서는 안 된다고 명한다.

마태복음에는 그리스도의 족보에 다섯 명의 사생아가 나오고, 히브리서에는 의인 명단에 창녀의 자식이 포함되어 있다. 성경은 하나님의 사람들이 아버지가 없는 자와 고아들에게 정의와 긍휼을 행할 것을 재차 촉구한다. 특히, 성경은 인간이 죄를 가지고 태어났음에도 불구하고 하나님의 사람들을 구원의 상속자들로 입양하는 하나님의 사랑에 대한 숭고한 인간적 표출로써, 갈 곳 없는 아동을 입양하는 것을 권유한다.

탈무드의 랍비들은 혼외출생에 적용할 수 있는 성경구절을 제한하고 또한 매우 협소하게 해석함으로써 혼외출생의 가혹함을 제한했다. 그들은 토라의 율법만이 공동체의 법과 도덕에 지속적인 구속력을 가지고, 나머지 구절은 무시할 수 있다고 했다. 엄격한 기준으로 정한 간음과 근친상간에서 태어난 자식만이 혼외자로 간주되었고, 이들마저도 구제방법이 주어졌다.

혼외자에 대한 유일한 규제는 친자 신분의 유대인과 결혼할 수 없다는 것이었다. 이것이 바로 신명기에서 이들을 여호와의 총회에서 금한다는 말씀의 뜻이었다. '아버지의 죄'에 대한 구절들은 구속력이 없었다. 이 구절들에서 벌을 내리는 자는 인간이 아닌 하나님이었고, 벌을 받는 자는 간음한 자들이 아닌 우상숭배자들이었다. 법은 어떠한 자식도 부모의 죄악에 대해서 책임을 지지 않는다고 명시했다.

교부들은 적용할 수 있는 성경구절들을 확장하고 그것들을 창의적으로 해석함으로써 혼외출생에 대한 가혹한 대가를 제한했다. 아브라함과 이스마엘의 이야기는 아버지의 죄를 자식에게 갚는 것에 대한 이야기가 아니었다. 죄를 지은 것은 이스마엘이지 아브라함이 아니었으며, 벌을 받은 이스마엘도 그 벌이 아주 가혹하지는 않아서 번성하는 삶을 누릴 수 있었다.

아버지의 죄에 대한 구절들은 자식들의 대위책임에 대한 것이 아니었다. 그 구절들은 하나님이 내리는 벌을 삼사 대에 걸쳐 지체함으로써 후세대가 회개하기를 바라는 하나님의 긍휼에 대한 것이었다. 신명기, 에스겔, 예레미야에는 자식이 부모의 죄에 대해 벌을 받을 수 없다는 것이 분명히 쓰여 있고, 이와 반대되는 다른 구절들은 우상숭배자들을 얼마나 참으실 것인지에 대한 것이었다. 그리스도인들은 혼외자를 벌할 것이 아니라, 하나님이 모든 죄인을 신앙의 가족 안으로 입양하는 것처럼 하나님의 피조물인 그들을 포용하고 자신의 가족으로 입양해야 했다.

혼외출생 아동의 고통을 완화시켜준다고 해서 부모들의 죄의 심각성이 줄어드는 것은 아니었다. 교부들은 그리스도인의 자애가 혼외자에 대한 보살핌을 촉구함과 동시에 그리스도인의 도덕이 혼외자를 출산하는 부적절한 성행위를 증오하도록 가르친다고 믿었다. 1세기부터 6세기의 기간에 교부들과 교회 공의회에서는 혼외성교를 점점 더 크게 비난했다. (그리고 결국은 성직자들이 모든 형태의 성교행위를 하지 못하도록 했고, 일반 성도들이 창녀·첩·약혼자·성직자·이혼한 자·친척·유대인·이단·이방인 등과 성적 연합을 하지 못하도록 했다.)

성적 죄악에 대한 매우 엄격한 견해는 4세기 이후 로마법에 점점 편입되었으며, 또다시 혼외출생에 대한 당시의 로마법과 점점 혼합되었다. 이렇게 교회의 정교한 혼외성교의 정의와 로마법의 정교한 혼외출생의 원칙이 혼합되어 이후 서구의 혼외자에 대한 법들을 (부분적으로 기독교 로마 황제들의 법제화에서, 그리고 중세 및 근대 초기의 캐논법·대륙법·영미법에서 더욱 완전하게) 점진적으로 형성했던 것이다. 이것이 바로 이후 2·3·4장에서 다룰 이야기다.

앙투안 베랑제, 「유혹의 결과」, 1840.

2 "사생아에게 화 있을진저"
- 고대 로마의 혼외자법과 친자인지법

서구의 혼외자법(law of illegitimacy)은 고대 로마에서 시작되었다. 로마에서는 그리스도 탄생 이전 공화정 시절(republic)부터 이미 혼외자법이 발전되었다. 이 초기 법은 로마가 기독교 국가가 되기 이전, 특히 2세기에 매우 확장되었다. 그러나 기독교 국가가 되기 이전의 로마에서 "혼외출생은 도덕·사회적 문제가 아니"[1]었다. 혼외자 신분은 단지 로마제국의 시민권과 재산권을 통제하기 위한 수단이었으며, 또한 아동의 아버지 또는 어머니가 그 아동에 대한 권한이 있는지를 판단하는 기준이었다.

로마에서는 아동의 부양에 대한 직접적인 책임이 국가에 없었다. 적출자에 대한 책임은 아버지와 파밀리아(familia)[2]라고 불리는 아

1) Beryl Rawson, "Spurii and the Roman View of Illegitimacy," *Antichthon* 23 (1989), pp.10-41, at 10.
2) 로마의 파밀리아는 1인 남성 연장자인 가장(paterfamilias)의 권위하에 있는 대가족 형태다. 파밀리아에는 가장의 자녀뿐만 아니라 아들을 통한 손주·증손주까지 포함되었다. 또한 파밀리아는 노예·잡부·일시체류자·학생 등 가장의 권한 내에 있는 모든 이를 포함했다. Jane F. Gardner, *Family and Familia in*

버지의 대가족에게 있었다. "혼외자에 대한 책임은 어머니 또는 어머니의 파밀리아에게 있었고, 때로는 버려져 죽게 되거나 다른 파밀리아가 키우게 되었다. 따라서 국가에게는 아무런 비용이 발생하지 않았다. 아동이 노예인 경우에는 어머니의 가구가 확장되었고, 아동이 로마의 시민인 경우에는 시민의무 또는 도덕의무를 행할 인구가 확장되었다. 당시 상대적으로 혼외출생이 사회적 낙인이 되지 않았다는 것은" 기독교 국가가 되기 이전 "로마 사회의 놀라운 특징"[3]이다.

4-6세기의 기독교 로마 황제들은 로마의 이 혼외자법을 부분적으로 유지·확대하였으나, 나아가 무거운 도덕적 책임을 부과했다. 당시 황제들은 교회에서 발전된 성도덕(sexual morality)을 바탕으로, 중대한 성적 죄악에 의해 출생한 '비자연적 혼외자'(spurious illegitimates)[4]와 경미한 성적 죄악에 의해 출생한 '자연적 혼외자'(natural illegitimates)를 구분했다. 비자연적 혼외자는 구제받을 수 없는 자로서, 권리를 박탈당한 채 매우 혹독한 삶을 살아야 했다. 자연적 혼외자는 죄가

Roman Law and Life(Oxford: Clarendon Press, 1998) 참고.

3) Rawson, "Spurii," pp.10-11.

4) 영어 'spurious' 또는 라틴어 'spurius'는 명사로 쓰였을 때 '아버지를 알 수 없는 자' '혼외에서 태어난 자' '사생아' 등의 뜻이 있으며 형용사로 쓰였을 때 '일반적이지 않은' '가짜의' '혼외에서 태어난' 등의 뜻이 있다. 로마법 및 서구법 전통에서 'spurious child'는 'natural child'(자연적으로 태어난 아동)의 반대의 뜻으로 쓰였으며, 혼외자 가운데 부모의 관계가 더욱 부적절한 관계에서 태어난 자를 가리키는 용어로 쓰였다. 이 책에서는 'spurious illegitimate' 또는 'spurious child'를 '비자연적 혼외자' 또는 '비자연적 아동'이라고 번역했다―옮긴이.

없는 자들로, 친자인지와 입양 및 그외 특권의 대상이 되었다.[5]

5) 이에 대한 가장 중요한 문헌들은 Gaius, *Institutiones*, ed. Paul Krüger and William Studemund(Berlin: Weidemann, 1877), 1.55-200[여기서부터 "Gaius"라 함]; *The Rules of Ulpian*, 5, 8, 13, 22, in S.P. Scott, *The Civil Law*, repr. edn., 17 vols.(New York: AMS Press, 1973), I, pp.223-58; *The Opinions of Julius Paulus*, 19-26, in *The Civil Law*, I, pp.259-332[여기서부터 "Sent. Paul"라 함]; Paul Krüger, ed., *Codex Theodosianus*(Berlin: Weidemann, 1923-26), translated as *The Theodosian Code and Novels and the Sirmonidian Constitutions*, C. Pharr, trans.(Princeton: Princeton University Press, 1952), 3.5-3.16; 4.3.1; 4.6.1-8; 4.12.1-7; 9.9.1; 9.7-9.9; 9.24-9.26[여기서부터 "C. Th."라 함]; *The Code of Justinian*, in Paul Krüger, ed., *Corpus Iuris Civilis*, 3 vols.(Berlin: Weidemann, 1928-29), 5.4-27, 6.57[여기서부터 "JC"라 함]; *The Digest of Justinian*, ed. Theodor Mommsen and Paul Krüger, trans. Alan Watson, 4 vols.(Philadelphia: University of Pennsylvania Press, 1985), bks. 23-25; 37.7-15; 38.10-11, 16; 48.5[여기서부터 "Dig."라 함]; *Institutes of Justininan*, in *Corpus Iuris Civilis*, translated as *Justinian's Institutes*, ed. Paul Krüger, trans. Peter Birks and Grant McLeod(Ithaca, NY: Cornell University Press, 1987), 1.10-12[여기서부터 "Inst."라 함]; *The Novels of Justinian*, Nov. 12.1-4, 18.11; 22.1-48; 74.1-6; 89.1-15, in Scott, *The Civil Law*, XVI[여기서부터 "Nov."라 함); *The Constitutions of Leo*, Nov. 18-35, 74, 85, 91, 93, 98, 100-101, 109-112, in *The Civil Law*, XVII[여기서부터 "Nov. Leo"라 함]. 법의 예로 Bruce W. Frier and Thomas A.J. McGinn, *A Casebook on Roman Family Law*(Oxford: Oxford University Press, 2004); Judith Evans Grubb, *Women and the Law in the Roman Empire: A Sourcebook on Marriage, Divorce, and Widowhood*(London/New York: Routledge, 2002) 참고. 이에 대한 분석으로 Gardner, *Family and Familia*, pp.114-208, 252-61; Judith Evans Grubb, *Law and Family in Late Antiquity: The Emperor Constantine's Marriage Legislation*(Oxford: Clarendon Press, 1995), pp.96-100, 284-305; Anke Leineweber, *Die rechtliche Beziehung des nichtehelichen Kindes zu seinem Erzeuger in der Geschichte des Privatrechts*(Königstein: Peter Hanstein Verlag, 1978), pp.20-30 참고. 더 일반적으로 Suzanne Dixon, *The Roman Family*(Baltimore: The Johns Hopkins Press, 1992); Susan Treggiari, *Roman Marriage: Iusti Coniuges from the Time of Cicero to Ulpian*(Oxford: Clarendon Press, 1991);

합법적인 결혼과 혼외출생

로마가 기독교 국가가 되기 이전과 이후에도 마찬가지로, 로마법에서는 '합법적인 결혼'(matrimonium iustum, iustae nuptiae)을 한 부부가 출산하거나 입양한 아동들만 친자로 인정되었다. 3세기 중반의 문헌에서 정의하는 것처럼, 합법적인 결혼은 단순히 "신법(divine law) 또는 인간법(human law)에 의한 평생의 동반자 관계를 형성하는 남자와 여자의 연합"6)을 뜻했다. 남자와 여자는 사춘기 나이가 된 자로서 서로와 결혼하기에 적합하며 자격(conubium)이 있는 자들이어야 했다. 이 자격의 요건으로 인해 서로 다른 계급, 특히 로마 시민과 비시민 그리고 비시민 자유인과 노예 간의 결혼이 금지되었다.

결혼의 자격을 갖춘 자들은 서로와의 연합에 합의하고 각각 가장(paterfamilias) 또는 보호자의 동의를 얻어야 했다. 결혼 당사자들의 가족 또는 보호자들은 종종 혼수(dos)를 교환하고, 때로는 혼수에 대한 자세한 계약을 하기도 했다. 이후의 로마 황제들, 특히 6세기의 유스티니아누스 황제는 이러한 것들을 포함해 결혼의 형식에 대한 많은 법을 제정했고, 혼수의 양도와 공개적인 혼례식을 결혼의 필수요건으로 만들려 했다. 그러나 한편으로 유스티니아누스 황제는 "혼수계약 없이도 서로에 대한 사랑만 가지고도 결혼할 수 있다"는 전통적

P.E. Corbett, *The Roman Law of Marriage*(Oxford: Oxford University Press, 1930); Alan Watson, *The Law of Persons in the Later Roman Republic*(Oxford: Clarendon Press, 1967) 참고.
6) Dig. 23.2.1.

인 로마법을 유지했다.[7]

결혼을 한 부부가 출산하거나 입양한 자식들은 친자였다. 합법적인 자녀는 자동적으로 그 아버지의 가장권(patria potestas) 아래에 있게 되었는데 아버지는 자신이 죽거나 자식이 해방될 때까지 그들의 신체·재산·행위에 대해 거의 절대적인 권한을 행사했다. 아버지에게는 자식에 대한 책임 또한 부여되었다. 자식을 양육 및 부양하고, 나중에 결혼하고 적합한 직업을 가질 수 있도록 도우며, 자신의 마지막 유언장에 (비록 자식들 가운데 유산을 상속하지 않을 자식의 이름을 기재할 수 있었으나) 자식을 위한 조항을 포함시켜야 했다.

또한 친자는 자동적으로 자신의 아버지 또는 친할아버지 및 친증조할아버지 등의 가장이 이끄는 공식적인 법적 가족 또는 파밀리아라고 불리는 대가족의 일원이 되었다. 이 가장은 자신에게서 태어나거나 입양된 자녀들과, 자신의 아들들에게서 태어나거나 입양된 자손들의 재산에 대해 사실상 절대적인 권한을 행사했다.

또 친자는 자신의 파밀리아 내에서 태어나거나 입양된 모든 일가친척과 자동적으로 친척이 되었다. 친척들은 친자인 아동의 일생 동안 그를 부양하고 보호할 기본적인 책임이 있었으며, 아동은 유언을 남기지 않고 죽은 친척이 남긴 재산에 대해 부분적인 권리를 가졌다.

---

7) Nov. 22.1.3; JC 5.4-9. 또한 Judith Evans Grubb, "Marrying and Its Documentation in Later Roman Law," in *To Have and to Hold: Marrying and Its Documentation in Western Christendom, 400-1600*, ed. Philip L. Reynolds and John Witte, Jr.(Cambridge: Cambridge University Press, 2007), pp.43-94 참고.

로마 사회에서는 아동의 신분과 상관없이 실질적인 국가 지원이 없었으며, 따라서 위와 같은 가족 내에서의 사적 지원 시스템이 매우 중요했다.

합법적인 혼인관계 외에서 태어난 아동들은 로마법상 혼외자였다. 이들은 주로 (1) 간음, (2) 근친상간, (3) 그외 부적절한 성관계, (4) 불법적인 연합(unlawful unions), (5) 축첩 등을 통해 태어난 아동들이었다. 이러한 혼외자는 친자인지를 거치지 않는 한, 공식적으로 법적 가족에 포함되지 않았다. 이 아동들은 가장의 권한 및 책임하에 놓이지 않았고, 부계친척들의 지원을 받을 수도 없었다. 세금을 부과하거나 로마 시민의 출산 장려를 위한 보조 혜택 등을 계산할 때에도 가장의 부양가족으로 고려되지 않았다. 또한 자녀가 많은 가장을 보호인의 의무나 야간 경비의 의무 등 공공의무에서 면제할 때에도 혼외자는 부양가족으로 인정하지 않았다.

초기 로마법에서는 혼외자가 태어났을 때 그 아동을 유기하거나 노예로 팔아도 처벌하지 않았고, 따라서 아동을 부양할 능력이 없는 자는 아동을 버리거나 파는 경우가 종종 있었다.[8] 부모·보호인(guardian)·후견인(tutor)에게 학대당하거나, 버림받거나, 장기적인 지원을 받지 못하는 혼외 아동들은 법적 보호를 거의 받지 못했다.

그러나 그렇다고 해서 혼외자가 항상 가족과 단절되거나 빈곤에

---

8) Gardner, *Family and Familia*, pp.252-60에 인용된 초기 문헌들을 참고. 유스티니아누스 황제는 Nov. 153에서 이러한 행위를 법으로 금지했다. 더욱 일반적인 영아살해에 대해서는 C. Th. 9.14.1 참고.

노출된 것은 아니었다. 6세기에 단행된 유스티니아누스 황제의 개혁 이전 로마법에서는 혼외자의 친모가 혼외자를 키우기로 결정하는 경우에 친모가 그 자식을 부양하고 친모의 유언장에 자식을 위한 조항을 포함시키도록 했다. 친모가 자식을 위한 유언을 남기지 않은 경우, 그 혼외자는 죽은 친모의 재산에 대해 청구할 권리를 가졌다. 물론, 당시의 부와 재산에 대한 주된 권한은 부계 가장에게 있었기 때문에 이러한 것이 혼외자의 생존을 보장할 수는 없었으나, 적어도 약간의 원조는 될 수 있었다.

로마법은 나아가서 혼외자의 친부가 생전에 아동을 키우고 부양하는 것을 허락했고, 이러한 경우가 실제로 있었다는 단서를 찾을 수 있다. 또한 친부는 혼외자의 신체와 재산을 보호하기 위해 보호인이나 후견인을 정하거나, 혼외자를 다른 파밀리아에 입양시킬 수 있었다.

초기 로마법에서는 혼외자들이 친척이 아닌 자들에게 지원을 받거나, 어떠한 사건에 대해 출두 또는 증언하거나, 군대 및 경찰직에 임용될 권리를 박탈하지 않았다. 2세기의 한 법학자가 저술한 바와 같이, 단지 혼외자로 태어났다고 해서 "그 자신이 죄를 지은 것은 아니며" 따라서 "관직을 가질 권리를 박탈"할 수는 없었다.[9]

---

9) Dig. 50.2.6 「서문」.

비자연적 혼외자와 자연적 혼외자

이와 같은 혼외자에 대한 공통법규 외에, 앞에서 언급한 다섯 가지 유형의 혼외자에게 각각 적용되는 특별 법규들이 있었다.

간음에 의해 태어난 아동에 대한 문제는 로마제국의 지속적인 문제였다. 로마법에서 간음은 기혼 여성이 남편이 아닌 다른 남자와 성관계를 가진 것이 증명되는 경우를 칭했다. (기독교 시대가 도래하기 전까지 기혼 남성의 혼외 성교가 단순한 음행으로 간주되었다.) 로마법에서는 아내의 간음을 증명하는 절차와 법규를 구체적으로 정했다. 간음죄를 선고받은 여자에게는 혼수의 절반과 재산의 3분의 1을 몰수하고 추방하는 혹독한 형벌이 적용되었다.

간음을 통해 태어난 아동은 간음한 여인의 남편이 자신의 자식으로 받아들이지 않는 한 혼외자의 지위로 남게 되었다. 남편은 간음을 저지른 아내와 혼외자를 쫓아낼 수 있었으며, 5세기 이후에는 아내의 모든 권리를 박탈한 채 수녀원으로 보내고 혼외자를 버릴 수 있었다. 간음죄를 선고받은 여인은 남편과 사별하거나 이혼해도 간음남과 결혼할 수 없었으며, 수녀원에 들어가는 경우를 제외하고는 간음으로 인해 출생한 혼외 자식에게 자신의 재산을 분배할 권리와 의무를 가졌다.[10]

간음은 언제나 남편과 남편의 파밀리아에 대한 중범죄로 간주되었다. 콘스탄티누스 황제 및 이후의 기독교 황제들은 간음에 하나님의

---

10) JC 9.9; Dig. 48.5.1-44.

법과 국가의 법을 위반하는 '불경스러운 죄'(impious crime)라는 도덕적 요소를 더해 사형으로 다스릴 수 있도록 했다.[11] 또한 간음이라는 형법상의 범죄를 이론적으로는 기혼 여성뿐만 아니라 기혼 남성에게도 적용했다. 그러나 이 형법을 적용하는 절차법은 여전히 간음을 저지른 기혼 여성에게만 초점이 맞추어져 있었다.

레오 3세는 이 새로운 처벌의 기준을 법에 반영했다. "본인이 생각하기에 간음은 살인에 적용되는 형벌과 같이 가장 가혹하고 무서운 형벌로 다스려야 한다. 살인을 저지르는 자는 자신의 손으로 하나의 생명을 앗아갈 뿐이지만, 가증스러운 간음을 저지르는 자는 남편, 자식, 남편의 친척, 그외 사람 등 수많은 사람의 삶을 한꺼번에 앗아가 버리기 때문이다."[12]

로마법상 근친상간은 시대에 따라 약간의 변화가 있었으나, 유대법[13] 및 그외 고대법상의 불법적인 친척 간의 연합과 비슷했다. 로마법에서는 일반적으로 남자와 그의 친모·장모·양모·조모·여자 형제·이복 여자 형제·의붓 여자 형제·결혼에 의한 여자 형제[14]·조카딸·조카손녀딸·딸·의붓딸·며느리·손녀 간의 연합과, 여자와 위에 상응하는 관계의 (혈통 또는 입양에 의한) 친척 간의 연합을 금지했다.

이러한 친척관계에 있는 자가 친자이든지 혼외자이든지 상관없

---

11) Nov. 134.17.10
12) Nov. Leo 32.
13) 이 책, 44쪽 참고.
14) 기독교 황제들은 남자가 죽은 형제의 과부와 결혼하는 레비레이트혼을 금지했으며 이런 연합에서 태어난 아동을 혼외자로 선언했다. C. Th. 3.12.2, 4.

이 연합할 수 없었다. 이미 오랫동안 부부관계를 유지해온 부모에게서 태어난 자라 하더라도, 이 부모의 부부관계가 나중에 근친관계인 것으로 밝혀질 경우에는 근친상간에서 태어난 혼외자로 간주되었으며, 유스티니아누스는 이 혼외자들이 "모친의 난교(promiscuous intercourse)를 통해 포태된 자들과 같은 부류"에 속하는 자들이라고 했다. "이자들은 아버지 없이 … 무작위로 포태된 자들로 본다."[15)]

무작위 임신은 "수치스러운" 또는 "부적절한 연합"(illicit union)에서 태어난 자를 가리키기도 했다. 이 부류의 혼외자들은 첫 6세기 동안 계속 변동이 있었으나, 일반적으로 (특히 처녀와 과부, 4세기 이후에는 수녀에 대한) 강간에 의해 태어난 자, 유혹이나 사기로 인한 성교로 태어난 자, 노예·창녀·미성년자와의 성교 또는 집단 성교 등을 통해 태어난 자 그리고 그외 다양한 "방탕"한 성교를 통해 태어난 자를 포함했다. 이들은 혼외자로 간주되었다.

만약 남자가 자신이 임신시킨 여자와 결혼할 수 있는 관계이고 또 실제로 결혼하는 경우에는 혼외자가 되지 않았다. 그러나 그 아동이 결혼 전에 태어나거나, 남자와 여자가 (부모의 반대 또는 계급의 차이 등의) 어떠한 이유로도 서로 결혼할 수 없는 관계인 경우, 그 사이에서 태어난 아동은 혼외자가 되었다.[16)]

---

15) Inst. 1.10.12; JC 5.4.17. 레오 황제는 Nov. Leo 24에서 입양으로 인해 형제자매가 된 자들 간의 혼인을 명시적으로 금했다. 그러나 로마법에서 사촌 (자연적이든 입양되었든 상관없이 형제의 자식들) 간의 혼인은 허용되었다. JC 5.4.19.

16) 이 책, 102-103쪽의 혼전음행에 대한 법의 변화 참고. Nov. 12.4.

이렇게 간음, 근친상간, 금지된 연합의 관계에서 태어난 혼외자들은 4-6세기 동안 그 지위가 더욱 하락했다. 이 시기 기독교 황제들은 당시 점점 강화되는 성도덕 의식을 반영해, 이 혼외자들이 "천박하고" "더럽고" "수치스럽고" "비자연적인" 자들이며, 이러한 성적 연합이 하나님의 법과 국가의 법을 위반하는 "가증스럽고" "사악하며" "비자연적이고" "혐오스러운" 범죄라고 비난했다.

기독교 황제들은 혼외자의 아버지에게 (관료나 군인의 직책을 금하고 사유재산의 매매 및 통제권을 박탈하는 등) 매우 가혹한 벌을 부과하고 그들의 권리를 박탈했다. 또한 혼외 아동에게도 이러한 벌을 부과하여, 공직을 가지지 못하게 하고 자신의 가족에게 사적 지원이나 유산을 받지 못하도록 했다. 유스티니아누스는 다음과 같이 저술했다. "가증스러운 성관계든, 근친상간이든, 부적절한 성관계든, 우리는 이러한 관계를 결혼이라고 부를 수 없으며, 이 관계에서 태어난 자식은 자연적이라고 할 수 없으며" (부모의 생전 증여를 통해서도, 또는 사후 유산을 통해서도) "부모의 지원을 받을 수 없다."[17] 또 유스티니아누스는 고위 관직의 어머니들과 그 가족들이 "정절을 유지"하도록 하기 위해 혼외자들을 지원하는 것을 금했다.[18] 비자연적 혼외자들은 이

---

17) Nov. 89.15. 유스티니아누스가 종합한 이전의 황법은 일부 혼외자가 아버지의 재산에 대해 약간의 권리(최대 재산의 4분의 1까지 또는 유산을 상속할 다른 친자들이 있는 경우 12분의 1까지)를 청구할 수 있도록 허용했다. 이 법의 논리는 혼외자가 "아버지의 죄와 상관없고" 또 "죄를 짓지 않았음"에도 "마치 죄를 진 것처럼 처벌을 받는다"는 것이었다. Nov. 12.7, pr.1, 3. 이 정책은 Nov. 89.5에서 파기되었다.
18) JC 6.57.5.1.

제 그 부모의 성적 죄악의 영원한 증거가 된 것이었다.

혼외자들의 네 번째 부류는 불법적인 연합을 통해 태어난 아동들이었다. 아마도 1세기에는 이 부류의 혼외자들이 가장 많았을 것이다. 그러나 6세기 말에 들어서는 이 부류의 혼외자들이 거의 사라졌다. 고대의 로마법에는 사회 내 집단들의 상호관계, 특히 성과 결혼 관계를 다스리는 복잡한 사회계급 시스템이 있었다.[19] 로마시민은 시민이 아닌 자(특히, 자유민으로 태어난 외국인이나 적법하게 해방되지 않은 노예)와 결혼할 수 없었다. 이러한 연합관계에서 태어난 아동은 혼외자이며 동시에 로마 시민이 아닌 것으로 간주되었다. (그러나 해방된 노예들 사이에서 태어난 아동은 친자로 인정되었다.)

3세기 초까지 현역군인은 결혼할 수 없었고, 현역군인의 자식은 혼외자로 간주되었다. 보호인이나 후견인은 피보호인이나 피후견인과 결혼할 수 없었으며, 결혼뿐만 아니라 성교를 하는 경우에는 가혹한 처벌을 받았고, 이 성관계에서 태어난 아동은 혼외자가 되었다.

노예들은 서로 결혼하는 것이 금지되었으며, 노예에게서 태어난 아동은 부모가 서로 친척관계가 아니더라도, 또 그 부모의 연합이 부계 가장에게 허락받은 노예들 사이의 연합이더라도 혼외자가 되었다. 해방된 노예가 다른 자유민 또는 해방된 비시민과 결혼하는 것은 허용되었으나, 자신을 해방시켜준 전 주인과 결혼하는 것은 금지되

---

19) 일반적으로 Peter Garnsey, *Social Status and Legal Privilege in the Roman Empire*(Oxford: Clarendon Press, 1970); Grubbs, *Law and Family*, pp.261-316 참고.

었다. 그러한 연합으로 태어난 아동 역시 혼외자로 간주되었다.

로마 원로원 의원(senators)과 지방 의원들(decuriones), 기타 고위 정치 관료(perfectissimi) 및 이들의 남성 후손들은 더욱 강한 규제를 받았으며, 4세기 콘스탄티누스 황제 시기에 가장 심화되었다. 이들은 자유민의 신분으로 태어나지 않은 여자, "사회적으로 지위가 낮거나 품위가 떨어지는 조건"을 가진 여자, 배우, 주점 운영, 매춘 알선, 상업, 검투사 등의 직업을 가진 여자나 그들의 딸과 결혼할 수 없었다. 이러한 자들과의 연합에서 태어난 아동은 구제받을 수 없는 사생아로 분류되었고, 친부에게 어떠한 지원도 받을 수 없었으며, 친부의 직위를 물려받는 것이 금지되었다. 콘스탄티누스 황제는 336년에 법령을 통해 "이러한 자식의 경우, 아버지가 그 자식이 친자거나 자연적이라고 주장하는 것과 상관없이, 아버지가 자식에게 지원한 모든 것을 몰수하여 … 아버지의 합법적인 자손 또는 형제 · 자매 · 부모에게 주어야 한다"고 했다.[20]

콘스탄티누스 황제 이후 몇몇의 기독교 황제는 계급 간 결혼을 금지하는 규제들을 부활시키고 특히 고위 정치관료들이 다른 계급과 결혼하는 것을 규제했다. 그러나 그후 수백 년 동안 시민과 비시민을 구별하는 전통적인 차별이 모호해지고 점점 덜 중요해지면서 이러한 규제들은 점점 완화되었다. 레오 3세가 통치하는 8세기에 이르러서는 노예도 (다른 노예 또는 결혼을 하기 위해 그 노예의 자유를 산 자유

---

20) C. Th. 4.6.3과 JC 5.27. Grubb, *Law and Family*, pp.284-92의 분석 참고.

민과) 결혼할 수 있게 되었다. 레오는 이것이 "다른 계급의 두 사람이 서로를 사랑해서 결혼하기 원하는 경우에 대한 현재의 관습"에 따른 허용이라고 했다.[21] 만약 두 사람이 계급 차이를 고려하지 않았을 때 합법적으로 결혼할 수 있는 관계라면, 단지 계급 또는 사회적 차이로 인해 이들이 결혼을 하고 친자를 출산하는 것이 금지되어서는 안 된다고 했다.

이후 기독교 로마제국에서 결혼에 대한 사회계급 조건이 점점 사라지면서 부적격한 결혼과 혼외자를 정의하는 데 있어 결국 종교적 요인이 더욱 중요하게 되었다. 정통 기독교인들이 유대인·이단자·배교자·이교도와 결혼하거나 성관계를 갖는 것이 금지되었고, 이러한 관계에서 태어나는 아동은 혼외자로 간주되었다.

교회에서는 특히 4-6세기에 다른 종교 간 결혼을 엄격히 금지했다.[22] 그리고 이러한 규제는 로마제국의 법으로 제정되었다. 테오도시우스 황제와 유스티니아누스 황제는 특히 기독교인과 유대인 간의 결혼을 금지하는 법을 제정했다. "유대인 남자와 그리스도인 여자 또는 그리스도인 남자와 유대인 여자는 결혼할 수 없으며, 이러한 행위를 하는 자는 간음죄를 범하는 자다."[23] (따라서 여기서 태어난 자들은 구제받을 수 없는 사생아가 되었다.) 콘스탄티누스 황제 시대부터 로마에서는 정통 기독교인과 다양한 배교자·이교도·이단자들 간의 각종

---

21) Nov. Leo 100.
22) 이 책, 64-68쪽 참고.
23) C. Th. 3.7.2; JC 1.9.5.

접촉 및 계약을 금지했으며, 여기에는 성적 접촉과 결혼 계약이 포함되었다. 또한 이교도·이단자·배교자인 자식들에게 재산을 증여하거나 유산을 남기는 것도 금지했다.[24]

다섯 번째 혼외자 부류인 첩의 자식에게도 역시 4세기 이후에 많은 법적 변화가 있었으며, 이러한 변화의 대부분은 이들의 상황을 개선시키는 데 기여했다. 로마에서 첩을 두는 것은 일반적인 일이었으며, 이것은 로마제국이 기독교 국가가 된 이후에도 별다르지 않았다.[25] 축첩제도는 결혼에 준하는 것으로서 법으로 허용되고 규제되는 제도였다.

일반적으로 축첩[26]은 한 여자와 성관계 및 동반자 관계를 유지하기를 원하는 부유한 남자들을 위한 제도였다. 그러나 아내와 자식에 대해 책임질 준비가 되지 않은 젊은 남자나, 이미 많은 자식을 가진 홀아비 또는 이혼남들이 첩을 두기도 했다. 또한 사랑하는 여자와 계급 차이로 인해 결혼하지 못하는 경우 첩으로 두기도 했다. 아우구스티누스가 이러한 경우에 해당했다. 그는 기독교로 개종하기 전, 낮은 계급으로 태어난 여자를 첩으로 두었다. 계급 차이로 인해 자신의 첩과 결혼할 수 없었던 아우구스티누스는 기독교로 개종한 후에 축첩이 기독교적 결혼관에 위배되는 것이라고 믿게 되었고, 자신의 믿음

---

24) 예를 들어 C. Th. 16.5.7; 16.7.2-6; JC 1.5.4, 1.5.10, 1.7.2, 1.7-1.9 참고.
25) Paul Meyer, *Der römischen Konkubinat nach den Rechtsquellen und den Inschriften*(Leipzig: G.B. Teubner, 1895).
26) 여기서 말하는 축첩은 적법한 혼인을 통한 처 대신 (신분계급의 차이 따위의 이유로) 첩을 두는 것을 뜻한다─옮긴이.

에 따라 괴로움을 참으며 그녀와 헤어지게 되었다.[27]

로마제국 내 대부분의 첩은 자유민으로 태어나거나 노예 신분에서 해방되었으나 낮은 계급의 신분을 가졌거나, 혼외자로 태어났거나, 출생이 분명하지 않은 자들이었다. 그러나 원로원 의원이나 총독, 심지어는 황제 등 높은 지위를 가진 자들은 로마 시민권을 가진 부유한 여인을 첩으로 두기도 했다. 미혼 남성의 경우 자신의 노예를 포함해 낮은 계급의 미혼 여성들과 상대적으로 자유로운 성관계를 가졌으나, 로마제국은 이미 기독교 시대 이전부터 첩을 둔 남자가 이러한 방탕함을 즐기는 것을 법으로 규제했다.

또 이 법은 콘스탄티누스 황제가 확인한 바와 같이, 첩이 있는 남자가 다른 여자와 결혼하는 경우 더 이상 첩을 유지하는 것을 금지했다. 남자는 자신의 첩이 친척이 아니며 적법한 사회 계급을 가진 경우 그 첩과 결혼할 수 있었으나 처와 첩을 동시에 둘 수는 없었다.[28] 남자가 생전에 자신의 첩에게 선물(증여)하는 것은 허용되었으나, 유산을 남길 수는 없었다.

첩은 다른 남자와 성관계를 가질 수 없었으며, 그런 경우에는 가혹한 형벌이 부과되었다. 또 첩은 남자 또는 남자의 가장의 결정에 의하여 이유 없이 헤어질 수 있었으며 그후에는 그들에게 지원을 받거

---

27) Augustinus, *Confessions*, 4.2, 6.12-15 그리고 Philip L. Reynolds, *Marriage in the Western Church: The Christianization of Marriage during the Patristic and Early Medieval Periods*(Leiden: E.J. Brill, 1994), pp.101-20 참고.

28) JC 5.26.1(326쪽에서 콘스탄티누스를 인용). 또한 Sent. Paul. 2.20.1; JC 7.15.3와 Grubb, *Law and Family*, pp.294-304의 이에 대한 논의 참고.

나 그들을 상대로 법적 구제를 구할 수 없었다.

물론, 축첩의 목적이 자식을 생산하는 것은 아니었으나, 첩과의 관계에서 종종 자식이 태어나게 되었다. 이 자식들은 혼외자가 되었고, 일반적으로 어머니의 사회계급을 물려받았다. 로마제국의 개혁 이전에는, 이들이 다른 혼외자들과 매우 비슷한 상황에 처했다.[29]

그러나 4세기 이후의 기독교 황제들은 축첩제에 대한 규제와 첩의 자식들에 대한 제한을 완화하기 시작했다. 이것은 부분적으로 서로 다른 사회 계급 당사자들 간의 결혼에 대한 규제 완화에 따른 것이었다. 이 규제 완화에 따라 로마 시민들도 처음으로 낮은 계급의 첩들과 헤어지는 대신 결혼하는 것이 장려되었다. 5세기에 이르자, 여러 로마 황제가 친부가 첩과의 사이에서 태어난 혼외자에게 자신의 재산 중 4분의 1(다른 친자가 있는 경우에는 최대 12분의 1)을 유산으로 남기는 것을 허용했다. 또한 정치활동이나 군대로 공직을 가질 기회를 늘리고 기타 시민적 혜택을 허용했다.

그러나 이 시기에 간음, 근친상간, 부적절한 연합에서 태어난 혼외자의 기회와 혜택은 더욱 줄어들었다. 이러한 작은 법적 변화들은 부분적으로 법의 폐지와 복원을 계속 거치다가 결국 유스티니아누스 황제 시대에 그 유명한 539년의 법인 노벨 89(Novel 89)로 제정되어 체계적이고 영속적인 법이 되었다.

---

29) Dig. 38.8.

친자인지와 입양

노벨 89에서 유스티니아누스 황제가 선언한 이 법의 제정 목적은 혼외자로 태어난 모든 '자연적 아동'(filii naturalis)에게 "더욱 큰 자애"를 베푸는 것이었다.[30] 자연적 혼외자란 남자가 자신과 결혼할 수 없는 여자와 "순수한 사랑에 의한" 연합을 함으로써 "그 여자를 통해 가진 자식"들을 가리켰다.[31] 이들은 주로 첩에게서 태어난 아동들이었다. (또 서로 결혼할 수 있는 신분 간에 태어난 아동들과, 결혼 이전의 약혼자들 사이에서 태어난 아동들도 포함되었다).[32] 유스티니아누스는 "결혼과 유사한 사랑"에 의해 태어난 이러한 아동들이 노예와 같은 취급을 당하는 것이 옳지 않다고 했다.

"인간의 법이 제정되기 이전에는 자연이 자식의 출산을 규제했으며, 모든 자식은 자유롭고 자유민으로 태어난 것으로 간주되었다. 그러나 그후 전쟁과 법적 논쟁과 부도덕과 탐욕으로 인해 다른 상황이 되었다. 전쟁으로 인해 노예들이 생겨났고, 음란함으로 인해 자연적인 [혼외] 자식들이 생겨났다. 그러나 법은 이러한 잘못들을[중 첫 번째 잘못] 을 인정하여 노예에게 자유를 주었고 … 이들을 해방하는 만 가지의 방법을 도입했다."

---

30) 로마 공화정의 법에서 황법에 이르기까지 '자연적 아동'의 개념이 어떻게 복잡하게 발전했는지에 대해서는 Hans Julius Wolff, "The Background of the Post-Classical Legislation on Legitimation," *Seminar* 3(1945), pp.21-45 참고.
31) Nov. 74, 「서문」.
32) Nov. 12.4.

유스티니아누스는 이제 혼외에서 태어난 '자연적 아동'에게도 같은 절차가 필요하다고 했다. 이들을 친자로 인지하여 아버지의 다른 자식들과 동등한 취급을 받도록 하든지, 최소한 친부 또는 친부의 파밀리아로부터 지원을 확실히 받을 수 있도록 해야 한다고 했다.[33]

유스티니아누스는 아버지가 '자연적 혼외 자식'을 친자로 인지할 수 있는 네 가지 방법을 마련했고, 이중 몇 가지는 이전의 콘스탄티누스 황제와 그외 기독교 황제들이 도입한 법적 초기모델에 바탕을 둔 것이었다. 이 방법들은 친부와 자연적 아동의 동의를 필요로 했으나 친모의 동의는 필요로 하지 않았다.[34]

첫 번째이며 가장 인기가 없는 방법은 "참사회에 봉헌"(curial oblation)하는 것이다. 이 방법은 친부가 자신의 혼외자를 국가에 봉헌하여 데쿠리오네스(decuriones)[35]라고 부르는 시 관료로 봉사하도록 하는 것이었다. 또한 혼외자가 친부의 사망 후 자기 자신을 참사회에 봉헌함으로써 봉사할 수도 있었다. 혼외자가 딸인 경우에는 데쿠리오네스의 아내가 되는 방법이 있었으며, 마찬가지로 친부가 봉헌거나 친부 사망 후 딸이 자신을 봉헌했다. 혼외자가 데쿠리오네스 또는 데쿠리오네스의 아내가 되면 자동으로 친자로 인지되었고, 친부에게 다른 자식이 없는 경우 친부 재산의 최대 3분의 1의 재산을

---

33) Nov. 89.1 ; Nov. 89.9.
34) Albert Weitnauer, *Die Legitimation des ausserehelichen Kindes im römischen Recht und in den Germanenrechten des Mittelalters*(Basel: Helbing & Lichtenhahn, 1940), pp.5-48의 자세한 연구 참고.
35) 고대 로마에서 지방 도시 참사회의 회원─옮긴이.

상속할 수 있었으며, 나머지 재산은 국가에 귀속되었다.

봉헌을 통한 친자인지의 자격은 매우 많은 대상에게 주어졌고, 친부에게 다른 친자가 있는지의 여부와 상관없이 가능한 방법이었다. 그러나 이 방법은 혼외자뿐만 아니라 국가에게 많은 혜택을 주는 방법이기도 했다. 혼외자는 무거운 부담을 안아야 했고, 자신의 정치 직책과 승진의 기회가 아버지의 지위에 따라 결정되었으며, 친자로 인지된 후 가족의 재산을 상속하고 이후에 유증할 권리가 제한적으로만 허용되었다.[36)]

친자인지의 두 번째 방법은 친부가 혼외자의 친모와 결혼하는 것이다. 결혼하는 당사자들은 혼인 시에 서로와 결혼할 수 있는 자격(conubium)을 가진 자들이어야 했다. 이 자격의 요건은 단순음행·혼전음행·축첩 등에서 태어난 '자연적 아동'이 친자로 인지되는 것을 매우 제한했다. 부모의 혼인을 통한 친자인지는 간음·근친상간·부적절한 연합 등에서 태어난 '비자연적 아동'에게는 적용되지 않았다. 일반적으로 간음을 한 남자와 여자는 이혼하거나 배우자와 사별한 후에도 결혼할 수 없었다. 근친 간의 연합과 부적절한 연합은 여전히 금지되었다.

부모의 혼인을 통해 친자로 인지된 자연적 아동은 처음부터 친자로 태어난 자와 같은 지위를 가지게 되었다. 만약 친부가 현재는 끝난 이전의 결혼관계에서 친자식들이 있는 경우, 그 자식들과 동등하

---

36) JC 5.27.3, 4, 9; Nov. 89.3.

게 친부의 부양·보호·유산에 대한 권리를 가지게 되었다.[37]

친자인지의 세 번째 방법은 황제의 명령이나 포고(rescript)를 통해 친자임을 선언하는 것이다. 이 선언은 친부와 친모가 애인 관계였으나 친모가 죽었거나 실종된 경우, 미치거나 평판이 안 좋아진 경우, 다른 남자와 결혼한 경우, 가장 또는 보호인이 친모의 재산을 친부에게 빼앗기는 것을 우려하여 결혼을 허락하지 않는 경우 등의 이유로 서로 결혼할 수 없을 때에 주어지는 방법이었다. 이러한 경우 남자는 자신에게 다른 친자가 없다면 자신의 자연적 혼외자를 황제의 명령에 따라 친자로 인지할 수 있었다. 이것은 그 "자식들의 본연(자연)과 원래의 자유 및 법적 권리를 복원"하고, 이들에 대한 "비자연적인 불이익을 교정"하는 역할을 했다.[38]

네 번째 방법은 친부가 유언을 통해 자신의 자연적 혼외자를 상속자로 정함으로써 친자로 인지하는 것이다. 이 방법은 '자연적 자식'이 있는 남자 중 다른 친자가 없는 자라면 누구에게나 적용되었다. 그러나 '비자연적 자식'들에게는 적용되지 않았다. 자연적 자식은 이 유언장이 적법한 절차를 통해 집행된 후 '자연과 법'이 주는 '친자인지의 선물'을 받게 되었다.[39]

---

37) JC 5.27.5-7, 10; Nov. 89, 「서문」.
38) Nov. 89.9.1.
39) Nov. 89.10. 또한 Nov. 117.2에 친부가 생전에 세 명의 증인을 세워 친자로 선언할 수 있도록 한 것을 참고. 하지만 이 방법은 즉시 친자로 인지되는 것이 아니라 다툼이 있는 경우에 친부 추정의 증거가 되었다. Fred H. Blume, "Legitimation under the Roman Law," *Tulane Law Review* 5(1931), pp.256-

유스티니아누스는 혼외자에 대한 전통적인 구제 방법인 입양에 대한 대안으로 위의 네 가지 방법을 고안했다. 그는 이보다 10년 전에 『법학제요』(*Institutes*)와 『칙법휘찬』(*Code*)에서 입양에 대한 전통적인 법규들을 옹호하고 개선했으며, 각 입양 사례가 "올바르고 아동의 이익에 부합"함을 보장할 수 있는 절차를 법으로 제정했다.[40]

그러나 그는 539년 새로운 법에서 입양에 대해 부정적인 견해를 나타냈다. 그는 '자연적 자식'을 새로운 파밀리아로 입양시키는 것이 "매우 도리에 맞지 않는" 것이라고 했다. 그 이유는 입양이 불합리하게도 입양 가족의 "친자보다 일부의 자연적 아동에게 더욱 나은 처지를 부여"하기 때문이었다.[41] 그외 모든 아동의 입양은 "비난받아야 할" 일은 아니었으나, "정숙(chastity)을 유지하는 데 도움을 주지 못한다"고 했다.[42]

유스티니아누스는 전통적 법규하에서는 자연적 혼외자와 비자연적 혼외자가 둘 다 똑같이 입양될 수 있다는 점에 우려를 나타냈다. 이것은 유스티니아누스 자신이 최근에 간음·근친상간·금지된 연합을 규제하기 위해 제정한 법의 효과를 저하시켰다. 유스티니아누스는 자신의 전임자인 유스티누스 황제가 "불법적인 정욕을 용서하지 않기" 위해 "사악한 연합이나 근친 간의 연합을 통해 태어난 아동들

66, 264-66 참고. 중세의 대륙법에서 이것은 별도의 친자인지 방법이 되었다. 이 책, 125쪽 참고.
40) Inst. 1.11.3; JC 8.48.1-11.
41) Nov. 89.7; Nov. 74.3.
42) Nov. 89.11.2.

에게 혜택"을 주는 입양을 금지한 법을 복원했다.[43]

유스티니아누스가 우려한 점을 잘 이해하기 위해서는 로마의 입양법에 대한 약간의 설명이 필요하다. 로마에서 입양은 천 년 동안 존속되었던 제도로서, 아동이나 혼외자에 대한 제도가 아니었다. 로마법에는 두 형태의 입양이 있었다.

첫 번째는 아드로가티오(adrogatio, adrogation)라고 불리는 것으로서, 가족의 재산·혈통·종교를 이어나갈 후손이 없는 늙은 가장이 새로운 가장을 입양하는 것이었다. 늙은 가장은 친척이 아닌 남자를 자신의 아들로 입양할 수 있었으며, 입양된 아들은 자유로운 권리를 가진 성인이어야 했다. 입양을 한 아버지가 죽으면 입양된 아들이 아버지의 파밀리아를 맡게 되었다. 이에 따라, 입양된 자의 본래 파밀리아는 새로 입양된 파밀리아를 위해 종종 해산되었다. 이러한 입양 방법은 성직자 및 위정자들의 복잡한 승인 절차가 수반되었으며, 로마의 역사 내내 존속된 중요한 제도였다.[44]

유스티니아누스가 우려를 나타낸 입양은 두 번째 형태인 아로가티오(arrogatio, arrogation)였다. 이것 역시 로마에서 오랫동안 이어온 제도였다. 아드로가티오와 같이, 아로가티오 역시 입양을 하는 아버지와 그의 파밀리아에 속하기로 약속하는 성인을 대상으로 이루어지는 경우가 많았다. 그러나 미성년 아동도 입양할 수 있었으며, 이 경우 아동이 성인이 되면 입양에 동의해야 했다. 입양의 목적은 자애, 반려(com-

---

43) JC 5.27.7.
44) Gaius, 6.98-107, 134; *Rules of Ulpian*, 8.

panion), 노동, 경제적·전략적 동맹, 가족의 보호 등을 포함하여 여러 가지가 될 수 있었다. 그러나 이 형태의 입양은 특히 자식이 없는 남자나 부부가 가구를 맡길 적법한 후계자를 정하기 위한 방법이었다.

두 번째 형태의 입양은 깨지기 쉬운 법적 관계를 생성했다. 많은 경우, 생물학적 친부와 아동의 법적 관계가 완전히 단절되지 않았다. 유스티니아누스 이전의 황제들은 단순한 아로가티오(아동과 생물학적 친부의 법적 연결관계가 유지되는 경우)와 완전한 아로가티오(생물학적 친부가 아동을 자신과의 관계에서 해방시키는 경우)를 구분함으로써 이 문제를 해결하려 했다. 그러나 많은 경우 아동을 입양할 시에는 아동의 생물학적 친부를 알지 못하거나 찾지 못했으나 입양을 한 이후에 나타나기도 했고, 이러한 문제들로 인해 위와 같은 개혁은 완전히 정착되지 못했다.

게다가 양부에게는 자신이 살아 있는 동안에만 양자를 지원할 의무가 있었다. 이것은 입양을 더욱 불안정하게 만드는 요소였다. 양부가 양자를 입양한 후에 다른 친자가 생기는 경우, 양부나 양부의 파밀리아에게는 양자에게 유산을 남길 의무가 없었다. 그러나 양부가 유언을 남기지 않거나 친자 없이 사망한 경우에는 양자가 자식으로서의 권리를 주장할 수 있었고, 또한 자신의 생물학적 친부가 유언을 남기지 않거나 친자 없이 사망한 경우 생물학적 친부의 자식으로서도 권리를 주장할 수 있었다.[45]

---

45) Gardner, *Family and Familia*, pp.114-208의 자세한 연구와 관련 문헌 참고.

유스티니아누스가 전통적 입양법을 폐지하려던 것은 이러한 불안정함과 복잡함에서 기인한 것일 수 있다. 또한 (심지어는 비자연적 혼외자의 친부가 다른 파밀리아에 그 자식을 입양시키고도 나중에 그 자식의 친권을 주장하거나 증여 및 유산을 통해 그 자식에게 도움을 주려는 경우 등) 비자연적 아동의 입양에 대한 우려에서 기인한 것일 수도 있다.[46)]

입양제도를 폐지하려는 유스티니아누스의 노력은 끝내 무산되었다. 유스티니아누스 이후의 황제들이 입양제도를 복원시킴으로써, 이것은 실질적으로 친자인지의 다섯 번째 방법이 되었다. 8세기에는 레오 3세가 입양을 다루는 새로운 법규들을 포함한 새로운 법을 제정했다. 이 법은 후에 서구의 중세 및 근대 초기의 법학자들이 자주 인용하는 중요한 법이 되었다.

레오 3세는 입양이 공공선의 목적에 부합한다고 했다. 입양은 "자식이 없는 자들의 슬픔을 줄이고", "자연이 주지 못하는 혜택을 부여"한다고 했다. 또한 입양은 버려지거나 빈곤한 아동이나 성인에게 가정과 가장을 제공해준다고 했다. 입양하는 부모는 죽은 자식을 대신해 양자에게서 "노년에 부양"을 받고, "슬픔을 달랠" 수 있으며, "자식이 있었다면 바랄 수 있는 도움"의 여러 형태를 제공받을 수 있다고 했다. 나아가 부유한 과부조차도 아들을 입양함으로써 "자신의 재산을 관리"하고, "부담을 공유"하며, "더욱 안정되고 평화로운 삶을 추

---

46) Weitnauer, *Die Legitimation*, pp.46-48.

구"할 수 있다고 했다.

따라서 레오 3세는 여성과 남성, 기혼자와 미혼자, 처녀와 과부, 생식 능력이 있는 남자와 없는 남자에게 동일하게 입양의 권리를 부여했다. 또한 입양 대상자에 대해 나이·자격·출생신분 등의 조건을 정하거나 피입양자가 다른 자식이나 가족 구성원들과 비교해 가질 수 있는 권리를 제한하지도 않았다. 레오 3세는 "법의 혜택이 모든 이에게 돌아가야 한다"고 결론지었다.[47]

중세의 대륙(시민)법

로마법에서 혼외출생과 친자인지법이 가장 방대하게 법률로 제정된 시기는 5세기와 6세기였다. 그러나 이 시기는 또한 서로마제국이 이 법을 가장 효과적으로 도입할 수 없는 시기이기도 했다. 5세기 서로마제국은 이미 쇠락의 길을 걷고 있었고, 476년 마지막 황제가 사망하면서 서로마제국은 역사에서 사라지게 되었다. 콘스탄티노폴리스에 수도를 둔 동로마제국에서 살아남게 된 로마법은 서구에서는 점점 더 법적 유물이 되어갔다.

그럼에도 로마법(특히, 후기 기독교 로마법)은 이후 서구의 (다른 많은 분야의 법들과 함께) 혼외자법과 친자인지법의 기초가 되었다. 기원후 1000년 이전에 고대 게르만 재판소(Germanic courts)와 몇몇 학자에 의해 로마법이 부분적으로 보존되기는 했으나,[48] 유스티니아누

---

47) Nov. Leo 27.
48) 이에 대한 고대 게르만 법에 대해 Weitnauer, *Die Legitimation*, pp.49-103;

스 법전의 전체를 보존한 자들은 북아프리카, 중동, 남부 스페인의 무
슬림 및 아랍인들이었다. 이 법 문헌들은 11세기 후반 서구 기독교인
들과의 무역을 통해 다시 서구에 전해졌고, 특히 서구에 새로 세워진
대학교들의 대륙법학자들과 캐논법학자들을 통해 연구되었다.[49]

대륙법학자들은 이 법 문헌들을 적극적으로 활용해, 중세 정치당
국의 세속법에 적용하기 시작했다.[50] 11세기 후반에는 이미 아조
(Azo)와 아쿠르시우스(Accursius)를 대표로 하는 몇몇 주석자가 혼외
출생과 적출인정에 대한 문헌들을 포함해 유스티니아누스의 『로마
대법전』(Corpus Iuris Civlis)과 『신칙법』(Novellae)에 간결한 주석을 달
기 시작했다. 12세기에서 15세기에는 바르톨루스(Bartolus)와 발두
스(Baldus)를 포함한 많은 해설가가 인간·혼인·유산 등의 법에 대
한 저술의 일환으로 이 로마법 문헌들을 주제에 따라 조화시키는 작
업을 했다.[51] 15세기와 16세기의 많은 법인문학자(legal humanists)는

Leineweber, *Die rechtliche Beziehung*, pp.34-44; Hans Hagn, *Illegitimität und Thronfolge: zur Thronfolgeproblematik illegitimiter Merowinger, Karolinger, und Ottonen*(Neureid: Ars Una, 2006) 참고. 17세기 당시의 혼외출생을 포함한 가정법의 요약으로 *The Etymologies of Isidore of Seville*, trans. and ed. Stephen A. Barney et al.(Cambridge: Cambridge University Press, 2006), IX.iv.9-IX. vii.29 참고.

49) 혼외자에 대한 캐논법은 다음 장에서 다룬다.

50) 제임스 브런디지(James Brundage)의 중세 대륙법과 캐논법 문헌 통계분석
은 캐논법학자들보다 대륙법학자들이 약 1:7의 비율로 혼외자와 친자인
지의 문제를 다루었다는 것을 보여준다. James A. Brundage, *Sex, Law, and Marriage in the Middle Ages*(Aldershot: Variorum, 1993), v, 92 참고.

51) 일반적으로 Helmut Coing, ed., *Handbuch der Quellen und Literatur der neueren europäischen Privatrechtsgeschichte*, 3 vols.(Munich: Beck, 1973-

위 해설가들의 작업을 더욱 발전시켰다. 새로운 인쇄출판법에 힘을 입은 법인문학자들은 몇몇 고대 로마법 문헌의 새로운 판을 인쇄하고, 여기에 자세한 해설을 추가했다. 나아가 그들은 혼외출생·친자인지·입양 등을 포함한 다양한 주제에 대한 로마법·캐논법·봉건법, 그외 다른 법들을 함께 나열하는 다양한 법 서적을 만들어냈다. 또 법적 주제들을 선별하여 그에 대한 교과서들을 발행했다.

15세기의 문헌들 가운데 혼외출생과 친자인지에 대한 다섯 개의 짧은 법 문헌이 현재까지 보존되어 있다.[52] 16세기의 문헌들 중에서는 가톨릭과 개신교의 로마법학자들이 저술한 더욱 많고 긴 문헌들이 현재까지 보존되어 있으며, 로마의 혼외자법을 다루는 방식에서 이들의 신학적 차이점을 찾아볼 수 없다.[53]

---

88), I, pp.129-261, 313-64 참고. 혼외출생에 대한 로마 문헌들에 대한 중세의 주석과 초기 해설의 분석으로 Leineweber, *Die rechtliche Beziehung*, pp.45-54; Thomas Kuehn, "A Medieval Conflict of Laws: Illegitimacy and Legitimation in Ius Commune and Ius Proprium," *Law and History Review* 15(1997): pp.243-73 참고.

52) Mantua Bonauito Pataui, *Tractatus de legitima filiorum*, in *Tractatus universi iuris, duce, & auspice Gregorio XIII*(Venice, 1584), vol. VIII/1, pp.440a-445b; Benedecti de Barzis, *De filiis non legitimè natis*, in *ibid.*, vol. VIII/2, pp.24a-29b; Ludovici a Sardis, *De naturalis liberis ac eorum successione*, in *ibid.*, vol. VIII/2, pp.29b-45b; Antonii de Rosellis, *De legitimatione*, in *ibid.*, vol. VIII/2, pp.75a-90a; Martinus Laudensis, *De Legitimatione*, in *ibid.*, vol. VIII/2, pp.90b-98a.

53) 개신교에서의 연구 중 좋은 예로 프랑스 칼뱅주의자인 프랑수아 오트망의 François Hotman, *De spuriis et legitimatione*, appended to Barnabé Brisson, *De verteri ritu nuptiarum et jure connubiorum*(Amsterdam: Petrus le Grand, 1662)와 Christian Carpzov, *De legitima, quae vocantur ab Hotomano quarta*

12세기에서 16세기까지 계속된 로마법에 대한 연구는 신성로마제국과 새로운 국민국가 및 유럽 대륙 내 도시·공국·영토들의 새로운 법규·법률·판례들에 점점 반영되었다.[54] 특히 15세기와 16세기는 '로마법의 수용'과 연구가 두드러졌다. 중세 대륙법학자들이 혼외출생에 대해 로마가 유산으로 물려준 교훈들을 반복해서 논의했음에도 불구하고, "유스티니아누스의 로마법에 대한 실질적인 변화"는 대부분 이루어지지 않았다.[55] 대륙법학자들은 친자를 "혼인계약을 할 자격이 있고 자식을 생산할 수 있는 능력이 있는 남편과 아내가 결혼하여 동거하는 기간 동안에" 출산하거

---

legitima(Wittenberg: Johannis Gormanni, 1631)에서 오트망의 저술들을 발췌 및 논의한 것을 참고. 가톨릭에서의 연구 중 좋은 예로 Gabriele Paleotti, *De notis spuriisque*(Frankfurt am Main: Nicolai Bassaei, 1574), reprinted in *Tractatus universi juris*, vol. VIII/2, pp.45b-74b 참고.

54) Leineweber, *Die rechtliche Beziehung*, pp.101-54. 혼외출생에 대한 지역 사례연구로 L. Bischof, "Die Rechtsstellung der ausserehelichen Kinder nach den zürcherischen Rechtsquellen"(Dissertation, Zurich, 1931); G. Bückling, *Die Rechtstellung der unehelichen Kinder im Mittelalter und in der heutigen Reformbewegung*(Breslau: M. and H. Marcus, 1920); C. Etzensperger, "Die Rechtsstellung des ausserehelichen Kinder nach den schaffhauserischen Rechtsquellen"(Dissertation, Zurich, 1931); Thomas Kuehn, *Illegitimacy in Renaissance Florence*(Ann Arbor, MI: University of Michigan Press, 2002); Jean-François Poudret, *Coutumes et coutumiers: Histoire comparative des droits des pays romands du XIIIe à la fin du XVIe siècle*, 6 vols.(Berne: Staempfli, 1998), II, pp.9-50; W. Strebi, "Die Rechtsstellung der unehelichen Kinder in Kanton Luzern"(Dissertation, Berne, 1928); Hermann Winterer, *Die rechtliche Stellung der Bastarden in Italien von 800 bis 1500*(Munich: Arbeo, 1978) 참고.

55) Leineweber, *Die rechtliche Beziehung*, p.53.

나 입양한 자식이라고 정의했다.[56] 또한 이들은 혼외자를 "합법적인 혼인 밖에서", "친부의 능력 밖에서" 그리고 친척의 책임 범위 밖에서 태어난 자들이라고 정의했다.[57] 따라서 중세 대륙법학자들의 유명한 속담 중에 "사생아는 인척이 없는 자들이다"라는 말이 있었던 것이다.[58]

대부분의 대륙법학자는 유스티니아누스가 혼외자를 주로 두 신분으로 나눈 분류법을 고수했다. 축첩, 혼전음행, 단순음행에서 태어난 '자연적 혼외자'와 이제는 종종 '사생아'(bastardi)[59]라고 불리는, 간음, 근친상간, 기타 부적절한 연합(예를 들면 강간, 매춘, 처녀나 과부나 수녀를 유혹한 경우, 집단성교, 다양한 상이 계급 간의 연합)에서 태어난 '비자연적 혼외자'였다.[60] 대륙법학자들은 이 모든 혼외자가 "그들의 부모의 죄"(crimina paterna)로 인한 "불량한 출생"(defectus natilium)의 "오명"(macula)을 가진 자들이라고 했다.[61]

자연적 혼외자는 부모가 살아 있는 동안 친모와 가끔은 친부에게

56) Bartolo de Sassoferrato, *In primam ff. veteris commentaria*(Venice, 1585), fols. 24rb-va, using translation by Kuehne, *Illegitimacy*, p.34.

57) *Ibid.*, pp.34-35; Leineweber, *Die rechtliche Beziehung*, pp.46-47, 70-73, 102-105, 121-24, 138-40.

58) Poudret, *Coutumes et coutumiers*, II, p.30에서 인용한 Beaumanoir, *Coutumes des Beauvaisis*, no. 1697 참고.

59) Barziis, *De filiis*, pp.10-12 참고.

60) 특히 Sardis, *De naturalibus liberis*; Leineweber, *Die rechtliche Beziehung*, pp. 46-47 참고.

61) Kuehne, *Illegitimacy*, pp.34-37; R. Génestal, *Histoire de la légitimation des enfants naturels en droit canonique*(Paris: Ernst Leroux, 1905), pp.4-44.

서도 약간의 지원을 받을 수 있었으나, 부모 가운데 하나 또는 둘 모두가 유언을 남기지 않고 사망한 경우를 제외하고 부모에게 유산을 받을 권리가 없었다. 비자연적 혼외자는 일반적으로 이와 같은 부모의 지원이나 유산을 일체 받을 수 없었다. 친자로 인지받지 못한 비자연적 혼외자는 재산·유산·계약의 권리, 시민법정에서 소송하거나 증언할 권리, 시민적·정치적 직책을 가질 권리를 제한받았다.

일부 대륙법학자는 유스티니아누스의 로마법뿐만 아니라 성경에서 권리제한의 근거를 찾기도 했다. 그들은 사라가 "이 여종과 그 아들을 내쫓으라. 이 종의 아들은 내 아들 이삭과 함께 기업을 얻지 못하리라"며 비자연적 사생아인 이스마엘을 비난한 것을 근거로 당시의 비자연적 혼외자들을 차별했다.[62]

중세 대륙법학자들은 유스티니아누스의 혼외출생에 관한 법뿐만 아니라 적출인정에 관한 법도 고수했다. 그들은 이 법을 자신들의 시대에 적용하여 시민법정으로의 봉헌, 황제 또는 군주의 포고, 아버지의 유언을 통한 선언, 부모의 결혼 등을 통한 친자인지를 허용했다.

일부 대륙법학자는 혼외자의 친부나 친모가 특히 자신들의 주장을 뒷받침해줄 증인들을 동반하여, 그 아동이 친자라고 선의의 선언을 하는 경우에 혼외자의 신분을 벗어날 수 있도록 해주어야 한다고 주

---

62) Jacobus Menochius[Giacomo Menochio], *De arbitrariis iudicium quaestionibus et causis libri II*(Venice, 1624) and Mercurialus Merlinus, *De legitima tractatus* (Venice, 1651), quoted and analyzed in Leineweber, *Die rechtliche Stellung*, p.88. 그러나 Leineweber는 다른 15세기 및 16세기의 법학자들이 비자연적 아동에 대한 이 제한들을 완화했다고 지적한다. *Ibid.*, pp.88-90, 98-100.

장하기도 했다. 이 확증선언의 방법 역시 결국 중세 대륙법에서 친자 인지의 근거가 되었다.[63]

또 일부 대륙법학자는 부부가 선의로 혼인을 맺었으나 그 혼인이 유효하지 않은 것으로 판명나서 취소되는 경우에도 자식을 친자로 인정해야 한다는 캐논법을 인정할 것을 주장하기도 했다.[64] 또한 대륙법에서는 입양을 통해 피입양자를 입양자의 친자로 인지하는 것이 가능했다. 그러나 중세와 근대 초기 유럽에서는 입양이 많은 법학자의 논의 주제이긴 했으나 여전히 '예외적인 경우'로 남아 있다.[65]

중세 대륙법학자들은 자연적 혼외자뿐만 아니라 비자연적 혼외자에게도 이러한 친자인지 방법들을 적용할 수 있는지, 그리고 친자로 인지된 자들(legitimati)이 친자로 태어난 자들(legitimi)과 똑같은 지위를 부여받을 수 있는지에 대해 끊임없는 논쟁을 벌였다. 대세여론은 친자인지를 받은 자들보다 친자로 태어난 자들에게 더 나은 지위를, (특히 입양 전에 비자연적 혼외자였던 경우) 입양된 자보다 친자인지

---

63) Sardis, *De naturalis liberis*, 5.1-14.
64) *Ibid.*, 6.1-2. 이에 상응하는 캐논법에 대해 이 책, 147-48쪽 참고.
65) Poudret, *Coutumes et coutumiers*, II, p.21; Jean Brissaud, *A History of French Private Law*, 2nd edn., trans. R. Howell(Boston: Little, Brown, and Company, 1912), p.218. 캐논법학자들이 입양에 대해 풍부하게 논한 것에 대해 Charles J. Reid, Jr. *Power over the Body, Equality in the Family: Rights and Domestic Relations in Medieval Canon Law*(Grand Rapids, MI: Wm. B. Eerdmans, 2004), pp.187-95 참고. 근대 초기 대륙법학자들의 입양에 대한 논의에 대해 Johannes Althusius, *Dicaeologicae libri tres, totum et universum Jus, quo utimur, methodice complectentes*(Frankfurt am Main: Christophe Corvin, 1618), cap. 80 참고.

를 받은 자연적 혼외자에게 더 나은 지위를 부여하는 것이었다.

그러나 대륙법학자들은 고대 로마법보다 비자연적 혼외자들이 친자로 인지받을 수 있는 더 많은 방법을 허용했다. 유스티니아누스의 법에서처럼 친부에게 다른 자연적 자식들이 있다고 해서 꼭 혼외자가 친자로 인지받을 수 없는 것은 아니었다.[66]

또한 중세 대륙법학자들은 친자인지와 입양이 아동과 친모의 완전한 동의를 필요로 하는지, 아니면 그냥 친부의 동의만을 필요로 하는지에 대해서도 끊임없이 논쟁했다. 대세 여론은 친자인지가 더 나은 선을 위한 것이고, 아동이 나중에 이의를 제기할 수도 있으므로, 동의의 조건을 면제시켜주는 것이었다.[67]

정확한 범위나 효과와 상관없이, 대륙법학자들은 이러한 친자인지 방법들이 혼외자로 태어난 아동의 낙인과 오명을 없애고 자연권리를 복원시키는 인간적인 방법이라고 생각했다. 중세 후반의 한 해설가는 유스티니아누스의 정서를 상기시키며 이렇게 말했다.

"엄밀하고 정확하게 말하면, 출생의 오명이 제거되어 본래의 상태와 혈통의 권리가 복원된 자는 친자로 인지된 것이다. 따라서 황제나 권한을 가진 자가 성문법에서 정하는 방법에 따라 단순히 누군가를 친자로 만드는 경우, 그로 인해 그는 낮은 신분, 자연적 혼외출생, 비자연적 혼외출생의 모든 오명에서 벗어나게 된다.

---

66) 특히 Barziis, *De filiis*, pp.41-57 참고.
67) Kuehne, *Illegitimacy*, pp.49-66; Génestal, *Histoire de la legitimation* 참고.

모든 인간은 자연에 의해 자유로우며 친자로 태어나지만, 전쟁으로 인해 노예가 생겨났고, 정욕으로 인해 과도한 욕망을 통해 자연적 혼외출생 및 비자연적 혼외출생의 체계가 생겨났다. 혼외출생이 법에 의해 제도화된 것과 마찬가지로 제정법(legislated law)이나 비제정법(unlegislated law)을 통해 이 체계의 기초를 폐지할 수도 있다."[68]

요약 및 결론

로마법을 연구하는 역사학자들은 로마제국의 기독교화가 로마법의 기독교화에 미친 영향의 범위에 대해 오랫동안 논쟁을 벌여왔다. 4-6세기 동안 기독교가 종교를 국교화하는 법에 미친 영향에 대해 문제를 제기하는 자는 없다. 380년 로마가 삼위일체 기독교(Trinitarian Christianity)를 제국의 국교로 정한 후, 로마의 황제들은 삼위일체, 성례, 전례의식, 성일, 안식일, 구제, 교육, 성도덕 그리고 그외의 것들에 대한 정통 기독교의 교훈들이 제국 내에서 지켜지도록 상세하게 법으로 정했다. 로마의 법학자들은 기독교 성직자, 선교사, 수도사들을 위한 각종 새로운 특별 면책, 면제, 보조들을 만들어 법에 포함시켰다. 로마의 황제들과 그들의 대표자들은 수많은 교회 공의회와 주요 시노드를 소집했다. 고위성직자들을 임명·규제·해임했으며, 교회의 교구와 수도원, 구제시설들을 규제했다. 또한 교회 재산의 취득·유지·처

---

68) Angelo degli Ubaldi, *Consilia*(Frankfurt am Main, 1575), fol. 12ra, using translation in Kuehne, *Illegitimacy*, pp.60-61. 이와 같은 Nov. 89 pr에서 발췌한 문구로 이 책, 112쪽 참고.

분을 관장했다.

로마법과 법 당국은 이방인과 이단자들을 가혹하게 처벌했다. 유스티니아누스 황제가 후에 '그리스도의 적들'이라고 부른 아리우스파(Arians), 아폴로나리우스파(Apollonarians), 마니교도(Manicheans) 및 그외 이교도들을 잔인하게 탄압했고, 유대인들에게 엄격한 제한을 부과했다. 이들에게 로마법의 기독교화(그리고 기독교신앙의 로마화)에 대한 증거는 확실히 남아 있다.

한편 로마의 민법·절차법·형법·인간과 연합에 대한 법 등에 대한 기독교의 영향은 더욱 포착하기 어렵고 산발적인 것으로 드러났다.[69] 로마는 기독교를 받아들이기 이전에 이미 이와 같은 주제에 대한 정교한 법 체계를 가지고 있었고, 이후 기독교가 이 법들에 미친 영향은 종종 비연속적이고 비집중적이었다. 돈 브라우닝(Don Browning)이 말한 것과 같이, 기독교 신학자들은 로마의 법과 제도를 먼저 받아들인 후, 복음(Gospel)이 이야기하고 요구하는 것들에 맞추어서 로마의 법과 제도의 "복잡한 변화와 변형"을 점진적으로 꾀했다.[70] 그리고 로마의 관료들은 기독교의 교훈과 실천을 받아들이며, 이 새로운 기독교 도덕에 맞추어 법의 점진적인 개혁을 꾀했다.

로마의 혼외자법과 친자인지법에서 브라우닝의 예리한 통찰을 확

---

69) 이러한 영향에 대해서는 John Witte, Jr. and Frank S. Alexander, eds., *Christianity and Law: An Introduction*(Cambridge: Cambridge University Press, 2008)에 요약되어 있다.

70) Don S. Browning, "Family Law and Christian Jurisprudence," in *ibid.*, pp. 163-83.

인할 수 있다. 로마는 그리스도의 시대 이전에 이미 복잡한 혼외자법을 가지고 있었다. 합법적인 혼인관계 안에서 태어난 아동은 친자였다. 친자는 아버지의 권한하에서 자랐다. 혼외자는 어머니의 책임하에서 자랐다. 4세기까지 로마에서 혼외자법은 성과 부도덕을 억지하기 위함이 아닌 상업과 사회를 통제하기 위한 목적으로 고안되었다. 혼외자법은 시민과 비시민, 자유민과 노예, 남자와 첩, 유부녀와 간음남, 군인과 창녀 사이에서 태어난 아동들이 파밀리아에 달갑지 않은 부담이 되거나 로마제국에 걸맞지 않은 시민이 되는 것을 방지했다.

혼외자는 사생아라는 낙인이 찍히지도 않았고 부계 유산상속 외에는 정치적·사회적 권리를 박탈당하지도 않았다. 물론 원치 않은 친자들과 마찬가지로 원치 않은 혼외자들은 유기되거나, 노예로 팔려가거나, 입양될 수 있었다. 그러나 그들 역시 마찬가지로 어머니·아버지·입양인·보호인 등의 가정에서 자라날 수도 있었고, 어른이 되면 그 가정의 신분에 맞는 직책과 기회를 가질 수 있었다. 그들의 권리와 기회를 정하는 것은 출생신분이 아닌 사회계급이었다.

4-6세기까지의 로마 기독교 황제들은 위와 같은 초기 혼외자법의 많은 부분을 존속시켰다. 그러나 이 책 2장의 뒷부분에서 살펴본 바와 같이 그들은 또한 이 법의 유산에 기독교의 합법적인 혼인과 성적 부도덕에 대한 신학을 더하고 법으로 제정했다. 기독교 황제들은 혼외출생이라는 것이 합법적인 혼인 외에서 태어난 아동이라는 정의를 고수했다. 그러나 성적 부도덕에 대한 교부들의 교훈을 더해 아동을 생산한 부모의 죄의 무게에 따라 혼외자들을 분류하고 낙인찍었다.

결국, 로마법의 견지에서는 부모의 성적 죄악이 더욱 클수록 그 자식의 지위는 더욱 낮아졌다.

기독교 황제하의 로마에서는 두 부류의 주된 혼외자들이 생겨났다. 자연적 혼외자와 비자연적 혼외자였다. 자연적 혼외자는 주로 단순음행, 혼전성교, 축첩을 통해 태어난 아동들이었다. 이 자연적 아동들은 친부의 유언을 통하거나, 이후에 부모가 결혼을 하거나, 새로운 가정에 입양되거나, 국가의 포고 또는 국가로의 봉헌을 통해 친자로 인지될 수 있었다. 그들은 또 양육지원과 유산을 받고 다양한 사회·정치적 직책을 가질 수 있었다. 이러한 친자인지와 지원의 방법들은 자연적 아동들의 자연권리를 복원하고 부모의 죄로부터 해방시킴으로써 기독교의 사랑을 실천하는 형태였다. 비자연적 혼외자는 간음, 근친상간, 종교 간 결혼, 그외 중대한 성적 죄악을 통해 태어난 아동들이었다. 이 아동들은 기독교 로마 사회에서 버림받은 자들이 되었다. 이들의 대부분은 친자로 인지될 수 없었고, 친모나 친부로부터 지원을 받을 수도 없었으며, 재산과 직위를 유산으로 물려받을 수도 없었다. 그들에게는 많은 사회·정치적 직책과 기회를 가지는 것이 금지되었다. 자연적 혼외자가 기독교 사랑의 대상이 되었던 반면, 비자연적 혼외자는 기독교 징벌의 희생양이 되었다. 자연적 혼외자가 용서를 받고 자신들의 자연권리의 회복을 누릴 수 있었던 반면, 비자연적 혼외자는 아버지의 죄에 대한 영원한 증거로 남게 되었다.

『그라티아누스 교령집』, 결혼이 금지된 친족관계를 보여주는 도식, 14세기.

3 죄의 대가

- 중세 캐논법에서의 성, 혼인, 혼외출생

혼외출생에 대한 중세 서구의 신학과 법은 가톨릭교회의 도움으로 더욱 조화를 이루었다. 기원후 1000년 이전에는 혼외출생에 대한 교회의 신학과 국가의 법 사이에 상당한 괴리가 있었다. 이 책의 제1장에서 살펴보았던 초기의 교부들은 혼외성교를 공개적으로 비난하면서도 혼외자의 원칙을 맹렬히 반대했다. 그들은 성적인 죄를 짓는 자들을 엄격히 처벌하면서도, 아버지의 죄를 그 자식에게 대물림하는 것을 통렬히 비난했다. 출생신분과 상관없이 모든 아동에게 사랑을 베푸는 것이 당시 가장 중요한 윤리였다. 빈곤에 처한 아동을 입양하는 것은 기독교인의 사랑과 자애의 특별한 형태이며 적용이었다.

이와 달리 제2장에서 살펴본 로마의 기독교인 황제들은 전통적인 로마의 혼외자법과 새로운 기독교의 성적 부도덕이라는 신학을 혼합했다. 기독교화된 로마의 법에서는 그 부모의 성적 죄악이 얼마나 중대한 것인지의 정도에 따라 자녀들에게 부과되는 벌의 가혹한 정도가 결정되었다. 단순음행, 혼전 성관계, 축첩을 통해 태어난 자연적 아동은 친자로 인지되어 지원받을 수 있는 길이 있었다. 그러나 간음,

근친상간, 종교 간 결혼이라는 더욱 중대한 범죄를 통해 태어난 아동은 모든 지원이 막히고 신분의 구제를 받을 수 없었다. 비자연적 혼외출생을 정의하는 규칙들이 더욱 명확해지고 비자연적 혼외자의 권리가 더욱 제한되면서, 이 아동들이 친자로 인지되거나 입양될 수 있는 법적 기회는 더욱 적어졌다.

중세의 대륙(시민)법학자들이 이러한 고대 로마의 혼외자법을 거의 변형시키지 않고 존속시켜나간 반면, 중세 신학자와 캐논법학자들은 서로 상반되는 신학과 법의 교훈들을 조화시켜 나갔다. 그들은 부모의 성적 죄악들을 어떻게, 왜, 어떤 때에 그 자식들에게 부과할 수 있는지를 체계적으로 설명하는 성과 혼인의 신학과 법을 발전시켰다. 중세의 신학자와 캐논법학자들은 '혼외자'가 "합법적인 혼인 외에서 태어난 아동"이라는 로마법의 정의를 고수했으며, 이것은 간음, 근친상간, 그외 부적절한 성관계에서 태어난 자들을 칭했다.

그러나 그들은 여기서 멈추지 않고 '합법적인 혼인'이 수반하는 것이 무엇이며, 간음과 근친상간 외에 혼외자를 탄생시키는 '부적절한' 연합이란 어떤 것들인지에 대한 이해를 더욱 심화하고 변화시켰다. 또한 일부 혼외자를 아버지의 유언이나 선언, 부모의 결혼이나 입양, 또는 국가 관료로의 봉헌이나 포고 제도를 통해 친자로 인지하는 전통적인 방법들을 고수했다. 여기에 더해 일반인들의 다양한 성례 참여, 성직이나 수도직으로의 봉헌, 교황의 포고와 동등한 효력을 가진다고 새롭게 주장된 성직자의 권한을 통해서도 친자인지를 받을 수 있다며 교회의 역할을 증대시켰다.

혼외자법에 이런 변화들이 일어난 시기는 가톨릭교회가 서구 기독교 세계의 자율적인 법·정치적 지배자로 올라선 후인 12-15세기까지의 기간이었다. 가톨릭교회의 혼인에 대한 신학은 생빅토르의 위고(Hugo de St. Victore), 피에르 롱바르(Pierre Lombard), 토마스 아퀴나스(Thomas Aquinas), 그리고 그외 해설가들에 의해 새롭게 체계화되었다.[1]

혼인에 대한 교회의 캐논법이 많은 확장을 꾀하게 된 것은 1140년의 『그라티아누스 교령집』(Decretum Gratiani)이 처음이었으며, 이후에도 결국 1586년의 『캐논법전』(Corpus Iuris Canonici)으로 결집된 여러 법 주석 및 교황과 교회회의에 의해 제정된 법들을 통해 확장되었다.[2] 위의 두 법·신학 문헌에는 혼외자와 친자인지에 대한 많은 논의가 포함되어 있었다.

이 장에서는 먼저 고·중세 시대(High Middle Ages)의 혼인과 혼인계약에 대한 새로운 성례전 신학과 캐논법을 요약할 것이다. 그리고 그후 이 새로운 혼인의 이해에 따른 친자와 혼외자의 계급을 논할 것이다.

---

1) John Witte, Jr., *From Sacrament to Contract: Marriage, Religion, and Law in the Western Tradition*(Louisville, KY: Westminster John Knox Press, 1997), ch. 1의 자세한 문헌들을 참고.
2) Emil Friedberg, *Corpus Iuris Canonici*, 2 vols.(Leipzig: Bernard Tauchnitz, 1879-81).

혼인, 독신, 혼인취소

혼외자와 친자인지에 대한 교회 캐논법의 변화를 이해하기 위해서는 먼저 중세의 복잡한 혼인의 원칙(doctrine of marriage)을 이해해야 한다. 중세 신학자와 캐논법학자들은 교부들의 교훈을[3] 반영하고 더욱 발전시켜, 결혼이 자연적 연합인 동시에 계약적이고 성례전적인 연합이라고 했다.

먼저, 그들은 결혼이 자연적 연합(natural association)으로서, 남자와 여자가 "생육하고 번성"(창 1:28)하며, 하나님에 대한 봉사와 하나님의 사랑 안에서 자신들의 자식을 양육할 수 있도록 하기 위해 하나님이 창조하신 것이라고 생각했다. 또 결혼은 인간이 죄로 타락한 이후부터 가지게 된 정욕에 대한 해결책으로써, 인간의 자연적인 열정을 공동체와 교회로 향하게 해주는 방법이 되었다.

둘째, 결혼은 당사자 간에 상호 합의함으로써 체결되는 계약적 연합(contractual unit)이었다. 부부는 이 계약을 통해 평생 서로에게 사랑과 봉사와 헌신을 제공할 것을 약속했고, 서로에게 가지는 부부와 부모로서의 의무를 지키지 않거나 태만하는 것이 금지되었다.

셋째, 세례를 받은 기독교인들이 적법한 계약을 통해 하는 결혼은 성례(sacrament)가 되었다. 이생에서의 결혼을 통한 육체와 영혼과 마음의 한정적인 연합은 그리스도와 교회의 영원한 연합을 상징했다. 이 거룩한 성례에 참여하는 부부와 공동체에 거룩한 은혜가 주

---

3) 이 책, 57-74쪽 참고.

어졌다. 결혼할 자격이 있고 정해진 규칙에 따라 결혼하는 부부는 이 성례를 사적으로 행할 수 있었다. 부부가 한번 이 성례를 행하게 되면 그리스도와 교회의 연합처럼 영원한 연합이 되었다. 혼인제도는 이 성례적 신학(sacramental theology)으로 인해 교회의 사회적 계층 구조(social hierarchy) 안에 놓이게 되었다.

그렇다고 해서 교회가 결혼과 가정을 가장 고귀한 자산으로 여기지는 않았다. 결혼은 성례인 동시에 기독교인의 삶을 영위하는 건전한 방법이었으나, 특별한 영적 교화 수단으로 여겨지지는 않았다. 결혼은 정욕의 죄에 대한 해결책이었지, 의(righteousness)를 위한 방법이 아니었다. 결혼은 독신만큼 거룩하지 않았고, 생육은 관상만큼 고결하지 않았으며, 부부 간의 사랑은 영적 사랑만큼 완전하지 않았다.

롱바르는 1142년 결혼에 대해, "상급이 아닌 해결책으로서, 이것을 거부하는 자는 죽음의 심판을 받아 마땅하다. 그러나 허락에 의해 허용된 행위는 필수적인 것이 아니라 자발적인 것"이라고 했다.[4] 성직자, 수도승, 그리고 그 외 교회의 안수를 받은 종들은 자신들의 종교 활동에 대한 조건으로 성관계, 결혼, 가정생활을 금해야 했다. 이것을 견딜 수 없는 자들은 교회의 거룩한 질서와 직책에 어울리지 않았다.

1123년의 제1차 라테란 공의회(First Lateran Council)에서 모든 성직자와 수도승의 성교와 결혼이 금지되고 이것을 지지하는 많은 복잡한 주장이 제기되었다. 가장 일반적인 주장은 고린도전서 7장 7절

---

4) Pierre Lombard, *Libri IV sententiarum*[1150], 2nd rev. edn.(Florence: Collegii S. Bonaventurae, 1916), bk. 4, Dist. 26,3.

에서 바울이 "나는 모든 사람이 나와 같기를 원하노라"고 한 말에 근거했다. 이 구절은 이미 교부들에 의해 자주 언급되었다.[5] 또 새롭게 발견된 그리스와 로마의 고전 문헌들에서 수도의 삶으로서 독신을 칭송하는 것과, 마리아의 순결을 경건한 기독교인의 삶의 모델로 여기는 경향 역시 위의 주장을 뒷받침했다.

나아가 결혼한 일반인보다 독신의 성직자가 더욱 우월하다는 것을 강조하는 새로운 철학적 주장이 제기되면서 성직자의 독신의 필요성이 더욱 강조되었다. 중세철학에서는 하나님의 피조물을 (하나님으로부터 나오는 존재들을 위에서부터 아래로 다양한 층과 수준으로 분류하여 가장 작은 상세한 것들까지 나열한 방대한 사슬인) 계급구조 안에서 분류하는 것이 일반적이었다. 각 피조물은 이 존재의 사슬 내에서 자신의 위치와 목적을 가졌다. 각 제도는 그것의 자연적 질서와 계급을 찾았다. 따라서 이 존재의 사슬에서 어떤 사람이나 제도가 다른 사람이나 제도보다 더욱 상위에 있다거나, 어떤 이나 어떤 것들이 다른 이나 다른 것들보다 하나님과 더욱 친밀하고 접근이 더욱 용이하다는 것은 그저 사물의 본성일 뿐이었다.

중세 신학자들은 일반인들이 하위의 자연 영역에서 육체적 행위를 하도록 내버려진 반면, 성직자들이 성품성사(sacrament of ordination)나 거룩한 질서를 통해 상위의 은혜 영역에서 영적 행위를 할 소명을 가진다고 주장했다. 따라서 성직자는 일반인과 다른 의복·언어·삶

---

5) 이 책, 73쪽 참고.

을 가져야 했다.

성직자는 시민사회의 세금을 납부하거나 군대에서 복무하는 등의 세속적 의무에서 면제되었다. 또한 시민법정의 관할권이나 세속 지배자들의 기소권에서도 면제되었다. 그리고 그들에게는 성교, 결혼, 가정생활이라는 자연적 행위가 금지되었다. 이러한 자연적 행위들은 존재론적 계급에서 실제로 성직자보다 하위에 있었다. 따라서 성직자가 결혼이나 성교 따위와 같은 "있을 수 없는 행위"[6]를 하는 것은 실제적인 의미에서 자연에 반하는(contra naturam) 행위였다.

중세 교회는 이러한 개념적 기초 위에서 포괄적인 성·결혼·가정생활의 캐논법을 체계화했다. 중세 교회는 혼인성사에 중심이 되는 결혼의 형성·존속·해지에 관한 많은 문제에 대해서 (입법) 관할권을 독점했다. 또한 중세 교회는 세례(baptism)·고해(penance)·종부(extreme unction) 성사에 각각 해당하는 육아와 교육, 성적 죄악과 범죄, 상속과 신탁과 관련된 많은 것에 관할권을 주장했다.[7]

교회는 캐논법을 통해 이 관할권들을 행사했다. 캐논법은 교황과

---

6) 제2차 라테란 공의회(1139), canon 7, in Norman P. Tanner, ed., *Decrees of the Ecumenical Councils*(Washington, DC: Georgetown University Press, 1990), vol. I. 자세한 문헌들에 대해서는 John Witte, Jr., *Law and Protestantism: The Legal Teachings of the Lutheran Reformation*(Cambridge: Cambridge University Press, 2002), pp.106-15 참고.

7) Paul Wilpert, ed., *Lex et Sacramentum im Mittelalter*(Berlin: Walter de Gruyter, 1969); Peter Landau, "Sakramentalität und Jurisdiktion," in *Das Recht der Kirche*, ed. Gerhard Rau, Hans-Richard Reuter, and Klaus Schlaich, 4 vols.(Gütersloh: Chr. Kaiser, 1994-97), II, pp.58-95 참고.

주교, 공의회와 시노드 등에 의해 제정된 법률들로 구성되어 있었다. 중세 서구의 모든 대학교에서 캐논법을 가르쳤고, 모든 교구의 사법 관료들과 교회법정의 성직자들이 집행했다. 캐논법은 서구세계 전반에 걸쳐 결혼과 가정생활을 관장하는 보편법이었다. 또한 서구의 모든 교황청의 영토와 군주-주교령(prince-bishopric)을 다스리는 독점법으로서 세속 정치체제에 속한 시민들의 결혼과 가정생활을 관장하는 가장 주된 법이었다.

지역의 정치당국이 제정한 결혼과 가정에 대한 대륙법(시민법)은 캐논법보다 하위법이었으며 단지 부가적인 법에 불과했다. 대륙법은 결혼의 형성·존속·해지와 같은 본질적인 것이 아닌, 혼인상의 재산과 유산 등의 세속적 쟁점들에 집중되었다.

캐논법은 결혼의 자연적 성격에 따라 부모와 자식 간의 자연적인 혈족관계를 보호했다. 또 피임, 낙태, 영아살해, 아동학대 등을 번식과 자녀양육이라는 자연적인 결혼의 기능을 위반하는 것으로 보고 처벌했다. 근친상간과 다혼 등의 비자연적인 관계, 수간(bestiality)과 항문성교(buggery) 등의 비자연적인 행위, 아내를 학대하거나 가족을 버리는 등의 비자연적인 행태, 성직자가 결혼하거나 성관계를 가지는 등의 비자연적인 관행을 금지했다.

또한 결혼의 계약적 성격에 따라, 착오(mistake)·강박(duress)·사기(fraud)·강제(coercion)에 의한 혼인을 금지했다. 남편과 아내는 서로에게 결혼에 따른 자발적 의무인 성관계의 의무(conjugal debt)를 다하도록 요구할 권리가 있었고, 부부와 자식들 모두에게 상호 간 사랑의 중요성이 강조되었다. 나아가 결혼의 성례전적 성격에 따라, 교회가 적법하게 맺어준 결혼의 해산이 불가능하다고 선언하고, 기독교인과 비기독교인, 신자와 배교자 사이의 연합을 금지함으로써 결혼의 거룩함과 성화의 목적을 보호했다.

결혼에 대한 다양한 견해는 결혼의 계약·장해·취소에 대한 중세 캐논법에서 구체적으로 체계화되었다. 캐논법학자들은 약혼계약과 혼인계약이라는 두 가지 계약을 구분했다. 약혼은 "나 잭(Jack)은 당신 질(Jill)을 아내로 맞이할 것을 약속합니다"라는 등의 미래 결혼에 대한 약속이었다. 혼인은 "나 잭은 당신 질을 나의 합법적인 아내로 맞이합니다"라는 등의 지금 현재 여기서 결혼함을 약속하는 것이었다.

중세 캐논법상 유효하고 집행 가능한 약혼계약 및 혼인계약의 성립은 많은 형식을 필요로 하지 않았다. 계약 당사자들은 위와 같은 용어를 사용하거나 이에 상응하는 상징적 표시를 통해 계약할 수 있었다. 당사자들이 부가적인 것들을 계약에 추가할 수도 있었고, 조건을 추가할 수도 있었다. 예를 들면, 우리는 "나의 부모가 동의하는 한" 또는 "우리가 나의 고향에서 거주하는 한" 결혼할 것이라는 등이었다. 혼수나 지참금, 결혼 선물, 재산 등과 같은 경제적 약인(consideration)을 추가할 수도 있었다.

1215년 제4차 라테란 공의회를 포함하여 중세 교회회의들에서는 계약 당사자들이 부모의 동의를 구할 것, 증인을 세울 것, 결혼예고(banns)를 할 것, "교회 앞[또는 감독하]에서"(in facie ecclesiae) 또는 최소한 "교회의 허락하에"(ex permissione ecclesiae) 결혼서약을 할 것을 반복해서 강력히 권고했다.[8]

하지만 이러한 권고사항들이 합법적인 결혼을 성립하는 필수요소는 아니었다. 중세 캐논법에서는 동의할 수 있는 나이와 결혼할 자격을 갖춘 남자와 여자의 사적이고 자발적인 약속의 교환이 있는 경우에 유효하고 집행 가능한 혼인이 성립되었으며, 당사자들이 서약을 마치고 여자가 임신한 경우에는 혼인의 성립이 더더욱 유효해졌다. 교회의 축복 없이 비밀리에 성립된 결혼은 지속적인 비난의 대상이 되었고, 캐논법이나 대륙법으로 금지할 때도 있었다.[9] 그럼에도 일반적으로 이러한 결혼도 당사자들 간의 묵시적인 결혼 약속에 구속되어 유효하게 성립된 것으로 인정되었다.

그러나 캐논법학자들에게 축첩은 더욱 난해한 문제였다. 축첩은 불법이며 부도덕한 것이었으나, 사회 전반적으로 너무나 일반화되어 있었다. 15세기 이전의 대부분의 캐논법학자는 남성과 그의 첩이 장기간 동거하며 '결혼의 사랑'(marital affection)을 보이는 경우, 이를 비밀결혼으로 간주하고, 이후에 공식적인 결혼예식을 거행함으로써

---

8) 제4차 라테란 공의회(1215), canon 51, in H.J. Schroeder, *Disciplinary Decrees of the General Councils: Text, Translation, and Commentary*(London: Herder, 1937). 중세 캐논법학자들은 "교회의 허락하에"라는 조건을 충족하기 위해서는 혼인이 교회 안에서 그리고 정해진 종교예식에 따라 행해져야 하는지, 아니면 성직자가 주관하는 사적 예식도 이를 충족할 수 있는지에 대해 의견을 달리했다.

9) George Hayward Joyce, *Christian Marriage: An Historical and Doctrinal Study*, 2nd rev. edn.(London: Sheed and Ward, 1948), pp.103-46 참고.

인정될 수 있다고 보았다. 여기서도 당사자들은 혼인 계약에 구속되었으며, 이에 따른 혼인상의 권리와 의무가 부과되었다.[10]

그렇다고 해서 모든 이가 자유롭고 적법하게 혼인계약을 맺을 수 있지는 않았다. 또 모든 혼인 약속이 유효하고 집행 가능한 것도 아니었다. 이미 계약이 성립되고 자녀를 가지게 된 후에도 마찬가지였다. 당사자가 본래 약혼이나 혼인 계약을 할 자격이 없거나, 최소한 현재 약속한 당사자와 계약을 성립할 자격이 없게 만드는 특정한 관계 또는 경험들이 있었다. 당사자들이 서로 약속을 교환한 후에도, 특정한 행위나 조건들이 발견되는 경우에는 그 약속을 파기할 수 있거나 파기해야만 하는 경우가 있었다. 이러한 부자격·부능력의 요소들을 혼인장해(impediments)라고 했다.

계약 당사자 중 남자나 여자, 그리고 어떠한 경우에는 제3자가 이 혼인장해를 근거로 약혼이나 혼인 계약의 무효명령을 구할 수 있었

10) James A. Brundage, *Law, Sex, and Christian Society in Medieval Europe* (Chicago: University of Chicago Press, 1987), pp.206-207, 225-26, 297-300, 341-43, 369-70, 441-47의 자세한 논의 참고. 그러나 이후 축첩의 금지에 대해서는 이 책, 158쪽 참고. 축첩의 한 변종으로서 실제 결혼에 더욱 가까웠던 것은 '귀천관계'(morganatic relationship)라 불리는 (이후에는 '왼쪽 결혼'left-hand marriage이라 불림) 귀족 남자와 평민 여자의 연합이었다. 이 연합은 독점적이고 영원한 연합으로 간주되었고 이따금 교회의 축복을 받기도 했다. 이 연합 내의 여자는 관계가 지속되는 동안 지원을 받을 수 있었고 일부를 제외한 유산을 상속할 권리를 가졌다. 이 연합 내에서 태어난 자식은 친자로 간주되었으며 친부 생전에 지원을 받을 수 있었으나 유산을 상속하지는 못했다. Gabriele Paleotti, *De notis spuriisque*(Frankfurt am Main: Nicolai Bassaei, 1574), cap. xvii.8, reprinted in *Tractatus universi iuris, duce, & auspice Gregorio XIII*(Venice, 1584), vol. VIII/2, pp.45b-74b.

다. 무효명령(annulment)은 교회법정에서 또는 자격을 갖춘 성직자가 계약이 무효임을 선언하고 당사자 간의 관계를 해산시키는 명령이었다. 무효선언은 약혼이나 결혼관계가 법적으로 성립된 적이 없으므로, 실제상황과 상관없이 이 연합이 법적으로 구속된 적이 없다고 선언하는 것이었다.

캐논법에서 인정한 혼인계약에 대한 장해에는 몇 가지가 있었다. 먼저 크게는 금지적 장해(prohibitive impediments)와 절대적 장해(diriment impediments 또는 absolute impediments)의 두 가지로 분류되었다. 금지적 장해는 덜 심각한 장해들을 칭하는 것으로서, 금지적 장해가 존재하는 경우, 혼인계약을 무효화할 수 있었다. 그러나 결혼이 자동으로 무효가 되는 것이 아니고, 선의의 당사자가 무효를 요구하는 경우에만 혼인계약이 취소되었다.

일반적으로 여섯 가지의 금지적 장해가 인정되었다. (1) 강간: 남자가 약혼자를 강간하거나 약혼자의 친척을 폭력적으로 납치하는 경우. (2) 아내 살인: 남편이 자신의 전 아내를 죽였거나 죽인 것으로 의심되는 경우. (3) 성직자 살인: 계약 당사자가 안수직의 성직자나 수도사를 죽였거나 죽인 것으로 의심되는 경우. (4) 엄숙한 속죄(solemn penance): 계약 당사자가 대죄를 범해 공개속죄(public penance)를 하도록 되어 있는 경우. (5) 전직 수도사: 수도의 서약을 포기한 전직 수녀 또는 수도사가 결혼 당사자인 경우. (6) 나이: 당사자 간에 나이 차이가 너무 많이 나거나 당사자 중 하나 또는 둘 다 연합에 동의할 당시에 나이가 너무 어린 경우.

이미 결혼한 후에 이러한 조건들이 발견되는 경우, 선의의 당사자는 교회법정에 무효명령을 구할 수 있었다. 부부가 결혼한 지 얼마 되지 않았고, 이 명령을 구하는 자가 그전에는 근거가 되는 장해에 대해 알지 못했던 경우에는 무효소송에서 상대적으로 쉽게 이길 수 있었다. 그러나 명령을 구하는 자가 근거 장해에 대해 알면서도 결혼 했거나, 결혼을 하고 근거 장해를 알게 된 후 바로 무효소송을 제기하지 않고 장기간 결혼생활을 지속한 경우에는 무효소송에서 이기는 것이 불가능하지는 않았으나 상당히 어려웠다. 또한 현재 여자가 임신 중이거나 아이를 낳은 경우에는 그 아이가 혼외자가 될 것이므로, 무효소송에서 이기는 것이 더욱 어려웠다.

절대적 장해는 더욱 중대한 장해들을 칭했다. 이것들이 존재하는 경우에는 아예 결혼계약이 금지되었고, 후에 발견되는 경우에는 당사자의 의사와 상관없이 결혼이 무효화되었다. 일반적으로 절대적 장해에는 두 가지 유형이 있었다.

첫 번째 유형은 계약 당사자가 계약에 자발적으로 동의할 자유를 보존하기 위한 것이었다. (부모, 약혼자, 제3자에 의한) 극심한 강박·공포·강제·사기 등에 의해 결혼에 동의한 증거가 있는 경우에는 혼인계약이 무효되었다. 또한 (야곱이 레아를 라헬로 알고 결혼한 경우와 같이) 상대방의 정체에 대해 착오가 있는 경우에도 무효의 근거가 되었다.

두 번째 유형은 더 많은 장해를 포함했고, 어느 당사자가 혼인에 대해 자유로운 동의를 할 수 있는지의 자격에 대한 것이었다. 성직자와 수도사들은 누구와도 결혼하거나 성교할 수 없었다. 기독교인들은 불신자·유대인·이방인과 성교를 하거나 혼인계약을 할 수 없었다. 혈통(혈족), 입양, 결혼(인척)으로 인한 친인척들은 4촌까지 서로 결혼할 수 없었다.[11]

혈족과 인척의 장해라고 불렸던 이 장해는 모세의 법에서 규정한 법규들과 그외 토라에 포함되지는 않았지만 자연법에 의해 규정된 많은 법규를 포함했다.[12] 인척의 장해는 약혼이나 심지어는 성적 접촉에 의해 생긴 가까운 친척관계에도 적용되었다. 이것은 훗날 공공정직(public honesty) 또는 공공예절(public propriety)의 장해라고 불리게 되었다. (특히 이 장해는 형제가 죽은 형제의 과부 또는 약혼녀와 결혼하는 것을 금지했고, 이것은 바로 헨리 8세가 아라곤의 캐서린과 결혼을 두고 교황청과 벌였던 논쟁의 핵심인 레비레이트혼을 금지하는 것이었다.)[13]

대부모는 대자녀와 결혼할 수 없었다. 간음을 저지른 자는 나중에 함께 간음을 저지른 자신의 애인과 결혼할 수 없었다. 고자나 거세를 당한 자는 성관계를 할 육체적 능력이 없었으므로 결혼할 수 없었고, 미친 자·귀신 들린 자·마법에 걸린 자·심각한 저능이나 정신적으로 무능하게 된 자는 혼인에 동의할 수 있는 정신적 능력이 없으므로 결혼할 수 없었다. 그리고 이미 한 사람과 약혼이나 결혼을 한 자는 선

---

11) 이것은 1215년의 제4차 라테란 공의회의 캐논법 50에 따른 것이었다. 그전의 캐논법은 6촌 내지 7촌까지 혼인을 금지했고, 이것은 작은 마을이나 고립된 공동체 내에서의 혼인에 상당한 장애가 되었다.

12) Paleotti, *De notis spuriisque*, caps. xvi-xix, xl-xliv.

13) John Witte, Jr., *From Sacrament to Contract*, pp.134-40 참고.

약혼(precontract)의 장해 또는 다혼(polygamy)의 장해로 인해 다른 이와 약혼이나 결혼을 할 수 없었다.

이러한 절대적 장해 중 하나라도 발견되는 경우에는 교회법정에 무효소송을 제기할 수 있었다. 무효명령이 내려지는 경우에는 결혼이 깨질 뿐만 아니라 당사자들에게 신성모독, 근친상간, 다혼 등의 중대한 범죄가 부과되기도 했다. 교회법정의 판사나 고위성직자에게는 각 사건에 따라 이러한 절대적 장해들을 무시하고 결혼관계가 지속될 수 있도록 허용할 수 있는 권한이 있었다. 그러나 결혼 당사자들은 교회의 허락 없이 상대방의 절대적 장해를 용서하거나 결혼관계를 유지할 권리가 없었다. 이렇게 부적절한 결혼관계에서 태어난 모든 아동은 혼외자로 간주되었다.

얽히고설킨 캐논법은 수많은 혼인장해를 통해 (특히 근친의 연합 및 기타 부적절한 연합들을 규정하는 친척·인척·공공정직에 대한 장해를 통해) 이따금 경건한 선의의 부부와 그들의 자녀들을 궁지에 모는 경우도 있었다. 부부가 서로 사랑을 하고 교회의 축복을 받는 혼인예식을 통해 결혼하여 기독교 가정을 이루어 행복하게 자녀들과 살고 있었지만, 갑자기 법률가나 판사들만이 이해할 수 있는 난해하거나 희석된 장해들로 인해 남편과 아내가 강제로 헤어지고, 죄악과 범죄의 혐의를 받게 되며, 그들의 자녀가 혼외자로 선언되는 경우가 있었다.[14]

---

14) 근친상간법의 희석된 예로 Charles Donahue, *Law, Marriage, and Society in the Later Middle Ages: Arguments about Marriage in Five Courts*(Cambridge: Cambridge University Press, 2008), pp.562–98 참고.

찰스 도나휴(Charles Donahue)는 최근 몇몇 중세 교회법정 기록을 면밀히 검토하여, 결혼이 이렇게 강제적으로 해산되는 경우가 그간 중세 캐논법 비판가들이 주장해온 것보다 훨씬 적었다는 사실을 밝힌 바 있다.[15] 하지만 강제 무효명령이 있었다는 것은 분명한 사실이다. 중세 캐논법 법률가들은 이 가혹한 결과를 극복하기 위해 '추정혼'(putative marriage)이라는 개념을 고안했다. 이것은 적어도 당사자 가운데 한 사람이 장해의 존재 여부를 모르는 상태에서 선의로 혼인 계약을 하고 교회에서 결혼예식을 행하였으나 유효하지 않은 결혼을 칭했다. 이 추정혼 관계에서 태어난 아동들은 그 부모의 결혼이 결국 무효화되고 서로 영원히 헤어져야 하는 경우에도 친자로 인정되었다.[16]

친자, 혼외자, 친자인지[17]
위와 같은 중세 시대 혼인에 대한 복잡한 이해로 인해 혼외자에 대

---

15) *Ibid.*, pp.563-64, 596-97에서 이에 대한 분석과 유사한 주장을 한 저자들의 인용문헌을 참고.
16) 이 법이 12세기 중 정확히 언제 시작되었는지에 대해서는 이견이 있으나 12세기 말에 이르러서는 이 법이 완전히 시행되었다. McDevitt, *Legitimacy and Legitimation*, pp.23-29의 요약과 Paleotti, *De notis spuriisque*, cap. x.1-8의 이에 대한 고대 문헌들을 참고.
17) 주된 문헌으로 제1차 라테란 공의회(1123), canons 7, 9, 21; 제2차 라테란 공의회(1139), canons 6-8, 17, 23; 제3차 라테란 공의회(1179), canon 11, all in Tanner, ed., *Decrees*, vol. I; 제4차 라테란 공의회(1215), canons 14-16, 31, 50-52, in Schroeder, *Disciplinary Decrees*. Gratian, *Decretum*, Dist. 56; C. 27-32, 35-36, reprinted in Friedberg, *Corpus Iuris Canonici*, Part I; *Decretales*, X.4.1-

한 캐논법은 더욱 복잡했다. 혼인과 혼인무효에 대한 당시의 캐논법
은 1234년 그레고리오 9세 교황의 교령에서 요약되었다.[18] 이후, 그
레고리오 9세는 「어느 아동이 친자인가」라는 제목의 별도 교령을 내

21, reprinted in Friedberg, *Corpus Iuris Canonici*, Part II, with commentaries
in Bernardus Papiensis, *Summa Decretalium*, repr. edn., ed. Theodore
Laspeyres(Graz: Akademische Druck und Verlagsanstalt, 1956), pp.182-
84; Henrici de Segusio[Hostiensis], *Summa aurea*, repr. edn.(Aalen: Scientia
Verlag, 1962, esp. 215a-216b; Rufinus von Bologna(Master Rufinus), *Summa
Decretorum*, ed. Henrich Singer, repr. edn.(Aalen: Scientia Verlag, 1963),
pp.148-50, 429-536; Sinibaldus Fliscus[Innocentius IV], *Commentaria
Apparatus in V Libros Decretalium*[Frankfurt am Main, 1570], repr. edn.
(Frankfurt am Main: Minerva, 1968), 478b-481b; Johannes Andreae,
Novella in Sextum[Venice, 1499], repr. edn.(Graz: Scientia Verlag, 1963),
esp. pp.166-68, 240-42. 16세기 팔레오티(Paleotti)는 *De notis spuriisque*
에서 이 교회법을 로마법과 통합했다. 특히 R. Génestal, *Histoire de la
légitimation des enfants naturels en droit canonique*(Paris: Ernst Leroux, 1905)
참고; H. Herrmann, *Die Stellung der unehelichen Kinder nach kanonischen
Recht*(Amsterdam: Grüner, 1971); Anke Leineweber, *Die rechtliche Beziehung
des nichtehelichen Kindes zu seinem Erzeuger in der Geschichte des Privatrechts*
(Königstein: Peter Hanstein Verlag, 1978), pp.55-69; Laurent Mayali,
"Note on the Legitimization by Subsequent Marriage from Alexander
III to Innocentius III," in *The Two Laws: Studies in Medieval Legal History
Dedicated to Stephan Kuttner*, ed. Laurent Mayali and Stephanie A.J. Tibbets
(Washington, DC: Catholic University of America Press, 1990), pp.55-75;
Gilbert J. McDevitt, *Legitimacy and Legitimation: An Historical Synopsis and
Commentary*(Washington, DC: Catholic University of America Press, 1941),
pp.11-60; Ludwig Schmugge, *Kirche, Kinder, Karrieren: Päpstliche Dispense
von der unehelichen Geburt in Spätmittelalter*(Zurich: Artemis & Winkler, 1995);
Ludwig Schmugge, ed., *Illegitimät in spätmittelalter*(Munich: R. Oldenbourg,
1994) 참고.
18) *Decretales*, X.4.1-16.

렸다. 이 교령에서 친자와 혼외자에 대한 각 캐논법률은 다음과 같았다.

1. 두 명의 미혼 사이에서 태어난 자연적 혼외자는 부모가 그후에 결혼함으로써 친자로 인지되며, 이 인지는 유산 문제에도 적용된다.

2. 교회에서 혼인계약이 성립되었으나 그후에 결혼이 해지된 경우, 해지 결정 전에 태어나거나 포태된 자(children)는 친자다.

3. 남자나 여자가 아동이 자신의 친생자임을 부인(deny)하는 경우, 법적 절차와 증인을 통해 그 반대가 증명되지 않는 한, 그 부인을 인정한다.

4. 혼인 외의 출생자는 남편이 살아 있는 동안 그 아내가 간음으로 또는 남편 사후 다른 남자를 통해 포태한 자다.

5. 시민법정 판사가 유산에 대해 제기된 출생소송을 각하하는 경우, 그 출생소송 사건은 교회법정 판사에게 이관한다.

6. 자연적 혼외자는 부모의 결혼을 통해 친자로 인지된다. 비자연적 아동은 부모가 결혼하더라도 친자로 인지되지 않는다. 따라서 유명한 로마법(capitulum)을 문자 그대로 적용하며, 종교법정과 시민법정 모두에 일상적으로 적용한다.

7. 교회는 일반인 간의 시민 사건을 재판하지 않는다. 그러나 어떤 자가 합법적인 결혼관계에서 태어난 자인지에 대해서는 재판한다.

8. 여자가 판결에 따라 첫 남편과 헤어지고, 첫 남편이 살아 있는 동안 두 번째 남편과 계약하는 경우, 그와의 사이에서 태어난 자는

친자다.

9. 교회의 승인을 받은 비밀결혼에서 태어난 자는 친자다.

10. 공공예절의 장해에 반하여 계약된 결혼에서 태어난 자는 혼외자이며 부모의 유산을 상속할 수 없다. 이 상황이 종종 무지(ignorance)로 인해 발생한다는 점을 참작해야 한다.

11. 결혼이 교회에서 거행된 경우, 그 결혼에 장해가 있었다는 사실만으로 자식이 혼외자임을 증명할 수 없다.

12. 증인이 어떤 자가 자신의 친자라고 증언하는 경우, 그 부모에 대한 반대 소문이 있더라도 그 증언은 유효하다.

13. 교황은 교회 영토(lands) 내의 혼외자를 친자로 인지할 수 있다. 그러나 교회 영토 외에서는, 교황이 혼외자를 친자로 인지할 수 없으며, 강력한 사유가 있거나 영적인 면에서만 친자로 인지할 수 있다. 그러나 친자로 인지하는 경우, 간접적으로 그리고 결과적으로 시민적인 면에서도 친자로 인지되는 것으로 해석한다. 이러한 경우 교황은 심사숙고하여 결정한다.

14. 기혼 남자가 첫 아내가 살아 있다는 사실을 알지 못한 채 교회에서 두 번째 아내와 혼인계약을 하는 경우, 그 자식은 친자다.

15. 불신자의 자식이 나중에 개종을 하는 경우 그 자식은 친자이며, 이것은 부모가 캐논법에서 금지하는 관계이더라도 그러하다.[19]

---

19) *Ibid.*, X.4.17(논의와 사례는 생략).

이 교령은 당시 보편적인 캐논법적 개념들을 요약한 것으로서, 논쟁이 되었던 많은 기술적인 법적 문제에 대한 해법이다. 이후 중세 및 초기 근대 시대의 친자·혼외자·친자인지에 대한 캐논법적 논의들의 시발점이 되었다.

친자의 계급

위 캐논법 목록에서 보여지는 바와 같이, 중세 캐논법학자들은 가장 순수한 혈통에서부터 가장 의심이 가는 혈통까지 상이한 계급의 친자를 분류했다. 가장 순수한 혈통의 친자는 부모가 교회에서 적법한 예식을 통해 유효한 혼인계약을 맺은 후 태어난 자였다. 교회에서 결혼한 부부가 입양한 자 역시 같은 부류에 속했다.[20] 남편이 사망하거나 실종된 후 1년 이내에 그 아내에게서 태어난 자 역시 (강력한 간음의 증거가 없는 한) 같은 부류에 속했다.

두 번째 부류의 친자는 비밀결혼의 계약이 성립한 후에 포태된 자였다. 이 결혼은 부부가 (교회·국가·가족에게 공지하지 않고) 비밀로

---

20) 나는 전에 잭 구디(Jack Goody)의 논의를 따라 중세 캐논법학자들이 입양제도를 인정하지 않았다고 여기는 실수를 했었다. John Witte, Jr., "Ishmael's Bane: The Sin and Crime of Illegitimacy Reconsidered," *Punishment and Society* 5(2003), pp.327-45, at 333-34 참고. 그러나 찰스 리드(Charles Reid)가 구디의 주장을 반박하며 비록 중세 캐논법에서 입양이 일반적이진 않지만 여러 가지 형태로 존재했음을 보인 바 있다. Reid, *Power over the Body*, pp.179-85 contra Jack Goody, *The Development of the Family and Marriage in Europe*(Cambridge: Cambridge University Press, 1983), pp.99ff. 리드 교수가 나의 저술을 비판한 것과 중세의 혼인과 권리에 대한 캐논법을 훌륭하게 연구한 것에 감사를 표하는 바이다.

치른 유효한 결혼 또는 공개적으로 결혼했으나 교회 또는 성직자의 축복을 받지 않은 유효한 결혼을 가리켰다.[21] 캐논법학자들은 비밀 결혼 자체가 "불완전한 성립의 낙인을 가지는" 것이지만, "자식까지 그 낙인을 가질 수는 없다"고 했다.[22]

그러나 아버지가 누구인지 불분명하거나 부모에게 권징절차(disciplinary procedure, 교회의 징계절차)가 부과되어 있는 경우, 그 자식이 친자가 되기 위해서는 부모의 비밀결혼을 "교회가 승인"해야 했다. 이때, 비밀결혼의 당사자들이 유효한 결혼을 하려는 의도가 있었다는 것(즉, 그 결혼이 그저 혼전임신에 대한 결과로 성립된 것이 아니라 진정한 '양심의 결혼'이며 현재 외부에도 유효한 결혼으로 알려져 있다는 것)을 입증할 책임이 있었다. 결혼 당사자들이 유효한 비밀결혼임을 입증할 수 없는 경우에는, 결혼 후에 교회의 혼인예식을 거행하는 것이 더 안전했다. 이 혼인예식은 그 자식이 친자임을 완전히 확인시켜주었다.[23]

---

21) 최근 일부 연구에 따르면 '비밀결혼'은 (근친상간, 다혼, 선계약 등의) 절대적 장해를 무시하고 결혼하는 자들을 가리키기도 했다. 프랑스와 독일에서의 일부 사례연구는 중세 후기 교회법정에서 이러한 뜻의 비밀결혼에 대한 소송이 많이 다루어졌음을 보여준다. Beatrice Gottlieb, "The Meaning of Clandestine Marriage," in Robert Wheaton and Tamara K. Hareven, eds., *Family and Sexuality in French History*(Philadelphia: University of Pennsylvania Press, 1980), p.53; Reinhard Lettmann, *Die Diskussion über die klandestinen Ehen und* die *Einführung einer zur Gültigkeit verpflichtenden Eheschliessung auf dem Konzil von Trent*(Münster: Aschendorff, 1967) 참고.
22) Hostiensis, *Summa aurea*, 216a.
23) *Decretales Gregorii*, X.4.17.9.

세 번째 부류의 친자는 부모의 결혼 전에 포태되었으나 혼인예식 이후에 태어난 자였다. 대부분의 경우에는, 부부 중 남편이 자식의 친부가 아니라는 강력한 증거가 있는 경우(이 경우에는 그 자식은 간음을 통해 태어난 사생아로 간주되었다)를 제외하고 그 자식이 부부의 친자로 간주되었다.[24] 이미 약혼한 당사자 간의 혼전 음행 및 임신은 상대적으로 덜 심각한 것으로 간주되었다(즉, 약혼계약이 이미 있었던 경우에는 당사자 간의 음행에 대한 부도덕성이 완전히 없어지진 않더라도 완화되는 작용을 했다). 또한 임신한 약혼 당사자들이 자신들의 음행에 대해 참회를 거친 후 교회에서 혼인예식을 거행하는 것이 더욱 좋은 방법이었다(비밀결혼을 하는 경우에는 혼전음행에 대한 죄악이 더욱 증가될 뿐이었다).

비록 혼전에 포태된 자식이 부적절한 혼전임신이라는 흠을 가지고 있더라도, 그 부모가 이후에 혼인성사에 참여함으로써 친자가 될 수 있었다. 이것은 캐논법학자들이 로마법에서 자연적 혼외자가 그 부모의 이후 결혼을 통해 친자로 인지된다는 원칙을 따른 자연적인 결과였다. 이미 태어난 자연적 혼외자가 부모의 결혼으로 인해 친자로 인지될 수 있었으므로, 어머니의 배 안에 있는 태아 역시 부모의 결혼으로 인해 친자가 되어야 한다는 것이었다.

네 번째 부류의 친자는 비그리스도인들의 유효하지 않은 결혼에서 태어났으나, 개종하여 유아세례 또는 성인세례를 받은 자였다. 캐논

---

24) *Ibid.*, X.14.17.3, 12.

법학자들은 불신자들의 혼외자 낙인을 세례를 통해 씻을 수 있다고 했다. 이것은 비기독교인 부모들의 간음, 근친상간, 다혼 등의 연합이 명확한 경우에도 마찬가지였다. 그레고리오 9세는 비그리스도인들의 성관계가 그리스도인들의 결혼을 관장하는 "캐논법령들에 의하여 구속"되거나 "캐논법적 권징에 구속"되지 않으며, 따라서 그 자식이 세례를 받게 되면 부모의 관계가 세례받은 자식의 지위와 상관없다고 선언했다. '세례의 물'은 세례받는 자식을 이방인의 관행과 부모의 성적 죄악으로부터 정화시켜주었다.[25]

다섯 번째 부류의 친자는 계약 당시에는 선의의 혼인계약이 맺어졌으나 사실상의 혼인이 나중에 무효로 되는 경우의 자식이었다. 금지적 장해가 있는 경우 부부 중 선의의 배우자가 무효집행을 청구하거나, 절대적 장해가 있는 경우 부부의 의사와 상관없이 강제적으로 무효가 집행된 경우에 해당했다.

캐논법에서는 "무효명령 전에 태어나거나 [무효의] 형이 부과되기 전에 포태된 자가 친자보다 못한 것으로 간주되어서는 안 된다. 이러한 자는 부모의 재산을 상속하고 부모의 자원을 통해 지원받을 수 있는 권리를 가져야 한다"고 법률로 정했다.[26] 캐논법학자들은 남편과 아내 둘 다 또는 둘 중의 하나가 절대적 장해를 모르고 있었고, 부

---

25) *Ibid.*, X.4.17.15; 또한 *ibid.*, X.4.19.8 참고. '세례의 물'이 비그리스도인인 부모의 성적 죄악을 정화시킬 수 없는 이유는 설명되어 있지 않다. 이에 대한 후의 비평에 대해서는 이 책, 195쪽 참고.
26) *Ibid.*, X.4.17.3.

부가 교회에서 결혼함으로써 그 선의를 증명한 경우에만 사실혼을 인정했다. 만약 부부가 둘 다 장해요인을 알고 있었으나 비밀로 했거나, 장해요인의 존재 여부를 알았는지와 상관없이 교회 밖에서 비밀로 결혼한 경우에는 사실혼을 인정하지 않았으며, 그 자식은 혼외자가 되었다.[27]

중세 캐논법은 고대 로마법과 중세 대륙법보다 더 많은 부류와 더 미묘한 차이의 친자를 허락했다. 로마법에서는 교회에서 결혼식을 올린 부부에게서 태어난 자나 비밀결혼을 한 부부에게서 태어난 자를 차별하지 않았고, 현재 미혼인 임산부가 자신의 애인과 결혼하는 경우 그 아이가 친자가 되는 근거가 무엇인지에 대한 이론도 없었다. 게다가 로마법에서는 세례에 의한 친자인지의 개념이나, 근친상간 내지 기타 불법적인 연합이 선의로 발생한 사실혼인 경우 거기서 태어난 자식이 친자가 될 수 있다는 개념도 없었다.

중세 캐논법학자들은 경건한 행위에 대한 일종의 형평상의 구제로 더 많은 부류의 친자를 허락했다. 이 새로운 부류들의 친자가 되기 위해서는 각각 신앙의 성례 행위(세례성사를 통해 자신 또는 자식을 믿음에 헌신하거나, 고해성사를 통해 음행의 죄악을 고백하거나, 안수받은 성직자의 축복이 동반된 혼인성사를 통해 결혼하는 행위)라는 조건이 수반되어야 했다.

중세 후기 한 캐논법학자는 이 각각의 성례 행위가 "부모의 죄악이

---

27) Lombard, *Sent*. IV, Dist. 41.3-4; 또한 *Decretales Gregorii*, X.4.17.2; X.4.17.11 참고.

행위에 의한 것이든 불행위에 의한 것이든 그 죄악을 상쇄하고 죗값을 자식에게 돌리는 것을 방지"한다고 했다. 세례성사는 "죄악 중에 포태되고 태어난" 자의 원죄를 상쇄했다. 고해성사는 실질적인 음행의 죄악과 그 죄악이 태어난 아동 및 다른 이들에게 미치는 악한 영향을 상쇄했다. 혼인성사는 성행위의 본래 죄악을 상쇄하여, 하나님의 새로운 자녀를 자연적으로 창조하는 합법적 행위가 될 수 있도록 했다. 따라서 유효하지 않은 결혼이라 할지라도, 그 당사자가 선의로 교회에서 결혼하고 결혼을 주관한 성직자가 착오로 이미 그 혼인성사를 봉헌한 경우에는 친자가 태어날 수 있었다.[28]

혼외자의 계급

그러나 부모의 신앙과 교회의 성례마저도 혼외자의 낙인을 가지고 태어난 모든 자를 구제할 수는 없었다. 중세 캐논법학자들은 로마법뿐만 아니라 새롭게 발전된 혼인에 대한 신학에 근거하여 많은 부류의 혼외자 목록을 가지고 있었다. 이들은 로마의 자연적 시민법적 절차들을 유지하여 혼외자가 (아버지·부모·공직자에 의하여) 친자로 인지될 수 있도록 했고, 이에 (부분적으로) 영적인 절차를 더하여 더욱 중대한 성적 죄악에서 태어난 혼외자도 친자로 인지할 수 있도록 했다.[29]

---

28) Paleotti, *De notis spuriisque*, caps. xxxi, xlvii, liii. 더욱 일반적으로 Eugen Wohlhaupter, *Aequitas canonica. Eine Studie aus dem kanonischen Recht* (Paderborn: F. Schöning, 1931).

29) Rosellis, *De legitimatione*, passim.

캐논법학자들은 그 부모의 성적 죄악의 중함에 따라 혼외자를 다섯 가지의 주된 계급으로 분류했다. 첫 번째 부류는 죄의 흔적이 가장 적은 자들로서 서로 결혼할 수 있는 부모 사이에서 태어난 '자연적 혼외자'들이었다. 미혼 남자와 미혼 여자의 단순음행이나 약혼자들의 혼전음행을 통해 태어난 자들이 여기에 포함된다는 것에는 모든 캐논법학자가 동의했다.

일부 캐논법학자는 (특히 남자와 첩의 관계가 비밀결혼과 유사한 '결혼의 사랑'에서 태어난 경우) 첩에게서 태어난 자를 이 부류에 포함했다. 첩의 (자식의) 법적 지위는 이후 지속적인 논쟁의 대상이 되었다. 그러나 캐논법학자들은 점점 축첩이라는 제도를 허락하지 않게 되었다. 결국 1514년의 제5차 라테란 공의회에서 축첩을 완전히 불법으로 정하고, 이 "악한 관행"을 실천하거나 눈감아주는 모든 자를 "가혹하게 처벌"하고 이 관계에서 태어난 모든 자를 혼외자로 선언하기로 결정했다.[30]

고대 로마법과 마찬가지로, 중세 캐논법에서는 아버지의 유언이나 선언, 출생 이후 부모의 결혼, 새로운 가정으로 입양, 시민법정으로의 헌납이나 결혼, 황제 및 권한을 가진 시민 권력자의 포고를 통해 '자연적' 혼외자를 친자로 인지할 수 있었다. 캐논법학자들은 이러한 전

---

30) 제5차 라테란 공의회(1514), session 9(1514.5.5), in H.J. Schroeder, *Disciplinary Decrees of the General Councils: Text, Translation, and Commentary* (London: Herder, 1937). Brundage, *Law, Sex, and Christian Society*, pp.514-17 참고.

통적인 방법들을 세속법정에서 다루어져야 하는 것들로 여기며 많은 변화를 주지 않았다.[31]

그러나 그들은 혼외자의 출생 이후 그 부모가 교회에서 결혼함으로써 혼외자를 친자로 인지하는 방법이 비자연적 혼외자가 아닌 자연적 혼외자에게만 적용된다는 전통적인 규칙을 강조했다.[32] 그들은 자연적 아동이 이중 어떠한 방법으로든 친자인지를 받게 되면 시민법(대륙법)과 캐논법하에서 완전한 권리(plenissimo iura)를 가지게 된다고 했다.

첫 번째 부류보다 더욱 심각한 두 번째 부류의 혼외자들은 부모의 연합관계가 자연법을 위반하지는 않지만 교회의 실정법을 위반하는 경우였다. 나이, 엄숙한 속죄, 전과, 강간과 납치와 유혹과 그외 다양한 형태의 강제에 의한 성관계나 결혼 등의 기술적 장해를 위반하여 맺어진 연합관계에서 태어난 자가 이에 해당했다.

또 더욱 엄격하게 정의된 영적·가정적·혈통적 친척 관계 내에서 태어난 자와 귀신 들린 자, 마법에 걸린 자, 심각한 저능아 등 혼인에 동의할 수 있는 능력이 없는 자에게서 태어난 자도 이에 해당했다. 이렇게 태어난 자들은 부모 중 선의의 당사자가 (금지적 장해의 경우) 이 장해에 대한 권리를 포기하지 않거나, 교회 법정에서 (사실혼이 있

---

31) Leineweber, *Die rechtliche Beziehung*, pp.64–69.
32) *Decretales Gregorii*, X.4.17.6. 이 캐논법의 제한과 그전의 더욱 관대한 법이 어떻게 바뀌었는지에 대해서는 Mayali, "Note on the Legitimization by Subsequent Marriage" 참고.

다고 결정하여) 장해를 면제해주지 않는 한 혼외자가 되었다.

이 혼외자들은 일반적으로 '단순한 비자연적 사생아'라고 불리는 자들이었다. 이들의 혼외자 신분은 교회 캐논법에 따라 정해졌기 때문에 아버지, 부모, 국가 공직자 등 일반인이 집행하는 전통적인 로마법의 방법으로 친자인지를 할 수 없었다. 반면, 교회가 친자로 인지할 수 있었다. 캐논법학자들은 이렇게 태어난 아동들이 교회의 실정법에 따라 혼외자가 된 것이므로, 교회가 이러한 법들에서 구제해줄 수도 있다고 했다. 이에 따라 중세 교황들은 정치권력자인 황제의 포고를 모방하여, 교황이 포고를 통해 친자인지 할 수 있는 권한이 있다고 주장했다.

13세기에 이르러서는 이 교황의 포고가 캐논법의 중요한 부분이 되었다. 교황의 포고를 통해 직접 아동을 친자로 인지할 수도 있었고, 결점이 있는 결혼을 유효화함(이것은 '근본유효화'sanatio matrimonii in radice라고 불리기도 했다)으로써 간접적으로 여기서 태어난 자를 친자로 인지할 수도 있었다. 어떠한 방법으로든 그 아동은 친자로 인지되었다.

그러나 교황의 포고에 의한 친자인지는 비용이 많이 들었고, 절차가 까다로웠으며, 일반적으로 교황의 심리를 신청할 수 있는 고위 계급에게만 주어진 방법이었다. 이 방법은 (예를 들면 정치적인 이유로 빨리 결혼해야 한다거나 탐이 나는 사생아에게 금지된 공직 또는 성직을 주기 위해서 등의) 특별히 중요한 목적의 친자인지를 위해 사용될 수 있었다.

교황의 포고로써 친자로 인지된 자가 삶의 모든 영역에서 완전한 권리를 가질 수 있는지는 중세 시대 내내 논쟁이 된 문제였다. 교회가 내리는 친자인지 명령은 당연히 캐논법하의 모든 영적 권리(iura ad sacra)를 가질 수 있도록 허락했다. 캐논법으로만 다스리는 교황령과 교회령(ecclesiastical principality)에서는 교황의 포고가 모든 권리를 허락하는 효과를 가졌다.

그러나 세속적 영역에서도 친자인지를 명령하는 교황의 포고가 유효한지는 모호한 문제였다. 교황의 친자인지 명령이 단순한 비자연적 혼외자에게 부모의 지원과 대륙법하에서 아버지의 유산 상속 등을 포함한 완전한 대륙법상의 권리까지도 부여할 수 있는가.[33] 교황과 캐논법학자들은 캐논법이 서구 기독교 세계의 가장 상위법이며 교회가 세속적 검(temporal sword)보다 우월한 영적 검(spiritual sword)을 가지므로, 당연히 모든 권리를 부여한다고 했다.

그레고리오 9세는 1234년에 "사도좌(Apostolic See)는 … 시민적 행위를 적법화할 수 있는 완전한 권한이 있다"고 했다. 그러나 영적 권력과 시민적 권력 간의 조화와 균형을 유지하기 위해 교황이 "강력한 사유가 있지 않은 한" 이 권한을 사용하지 않는 것이 좋으며, 반대로 강력한 사유가 있을 때에는 "주저하지 않고" 이 권한을 사용해야 한다고 했다.[34]

---

33) Reid, *Power over the Body*, pp.200-10; Pataui, *Tractatus de legitima filiorium*, pp.440a-445b 참고.
34) *Decretales Gregorii*, X.4.17.13; Innocentius IV, *Commentaria*, pp.479a-480b.

세 번째 부류의 혼외자는 "실정법을 위반할 뿐만 아니라" 사람의 양심과 마음에 새겨지고(롬 2:14-15), 성경에 다시 새겨진 "명백한 자연법을 위반하는" 연합에서 태어난 자들이었다.[35] 이러한 자들은 '수치스러운 사생아'(infami spurii), '저주받은 성교'(ex damnato coitu)의 '쓴 열매' 등으로 불렸다. 캐논법학자들은 다혼, 간음, 뻔뻔스런 음행(blatant fornication), 난교 또는 간음의 결과를 낳는 매춘 등에서 태어난 자들이 여기에 포함된다고 했다.

중세의 한 법령에서는 "모세법과 캐논법 모두 간음에서 태어난 자를 증오한다"며 "여호와는 사생아와 비자연적 혼외자들이 십 대까지 총회에 들어오지 못하리라고 했고, 캐논법에서는 이러한 자들이 성직을 갖는 것을 금지하며, 세속법에서는 이러한 자들이 부모의 후계를 잇거나 지원을 받는 것을 금지한다"고 했다.[36]

캐논법학자들은 근친상간으로 태어난 자들도 "수치스러운" 아동이라고 했다(그리고 캐논법이 혈족과 인척의 장해를 광범위하게 설정한 후 이 부류는 매우 많은 자를 포함하게 되었다). 1123년 제1차 라테란 공의회는 교회가 근친상간으로 태어난 아동을 "심판"하는 이유가 "신법

Histoire de la légitimation, pp.91-180; Schmugge, *Kirche, Kinder, Karrieren*, passim의 자세한 논의 참고. 중세 영국이 1234년의 머튼 공의회(Council of Merton)에서 이 문제를 놓고 갈등한 것에 대해서는 이 책, 166-167쪽 참고.

35) Thomas Aquinas, *The Summa Theologica*, trans. English Dominican Fathers, repr. edn.(New York: Benzinger Brothers, 1948), Supp. Q. 68, art. 1(hereafter "ST"). 이 부록은 피에르 롱바르의 *Book of Sentences*에 대한 아퀴나스의 초기 주석을 각색한 것이다.

36) *Decretales Gregorii*, X.4.17.13.

(divine law)과 시민법 모두가 그들을 금지하기 때문"이라며, "신법에서는 근친상간을 범하는 자들뿐만 아니라 그들의 자손까지도 저주했고, 세속법에서는 이러한 자들을 치욕스러운 자들이라고 하며 이들에게 유산을 금지한다. 따라서 우리는 이러한 자들이 치욕을 안고 있으며 수치스러운 자들이라고 정한다"고 했다.[37]

더욱 "수치스러운" 자들은 신성모독적인 연합에서 태어난 자들로, 이들은 실정법과 자연법뿐만 아니라 영적인 성사의 법을 위반하는 자들이었다. 이들은 대부모와 대자녀의 연합(세례성사의 모독)이나 기독교인과 비기독교인의 연합(혼인성사의 모독)으로 태어난 자들이다.

중세 교회에서는 혼인이 성례로 인정되었기 때문에 종교 간 연합과 결혼은 특히 중요한 문제였다. 교회는 일반적으로 가톨릭교도와 세례를 받거나 가톨릭 신앙의 견진(confirm)을 받은 동방정교도 (그리고 이후에는 세례를 받은 개신교도) 간의 결혼을 인정하고, 그 자식들을 친자로 인정했다. 그러나 그리스도인이 세례의 요건을 충족하지 못하는 유대인·무슬림·이방인·이단자 등과 결혼하는 것은 혼인성사로 인정하지 않았다. 따라서 이러한 관계에서 태어난 자들은 혼외자로 규정되었다.

캐논법학자들은 부부가 아이를 포태하거나 출산한 시점이 아닌 결혼하는 시점을 기준으로 부부 간 종교의 차이를 판단해야 한다고 했

---

37) 제1차 라테란 공의회(1123), Canon 9.

다. 부부가 모두 결혼 당시에 세례받은 신자들인 경우, 그 이후에 부부 중 하나가 신앙이 없어지거나 파문을 당하더라도 그 아동은 친자였다. 이러한 일은 별거 또는 혼인무효의 사유가 되었으나, 친자를 혼외자로 만들 수는 없었다. 부부가 둘 다 결혼 당시에 불신자였으나, 그후에 "부부 중 하나가 신앙으로 개종하지만 다른 하나는 개종하지 않는 경우 … 그 혼인은 해지되고 자식들은 자동으로 친자"가 되었으며, 부모 중 기독교로 개종한 자가 친권을 가지게 되었다.[38]

가장 수치스럽고 신성을 모독하는 연합의 자식들은 수도직이나 성직을 가진 이들에게서 태어나는 자식들(filii presbyterorum)이었다. 이는 그 자체가 성품성사·독신·정조의 맹세에 위배되었다. 이들의 출생은 "가장 악한 타락"으로 간주되었고,[39] 그라티아누스(Gratianus)부터 중세 캐논법학자들까지 많은 시간을 할애해 논의하는 주제가 되었다.[40]

중세 교회회의에서는 성직자들의 성생활과 결혼, 그리고 그러한 관계에서 태어난 자식들을 엄격하게 규제했다. 1123년 제1차 라테란 공의회에서는 안수받은 성직자나 수도자가 그 누구와도 성교 및 결혼할 수 없고, 독신이거나 친한 친척이 아닌 여자와 동거할 수 없다[41]

---

38) *Decretales Gregorii*, X.4.18.7.
39) 제4차 라테란 공의회(1215), Canon 31.
40) Génestal, *Histoire de la légitimation*, pp.25-44에 있는 기타 중세 캐논법학자들의 논의와 함께 Gratian, *Decretum*, Dist. 56; Rufinus, *Summa Decretorum*, pp.148-150.
41) Canon 9.

고 정했다.

1139년 제2차 라테란 공의회에서는 성직자들이 "명목적·실제적으로 하나님의 성전, 주님의 전, 성령님의 성소가 되어야 함에도 불구하고 결혼과 부정함에 자신을 내주는 것이 온당치 않으므로, 그들의 직위와 성직록을 박탈한다"고 정했다.[42]

1179년 제3차 라테란 공의회에서는 당시 지속되던 성직자들의 첩을 두는 관습까지 근절시키려고 했다. "하나님께서 불로써 다섯 도성을 파괴하시고 불순종의 아들들을 벌하셨던 비자연적인 악의 죄를 짓는 자가 성직자일 경우에는 성직을 박탈하거나 수도원에 갇혀 참회하도록 해야 한다."[43]

1215년의 제4차 라테란 공의회에서는 규제가 더욱 엄격해졌고, 성직자의 성관계에 대한 모든 금지령이 "엄격하고 적극적으로 지켜지도록 하여, 하나님을 두려워하지 않는 자들이 최소한 세속적인 형벌에 의하여 죄를 짓지 않도록" 했다. 이미 성적 죄악을 저지르고도 또다시 죄를 범하는 자나, 성적 죄악을 저질러 징계를 받고 있음에도 성례를 관장하는 자는 "돈이나 그외 세속적 혜택을 위해 이러한 자들의 불의를 감히 도모한 고위성직자"들과 함께 성직을 박탈하고 파문하도록 했다.[44]

---

42) Canon 6.
43) Canon 11.
44) Canon 14. 나아가 John Boswell, *The Kindness of Strangers: The Abandonment of Children in Western Europe from Late Antiquity to the Renaissance*(New York: Pantheon Books, 1988), pp.341–45에 있는 문헌들을 참고.

수치스럽고 신성모독적인 관계를 통해 태어난 자들은 중세 캐논법에서 가장 불행한 자들이었다. 이들의 부모는 원칙적으로 결혼할 수 없는 신분이므로, 교황의 포고(papal rescript)나 근본유효화(radical sanation) 등의 구제방법이 주어지지 않았다. 다혼이나 간음의 죄를 지은 부모는 이미 해지할 수 없는 혼인계약이 있으므로 다시 결혼할 수 없었다. 무거운 근친상간의 죄를 범한 부모는 그러한 연합이 영원한 하나님의 법에 위배되는 것이므로 결혼할 수 없었다. 신성모독의 죄를 범한 부모는 성례를 통해 서약한 정조 및 독신의 영원한 맹세를 위반한 자들이므로 결혼할 수 없었다. 따라서 이러한 죄를 통해 출생한 자들은 일반적으로 구제받을 수 없는 자들로 간주되었다. 인노첸시오 4세 교황은 "아버지의 죄를 자식에게 갚겠다"는 성경의 "엄중한 경고"가 바로 이와 같은 비자연적 사생아들에 대한 것이라고 했다.[45]

수치스럽거나 신성모독의 관계에서 태어난 자들은 재산, 유산, 계약, 법정 증언, 관직 등에 대한 권리와 그외 대륙법에서 허락하는 많은 권리에 대한 제한을 받았다. 이들은 교회법정에도 그러한 세속적 제한에 대한 구제를 구할 수 없었다. 또한 이들에게는 캐논법상의 제한(특히 아주 제한적인 경우의 교황에 의한 면제를 제외하고는 성직이나 성품에 대한 금지)들이 부과되었다.

캐논법학자들은 이 법이 신명기 23장 2절("사생자는 여호와의 총회

---

45) Innocentius IV, *Commentaria*, 481. Génestal, *Histoire de la légitimation*, p.50의 내용과 논의를 참고.

에 들어오지 못하리니")의 법과 구약 및 신약에 나열된 제사장 및 성직자의 정결에 대한 법의 당연한 적용이라고 했다. 1139년의 제2차 라테란 공의회에서는 성직자들이 정결한 "하나님의 성전, 주님의 전, 성령님의 성소"가 되어야 한다고 했다.[46]

토마스 아퀴나스(Thomas Aquinas)는 혼외자들이 성직의 존엄과 신성함을 지탱하기에는 너무 부정한 자들이라며 이렇게 설명했다. "안수받은 자들은 다른 자들보다 높은 존엄의 직위를 가지게 된 자들이다. 따라서 … 그들은 평판이 좋으며 도덕적인 삶을 살며 공개속 죄를 한 적이 없는 자여야 한다. 그리고 혹자의 좋은 명성이 죄스러운 근본으로 인해 더러워질 수 있으므로, 불법적인 연합에서 태어난 자들은 면제받지 않는 한 성직을 가질 수 없다. 뿐만 아니라 그들은 근본이 더욱 수치스러운 자들이므로 면제받는 것이 더욱 어렵다."[47]

몇몇 캐논법학자는 이러한 정결의 논리의 범위를 더욱 확장해 수치스럽고 신성모독적인 관계에서 태어난 사생아들에게 성품성사뿐만 아니라 혼인성사까지도 금지했다. 14세기 캐논법학자 요하네스 안드레아(Johannes Andreae)는 지혜서를 인용하며, "성경은 왜 간음자들과 기타 중대한 죄악을 저지른 자들의 자식들이 성장하지 않고 멸망해야만 하는지에 대해 타당한 이유를 제시한다"고 했다. 중대한 성적 죄악을 통해 태어난 자들은 "장성하여 그들의 부모를 모방할 것"이며, 이에 따라 "다음 세대의 교회에 더욱 큰 죄악과 위험"을 가

---

46) Canon 6.
47) ST, Supp. Q. 39, art. 5.

져올 것이었다.[48]

또 다른 이는 다음과 같이 저술했다. "사생아들은 일반적으로 그 아버지들의 질병인 나병(leprosy)에 감염된다." "그리고 아버지의 더러움의 본보기와 관행에 자극을 받아 죄스러운 전철을 밟는 경향이 있을 뿐 아니라, 모든 악한 면에서 오히려 아버지를 앞지를 수 있다."[49]

물론 임신 중이거나 또는 출생한 사생아를 죽일 수는 없었다. 그것은 살인에 해당했다. 그러나 그들은 성경을 따라 이스마엘과 같이 집에서 "내쫓고" 그들의 "사생아의 씨"가 "소멸"되도록 해야 했다. 사생아의 씨를 혼인성사에 참여시킴으로써 "배양하거나" 축복해서는 안 됐다.[50]

중세의 신학자와 캐논법학자들은 부모의 성적 죄악에 대한 연대책임을 죄가 없는 자녀들에게 돌리는 것과 상충되는 성경구절과 교부의 저술들에 대해 잘 알고 있었다. 그러나 "이 문제에 대한 법의 일반적인 결론은 비정상적인 연합의 자녀들이 법에 의하여 차별을 받아야 한다"는 것이었다(아브라함이 이스마엘을 차별하여 집에서 쫓아낸 것

---

48) 나아가 Shulamith Shahar, *Childhood in the Middle Ages*(London/New York: Routledge, 1990), pp.127-44 참고.

49) Henry Swinburne, *A Briefe Treatise of Testaments and Last Willes*(London: John Windet, 1590) 201a(중세 후기 다양한 캐논법학자를 인용한 것을 참고할 것).

50) Andreae, *Novella*, p.240; Swinburne, *A Briefe Treatise*, 201a-b. 이 책, 35-39쪽의 성경구절 참고.

처럼 말이다).[51]

아퀴나스는 일부 저술가가 신명기 24장 16절, 에스겔 18장 20절과 그외 성경구절에 따라 "자식이 아버지의 죄에 따라 벌을 받아서는 안 되기 때문에, 혼외자가 됨으로써 불이익을 받아서는 안 된다"며 반론을 제기했다고 말한다. "자식이 불법적인 연합에서 태어난 것은 자신이 아닌 아버지의 잘못이다. 따라서 자식이 부모의 잘못으로 인한 불이익을 받아서는 안 된다."

아퀴나스는 이러한 반론에 대해 다음과 같은 말장난으로 대응했다. "이러한 불이익을 부과하는 것은 벌이 아니다. 혹자가 왕의 아들이 아니므로 왕좌를 계승하지 않는 것을 벌이라고 말하지 않는다. 마찬가지로, 혼외자가 친생자에게 부여된 권리를 가질 수 없다는 것은 벌이 될 수 없다."[52]

아퀴나스가 비판한 두 번째 반론은 다음과 같았다. "인간의 정의는 하나님의 정의에서 모방한 것이다. 하나님은 자연적인 재화들을 친자와 혼외자에게 평등하게 주신다. 따라서 인간의 법에서도 혼외자들이 친자들과 평등하여야 한다." 아퀴나스는 이러한 반론이 하나님의 능력과 인간의 의지를 일반화하는 것이라고 했다. "부적절한 성관계는 자연발생적인 힘의 행위로서가 아니라 사악한 의지에서 비롯된 행위로서 법에 반하는 것이다. 따라서 혼외자로 태어난 아들이 불이

---

51) Vern L. Bullough and James A. Brundage, *Sexual Practices and the Medieval Church*(Buffalo, NY: Prometheus Books, 1982), p.134.

52) ST, Supp. Q. 68, art. 2.

익을 당하는 것은 자연적인 기원에 의한 것이 아니라 이미 행해졌거나 소유된 의지에 의한 것이다."[53]

아퀴나스가 전개한 주장의 요점은 혼외자라는 아동의 지위와 그의 삶에 부과된 제한이 장님이나 절름발이로 태어난 것과 같이 자연적인 장애라는 것이었다. 이렇게 태어난 아동은 다른 아동들이 볼 수 있거나 뛸 수 있도록 태어난 것이 불공평하거나 불의한 것이 아닌 것처럼, 이러한 자연적인 제한 내에서 살아가는 방법을 배워야 한다고 했다. 이러한 불이익이 아동 자신이 장애를 가지고 태어났기 때문인지, 아니면 아동의 부모가 저지른 의도적인 행위에 의한 것인지는 아무런 상관이 없었다. 두 가지 모두의 경우가 아동이 자연적인 제한을 가지게 된 경우였다.

기타 많은 주석가는 성경의 거장인 아브라함, 야곱, 유다, 다윗 등이 간음, 근친상간, 축첩, 다혼 등의 중대한 성적 죄악을 저질렀음에도 그들의 자식들이 신앙의 영웅이 되었다는 것이 위와 같은 주장에 대한 대답이 될 수 없다고 말했다. 그라티아누스는 『교령집』(decretum)에서 아브라함과 야곱과 유다는 모세의 법 이전의 인물들이므로, 법에 대해 완전한 이해를 가지지 못했으며, 단지 죄악으로 오염된 자연적인 이해만을 가졌을 뿐이라고 주장했다. "죄에 대한 벌은 법이 제정되고 그 죄를 금지할 때에서야 비로소 효력이 생긴다. 법이 있기 전에는 죄인을 벌할 수 없으며, 법이 생긴 후에만 벌할 수

---

53) Ibid.

있다."[54]

다윗이 밧세바와 저지른 간음은 모세의 법을 위반하는 중대한 범죄였다. 그러나 하나님은 왕국이 품은 더욱 중요한 목적들을 위해 다윗이 저지른 죄를 용서하셨다. 이러한 고대의 성경 이야기들이 주는 중요한 교훈은 현시대의 신자들에게 주는 도덕적 교훈이 아니라, 구원의 역사에서 그것들이 가지는 '상징적 실재'다.

하나님은 당신의 은혜를 허락하셔서 "선한 사람들을 통해 악한 자와 선한 자가 믿음에서 태어나게 하시고, 악한 사람들을 통해 선한 자와 악한 자가 믿음으로 인도되도록 하신다."[55] 그러나 하나님에게 하나님의 법과 자연법에 대한 위반을 용서하실 권한이 있는 반면, 교회가 할 수 있는 것은 하나님의 법을 지키고, 그것을 위반하는 자들에게 하나님의 긍휼을 가능한 한 많이 베푸는 것뿐이다.

이러한 정신을 이어받은 교회는 수치스럽고 신성모독적인 혼외자들의 처지를 완화시킬 수 있는 세 가지의 구제 방법을 제공하기도 했다. 첫째, 교회는 다른 혼외자들과 마찬가지로 이 부류의 혼외자들이 교회법정에서 부모를 상대로 살아 있는 동안 자신들을 지원하도록 소송할 수 있는 당사자적격을 허락했다. 이것은 로마법에는 존재하

---

54) Gratianus, *Decretum*, C. 32, q. 4, c. 3.
55) *Ibid.*, C. 32, q. 4, c. 1. 또한 ST, Supp. Q. 65에서와 같은 주장으로써 아브라함과 하갈의 이야기로 축첩을 도덕적으로 정당화하는 것을 비판한 것을 참고. "혼인 외의 여자와 성교하는 것은 결혼의 주 목적인 자식을 가지는 선에 위배되는 행위다. 따라서 이것은 면제받을 수 없는 자연법의 첫 번째 교훈에 위배된다."

지 않았으며, 중세 대륙법에서는 별로 인정되지 않았던 중요한 구제
방법이었다.

특히 이 구제방법은 재력 있는 부모에게서 태어난 혼외자들에게
도움이 되었다. 재력이 부족한 부모들도 부분적으로나마 자녀가 만
성적인 가난을 벗어날 수 있는 지원을 할 수 있었다. 그러나 혼외자
의 부모가 성직자나 수도자인 경우에는 소송할 수 없었다. 이렇게 신
성모독적인 관계에서 태어난 혼외자들은 교회의 일반적인 보호 및
구제 프로그램의 도움을 받을 수 있었다.[56] 그러나 교회의 성직자에
게서 태어났다는 이유만으로 교회에 다른 특별 청구를 하는 것은 금
지되었다.

둘째, 교회는 수치스럽고 신성모독적인 사생아들이 수도원에 들어
가 "고행과 기도의 삶"을 영위함으로써 "자신들의 천한 태생을 구제"
하도록 허락했다.[57] 이것은 로마법에서 참사회에 봉헌함으로써 친자
인지를 할 수 있었던 것과 대체적으로 비교될 수 있는 구제방법이었
다. 법정 대신 교회 수도원이나 수녀원에 봉헌하는 것이었고, 이것은
적어도 그 사람을 영적인 영역에서 친자로 인지하는 것이었다. 국가
참사회에 봉헌하는 것과 마찬가지로, 교회 수도원에 봉헌하는 것은
그 당사자의 삶에 가혹한 제한이 부과되는 방법이었다. 그러나 이러

---

56) Brian Tierney, *Medieval Poor Law*(Berkeley: University of California Press,
1959); Gilles Couvreur, *Les pauvres on-ils des droits?*(Rome: Libraria editrice
dell'Universita Gregoriana, 1961), esp. p.37 이하 참고.
57) McDevitt, *Legitimacy and Legitimation,* pp.56-58의 인용과 논의를 참고.

한 방법은 최소한 혼외자에게 살아갈 길과 공동체와 약간의 사회적 지위를 제공했다.

게다가 이 혼외자들 중 태어난 지 얼마 되지 않았거나 문 앞에 버려진 아이들이 이미 수도원과 수녀원에 받아들여져 보살핌을 받는 경우도 있었다. 수도원에서는 이 아동들이 장성하여 자신을 봉헌하든지 떠나갈 결정을 할 수 있을 때까지, 자체적인 비용을 들여 아동들을 양육하고 교육했다. 그러나 모든 봉헌의 경우, 성직자나 수도자의 자식들은 교황의 면제가 주어지지 않는 한 주교직이나 기타 성직을 맡을 수 없었다.[58]

셋째는 교황이 부여하는 출생의 결함(ex defectu natulium)에 대한 면제로 이것은 수치스럽거나 신성모독적인 혼외자들을 포함한 모든 혼외자에게 가능한 구제방법이었다. 이 면제를 통해 구제받은 혼외자들은 친자로 인지될 뿐만 아니라 수도직이나 성직을 가질 자격도 주어졌다. 교황과 주교들은 하위 수도직과 성직에 대해 모든 종류의 혼외자에게 주기적으로 면제를 부여했다. 더욱 상위의 성직 또는 수도직과 성직록(즉, 급여를 받는 성직)에 대한 혼외자의 면제는 교황만이 부여할 수 있었다.

혼외자의 신분의 종류가 더욱 심각한 것일수록, 그리고 얻고자 하는 성직이 더욱 높을수록, 면제를 부여받기가 더욱 어려웠다. 진정 경건한 혼외자들만이 이 면제를 부여받을 수 있었으며, 그러한 경우는

---

58) Boswell, *The Kindness of Strangers*, pp.139-41, 340-46, 403-27.

매우 드물었다. 면제를 받은 경우에도 자신의 아버지의 직위와 성직록을 계승하는 것은 금지되었으며, 이것은 1563년 트리엔트 공의회에서 재차 확인되었다.[59]

요약 및 결론

중세 교회는 혼외자에 대한 서구의 신학과 법이 더욱 일관화되도록 기여했다. 교회는 그리스도인이 성적 행위와 생식을 추구하는 자연적이고 적합한 장이 결혼관계 내에만 존재한다고 가르쳤다. 혼외에서의 성교 행위는 대륙법상 범죄(crime)이며 캐논법상 죄악(sin)이었다.

자연에 의해 자녀를 보호할 수 있는 가장 적합한 자는 바로 그 자연적 부모였다. 부모와 자식 간의 비자연적인 관계는 묵인되거나 지속될 수 없었다. 결혼은 성적 행위를 신성하게 만들고 부부와 자녀와 교회를 정결하게 하는 성례였다. 혼외정사는 부부와 자녀와 교회를 오염시키는 타락이었다.

일부의 성적 연합은 처음에 불완전하게 형성되었더라도 신자들의 경건한 행위를 통해 혼인성사의 지위를 가질 수 있었다. 그러나 다른 성적 연합들은 선의로 맺어졌더라도 하나님의 명시적인 법을 위반했을 때에는 심판을 받을 수밖에 없었다. 자연적 혼외자들은 그 부모가

---

59) Génestal, *Histoire de la légitimation*, pp.33-90. 제4차 라테란 공의회(1215), Canon 31; 또한 H.J. Schroeder, *Councils and Decrees of the Council of Trent*(St. Louis, MO: B. Herder Book Co., 1941), "Doctrine of the Sacrament of Matrimony," Twenty-Fourth Session(November 11, 1563), chap. xv, at p.180 참고.

이후에 결혼하는 경우 혼외자의 신분에서 벗어날 수 있었다. 그러나 비자연적 혼외자들은 그 부모가 결혼할 수 없었으므로 친자로 인지될 수 없었다.

이 영원한 사생아들은 교회가 그 사생아들의 부모에게 지원을 명령하고, 사생아들에게 교회의 직위를 허락함으로써 처지가 나아질 수 있었다. 그러나 혼외자로 태어난 흔적과 낙인은 절대 벗을 수 없었다. 혼외자의 신분은 교회가 보관하는 출생증명서와 사망증명서에 기록되었고, 혼외자는 그의 부모가 저지른 죄에 대한 영원한 증인이 되었다.

캐논법학자들은 중세 교회가 계급을 선호했던 탓에 대륙법학자들보다 더욱 자세히 친생자의 순결함과 혼외자의 불결함을 평가하는 체계를 고안해냈다. 친자의 순결함은 부모의 결혼 성격에 달려 있었다. 가장 순결한 자식은 교회에서 거행된 결혼식 이후에 태어난 자들이었다. 그다음은 비밀결혼 이후에 태어난 자, 또 그다음은 결혼 전에 포태되었으나 결혼식 이후에 태어난 자, 또 그다음은 부적절한 이방인의 연합에서 태어났으나 나중에 세례를 받은 자, 또 그다음은 선의로 맺어지고 착오에 의해 교회에서 봉헌된 부적절한 연합관계에서 태어난 자였다.

혼외자의 순결하지 못함은 그 부모가 위반한 법의 성격에 달려 있었다. 가장 덜 불결한 자식은 단순음행을 통해서 태어난 자로서, 그 부모가 이후에 고백과 결혼을 함으로써 죄악이 용서된 경우였다. 그다음은 교회의 캐논법을 위반한 관계에서 태어난 자이며, 또 그다음은 캐논법과 자연법을 둘 다 위반한 관계에서 태어난 자, 그리고 마지막으로 캐논법과 자연법과 영적 법을 모두 위반한 관계에서 태어난 자였다.

단순음행에서 태어난 자는 공직자와 성직자에 의해 친자로 인지될 수 있었다. 캐논법을 위반한 부모의 자식은 성직자만이 친자로 인지할 수 있었다. 자연법과 영적 법을 위반한 관계에서 태어난 자는 하나님만이 친자로 인지할 수 있었고, 교회가 할 수 있는 것은 영적 영역에서 면제를 부여함으로써 약간의 긍휼과 안심을 제공하는 것뿐이었다.

이러한 정교한 법체계는 정제된 계급 철학(philosophy of hierarchy)뿐만 아니라 복잡한 죄악과 은혜의 역학에도 의존하고 있었다. 특히 중세의 신학자들은 고해성사를 더욱 소상하게 해석하면서 죄악을 가장 사소한 것에서부터 가장 중대한 것까지 매우 자세히 분류했다. 또한 죄악의 정도에 따라 가장 짧고 쉬운 행위부터 가장 길고 힘든 행위까지 정화의 행위를 부과했다.

(심지어는 혹자가 사망한 후에도) 그자의 가족이나 친구 등의 제3자가 자선과 헌납과 제사 등의 행위와, 망자의 재산 가운데 일부를 헌납하거나 면벌부를 사거나 그외의 다른 방법으로 망자의 죄악 정화에 기여할 수도 있었다. 죄악과 은혜를 이렇게 이해함으로써 혼외출생과 친자인지에 대한 원칙에 있어 순결함과 불결함의 정도에 따른 계급을 쉽게 적용할 수 있었다. 심지어는 죄 없는 자식들을 포함하여 제3자가 그 부모의 죄악을 대신 갚을 수 있다는 것도 쉽게 이해할 수

있었다.

고대 로마법의 기초 위에 세워진 중세 혼외자법과 친자인지법은 19세기까지 서구에서 지속되었다.[60] 가톨릭교회는 강단과 교리와 신앙고백 등을 통해 이 법을 도입했을 뿐만 아니라, 근대 초기에 학교와 병원과 구호시설 등의 복지를 제공하는 데 있어 아동들의 출생을 차별함으로써 이 법을 정착시켰다.[61] 1917년 가톨릭 교회법전 (Code of Canon Law)은 교회 내의 직분과 성직에 대한 규율을 유지하기 위해 혼외출생과 친자인지에 대한 많은 중세 캐논법 조항을 승계했다.[62]

근대 초기 서구에서 독립주권을 행사하던 교회가 많은 재산과 권력을 잃게 되자, 가톨릭 국가와 식민지들은 결국 혼외자에 대한 캐논법과 대륙법을 통합했다. 16-19세기까지 세속권력에 의해 통합된 보통법(ius commune)이 시행되었다. 이 법은 고대 로마법보다 더 많은 분류로 사생아를 구분했고, 전통적인 친자인지와 입양에 대한 법을 약간 확장했으며, 사생아가 세속법정에서 부모와 그외 가족을 상대

---

60) John C. Ayer, Jr., "Legitimacy and Marriage," *Harvard Law Review* 16(1902-1903), pp.22-42.

61) Jeffrey R. Watt, "The Impact of the Reformation and Counter-Reformation," in *Family Life in Early Modern Times, 1500-1789*, ed. David I. Kertzer and Marzio Barbagli(New Haven, CT: Yale University Press, 2001), pp.125-54.

62) *The 1917 or Pio-Benedictine Code of Canon Law in English Translation*, ed. and trans. Edward N. Peters(San Francisco: Ignatius Press, 2001), Canons 1051, 1114-17. McDevitt, *Legitimacy and Legitimation*, pp.61-222에서 논의한 것을 참고.

로 지원을 청구하는 것을 더욱 용인했다.

다양한 자연법 개혁가들, 특히 휴고 그로티우스(Hugo Grotius), 사무엘 푸펜도르프(Samuel von Pufendorf), 크리스티안 볼프(Christian Wolff)는 혼외자에 대한 법 개념이 당시 대두되는 모든 이의 자연자유 및 자연평등 이론에 위배되는 것이라고 비판했다. 그러나 이 주제에 대한 기본적인 대륙법은 많이 변하지 않은 채로 남았다.[63] 심지어는 계몽주의의 위대한 성문법인 1791년의 프러시아 법전(the Prussian Code of King Frederick)과 1804년의 나폴레옹 법전(the French Civil Code of Napoleon)조차도 자유·평등·박애에 대한 새로운 혁명적 교훈들을 담았음에도 혼외자와 친자인지에 대한 것은 중세 보통법의 법적 구조를 유지했다.[64]

서구 근대 초기의 프로테스탄트 국가(및 영토)들은 혼외자에 대한

---

63) Leineweber, *Die rechtliche Beziehung*, pp.208-226 참고.
64) *The Frederician Code*, 2 vols.(Edinburgh: A. Donaldson and J. Reid, 1791), pt. I, bk. 2, tit. 3.1, 3.3, 4.1.37, 5.1-10, 6.1-8. 7.1-5; *Code Napoleon, or The French Civil Code*, trans. George Spence(London: William Benning, 1827), bk. 1, tit. 2.2.58, 61; tit. 5.1.158-159, tit. 5.4.197, pp.201-202; tit. 7 passim; tit. 8.1 passim. Beate Harms-Ziegler, *Illegitimität und Ehe: Illegitimität als Reflex des Ehediskurses in Preussen im 18. und 19. Jahrhundert*(Berlin: Duncker & Humblot, 1991); Jean Brissaud, *A History of French Private Law*, 2nd edn., trans. R. Howell(Boston: Little, Brown, and Company, 1912), pp.202-216; Crane Brinton, *The French Revolutionary Legislation on Illegitimacy*(Cambridge, MA: Harvard University Press, 1936) 참고. 부친에 대한 친자확인 및 부계승계 소송은 Suzanne Desan, *The Family on Trial in Revolutionary France* (Berkeley: University of California Press, 2004); John Eekelaar, *Family Life and Personal Life*(Oxford: Oxford University Press, 2006), pp.59ff 참고.

고대 로마법에 더 충실했고, 일부의 중세 캐논법적 개혁들을 파기했다. 혼인성사와 성직의 독신을 거부했던 프로테스탄트 국가들은 신성모독적인 관계에서 태어난 혼외자라는 캐논법적 분류 역시 거부했다.

혈족과 인척의 장해 개념을 축소하고 공공정직의 장해 개념을 거부했던 대부분의 프로테스탄트법은 캐논법에서 광범위하게 정의했던 근친상간을 고대 로마법의 협소한 범위로 축소했다. 그리고 교황의 권위를 거부한 프로테스탄트 영토들에서는 교황의 포고나 면제 등을 인정하지 않았다.[65]

그러나 근대 초기의 프로테스탄트교도들은 가톨릭교도들보다 더욱 가혹하게 혼외정사를 처벌했고, 혼외자법의 범위가 축소되었음에도 불구하고 새롭고 왕성한 혈기로 혼외자법을 집행했다. 나아가 많은 프로테스탄트 영토에서 수도자들에 의해 운영되던 수도원·병원·구호시설·고아원 등을 해산하자 종교개혁 전까지 존재하던 혼외자에 대한 중요 지원체계가 사라졌다. 또 수도원이나 수녀원으로의 봉헌이라는 중요한 친자인지의 방법도 사라졌다. 그 결과, 새로운 형법 제정에도 불구하고 영아살해와 아동유기의 비율이 하늘로 치솟았다.[66]

---

65) 혼인에 대한 캐논법의 프로테스탄트 개혁의 전반에 대해서는 Witte, *From Sacrament to Contract*, pp.42–193 참고.

66) Mark Jackson, *New-Born Child Murder: Women, Illegitimacy, and the Courts in Eighteenth-Century England*(Manchester: Manchester University Press, 1996); Lionel Rose, *The Massacre of the Innocents: Infanticide in Britain, 1800-*

안케 레이네베버(Anke Leineweber)는 자세한 연구를 통해 근대 초기 프로테스탄트 영토의 법 가운데 "가장 주목할 만한 특징"이 "혼외출생이 야기한 문제들에 대한 일반적으로 보수적인 태도와 무관심"이며, (혼인법·가족법·유산법·신탁법·사회복지법·빈민구제법 내에서) "혼외자의 상황을 개선하기 위한 새로운 법적 고찰이 전혀 발전되지 않았다"고 했다.[67]

혁신적인 칼뱅주의자인 프랑수아 오트망(Francois Hotman)은 1560년대에 『혼외출생과 친자인지에 대해』(On Illegitimacy and Legitimacy)라는 새로운 프로테스탄트법 서적을 저술하면서 단지 기독교 로마제국의 황제들이 제정했던 법을 반복하며, "옛 [로마]법에서 무효로 하지 않은 법은 아마도 계속 효력을 가지는 것이 좋겠다고 생각한다"고

1939(London/Boston: Routledge & Kegan-Paul, 1986); Katharina Schrader et al., *Vorehelich, ausserehelichen, uneheliche-wegen der grossen Schande: Kindestötung im 17. und 18. Jahrhundert*(Hildesheim: Gerstenberg, 2006) 참고. 이 책, 220-23쪽 참고.

67) Leineweber, *Die rechtliche Beziehung*, p.154. 여기서 레이네베버가 주로 가리키는 것은 루터하의 독일 법이지만, 칼뱅주의 공동체들에서의 사정도 마찬가지였다. Jeffrey R. Watt, *The Making of Modern Marriage: Matrimonial Control and the Rise of Sentiment in Neuchâtel, 1550-1800*(Ithaca, NY: Cornell University Press, 1992), esp. pp.99-108, 178-94; Leah Leneman and Rosalind Mitchinson, *Sin in the City: Sexuality and Social Control in Urban Scotland, 1660-1780*(Edinburgh: Scottish Cultural Press, 1998); Karen E. Spierling, *Infant Baptism in Reformation Geneva: The Shaping of a Community, 1536-1564*(Aldershot: Ashgate, 2005); John Witte, Jr. and Robert M. Kingdon, *Sex, Marriage and Family in John Calvin's Geneva*, 3 vols.(Grand Rapids, MI: Wm B. Eerdmans, 2005) 참고.

결론지었을 뿐이었다.[68]

---

68) Franciscus Hotmanus, J.C., *De spuriis et legitimatione*[c. 1568], IV.E., appended
to Barnabé Brisson, *De verteri ritu nuptiarum et jure connubitiorum*(Amsterdam:
Petrus le Grand, 1662).

헨리 코트니 셀로우스, 「헤리워드가 왕을 알현하다」, 1870.

4 한 번 사생아는 영원한 사생아
- 영국 코먼로의 혼외출생법과 개혁

이 장에서는 영국 코먼로(common law, 또는 영미법)[1] 혼외자법의 발전을 살핀다. 여기서 초점을 코먼로(또는 영미법)로 돌리는 것은 점점 확대되는 이야기를 다룰 수 있는 정도의 범위로 한정하고 영미 코먼로의 배경을 가진 독자들에게 더욱 직접 관련이 있는 주제를 다루기 위해서다.[2] 혼외출생에 대한 영미의 코먼로는 대륙의 보통법(ius commune)과 흥미로운 긴장관계를 보여주고, 혼외자법의 논리가 도덕보다는 재산과 더욱 관계된다.

코먼로는 고대 로마법 문헌에서 직접적으로 기인한 것이 아니라 영국의 법문과 판례들에서 기인하며, 그중 일부는 앵글로색슨(Anglo-

---

1) 유럽 대륙에서 발전한 성문 시민법 전통과 달리 영국에서 판례에 의해 발전한 영국의 보통법을 '코먼로'라 한다. 영국 코먼로 전통이 이후 미국 및 영국의 영향을 받은 국가들로 이어져, 일반적으로 '영미법'이라 칭하기도 하지만 이 책에서는 때에 따라 영국의 법 전통을 뜻하기도 하고 영국과 미국의 법 전통을 뜻하기도 하여 '코먼로'로 번역했다 — 옮긴이.
2) 이전 장 이후로 대륙법의 발전에 대해서는 Anke Leineweber, *Die rechtliche Beziehung des nichtehelichen Kindes zu seinem Erzeuger in der Geschichte des Privatrechts*(Königstein: Peter Hanstein Verlag, 1978), pp.155-279 참고.

Saxon) 시대까지 거슬러 올라간다. 중세 대륙법(시민법)과 가톨릭 캐논법이 영국의 법리학(Jurisprudence)에 영향을 미친 것은 분명한 사실이나,[3] 영국의 판사와 법학자들은 일부 주제들을 다루는 데 있어 가톨릭교회와 캐논법에 반대되는 자신들만의 법적 논리를 펼쳤으며, 이것은 특히 1530년대에 있었던 영국의 프로테스탄트 종교개혁 이후에 더욱 두드러졌다.[4]

1234년 머튼 공의회(Council of Merton)에서 중세 영국의 교회와 국가 사이에서 벌어진 대립 가운데 하나를 초래한 것은 혼외자와 친자인지에 대한 캐논법이었다. 이 종교회의에 참석한 주교들은 왕과 영주들에게 중세 캐논법학자들이 수용한 옛 로마법을 받아들일 것을 요구했다. 이 법은 자연적 혼외자를 부모의 출산 이후 결혼을 통해 친자로 인지하는 것을 허락하는 법이었다. 13세기에 이르러 대부분의 대륙법 국가는 이 법을 이미 수용한 후였다.

그러나 영국은 예외였다. 주교들은 혼인과 가족 법에 대한 교회의 통치를 강화하기 위한 노력의 일환으로 이 법을 서구 범기독교계의 보편적인 규범으로 만들려 했다. 그러나 머튼에 모인 정치 위정자들은 이러한 노력에 전혀 동조하지 않았다. 초기 코먼로학자인 헨리 브

3) R.H. Helmholz, *Roman Canon Law in Reformation England*(Cambridge: Cambridge University Press, 1990), pp.121-95 참고.
4) R.H. Helmholz, *The Oxford History of the Laws of England*, vol. I, *The Canon Law and Ecclesiastical Jurisdiction, 597 to the 1640s*(Oxford: Oxford University Press, 2004), pp.237-310; Martin Ingram, *Church Courts, Sex and Marriage in England, 1570-1640*(Cambridge: Cambridge University Press, 1987); Eric Josef Carlson, *Marriage and the English Reformation*(Oxford: Blackwell, 1994).

랙턴(Henry Bracton)은 당시의 상황을 다음과 같이 설명했다. "거기에 모인 모든 백작과 남작은 목소리를 하나로 모아 지금까지 내려온 영국의 법을 바꾸는 것을 원하지 않는다고 답했다."[5] 4세기 후 에드워드 코크 경(Sir Edward Coke)은 혼외출생에 대한 영국의 코먼로가 지금까지 "외국의 법에 의존한 적이 없으며, 대륙법에도 캐논법에도 의존한 적이 없다"고 자랑스럽게 선언했다.[6]

이 의도적인 과장은 영국의 혼외자법과 친자인지법이 중세에 두 갈래로 발전했다는 사실을 강조하는 것이었다. 교회의 캐논법은 부모의 성적 죄악에 대한 영적 제재와 혼외자에 대한 교회의 보호와 통제를 다루었다. 코먼로는 혼외자의 시민적 지위와 그들의 상속 자격을 다루었다. 교회가 혼외출생과 친자인지를 선언하면 영적 영역에서 구속력이 생겼으며, 이에 따라 교회 법정에서 부모와 아동의 권리와 의무를 집행할 수 있었다. 세속 법정은 재산·상속·계약의 세속적 사건들을 관장하는 고유의 혼외자법과 친자인지법을 보존했다.

혼외자에 대한 캐논법과 코먼로가 겹치는 경우도 있었고, 법의 저촉(conflict of law)이 없는 경우에는 교회와 국가의 권위당국이 서로 협조하기도 했다. 이러한 경우에는 세속법정이 당사자가 혼외자인지

---

5) *Bracton on the Laws and Customs of England*, trans. Samuel E. Thorne, 4 vols. (Cambridge, Mass: Harvard University Press, 1968), IV, p.296; *ibid.*, III:xv-xvii 참고; R.H. Helmholz, "Bastardy Litigation in Medieval England," *American Journal of Legal History* 13(1969), pp.361-83; J.D. White, "Legitimation by Subsequent Marriage," *Law Quarterly Review* 36(1920), pp.255-67.

6) Sir Edward Coke, *The Second Part of the Institutes of the Laws of England*, repr. of the 1797 edn., 4 vols.(Buffalo, NY: William S. Hein, 1986), II, pp.96-98.

에 대한 사실을 판단하기 위해 사건을 교회법정으로 이송했다. 그리고 이에 대한 교회법정의 결정을 근거로 해, 예를 들면 당사자가 토지나 명의를 소유하거나 상속할 수 있는지, 또는 피고가 타인을 '사생아'라고 부름으로써 중상이나 명예훼손을 했는지 등을 판단했다. 그러나 캐논법과 코먼로 간에 저촉이 있는 경우에는 세속법정이 혼외출생에 대한 사실과 그 결과를 모두 판단하는 경우가 많았고, 가끔은 코먼로상의 절차적 권리인 배심재판을 통해 판단하기도 했다.[7]

1530년대에 일어난 영국의 프로테스탄트 종교개혁 이후에는 혼외출생에 대한 이 두 갈래의 법이 하나로 통합되었다. 새로운 프로테스탄트의 교훈에 따라 일부 캐논법에 따른 혼외출생의 정의가 사라지게 되었다. 교회와 부모가 혼외자들을 보호하던 전통적인 교회의 관할권이 아직 완전하지 못한 국가의 법을 집행하는 판사의 손으로 넘어가게 되었다. 혹자가 혼외자인지에 대한 사실의 결정은 영국교회법정의 관할이었으나, 이 결정의 법적 결과를 판단하는 것은 다양한 세속법정이었다.

그리고 교회법정이 적용하는 혼외출생의 정의를 정하는 것은 교황이 아닌 의회였다. 바로 이 통합된 영국의 혼외자법과 친자인지법이

---

7) Bracton, IV, pp.294-308; Richard Burn, *Ecclesiastical Law*, 6th edn., 4 vols. (Philadelphia: 1787), I, pp.242ff.; John Godolphin, *Repertorium Canonicum*, 3rd edn.(London: Assigns of R. & E. Atkins, 1687), pp.480ff.; Helmholz, "Bastardy Litigation"; Helmholz, *Oxford History*, pp.144-45, 565-98; Michael M. Sheehan, "Illegitimacy in Late Medieval England," in Ludwig Schmugge et al., eds., *Illegitimität im Spätmittelalter*(Munich: R. Oldenbourg Verlag, 1994), pp.115-22, at 116-17.

17-19세기 사이 식민지 미국과 독립 미합중국의 각 주의 지역에 맞게 무수히 변형된 상태로 도입되었다. 다음 단락에서는 중세 후기와 근대 초기 영국의 혼외출생에 대한 코먼로를 간단히 분석하며, 특히 종교개혁 전후 대륙의 보통법과의 대조에 초점을 맞춘다. 살펴볼 바와 같이, 대륙과 대조되는 영국 코먼로는 부분적으로 혼외자에게 유리하기도, 또 부분적으로 더욱 어려움을 부과하기도 했다.

코먼로 혼외출생법의 대략과 대조[8]

중세 대륙법 및 캐논법과 마찬가지로 중세 영국의 코먼로에서는 혼외자를 "합법적이고 적법한 혼인 외에서 태어난 자"라고 정의했

---

8) 이 주제에 대해서는 많은 저술이 있으나 이미 인용된 문헌 가운데 주된 문헌으로 Bracton, II, pp.31-35, 75-81, 185-88; IV:294-310; William Clerke, *The Triall of Bastardie*(London: Adam Islip, 1594); John Selden, *De successionibus ad leges Erbraeorum in bona defunctorum*, new edn.(Frankfurt an der Order: 1673), cap. 3, pp.9-17; id., *De iure naturali et gentium, juxta disciplinam Ebraeorum libri septem*(London, 1640), 5.16; John Brydall, *Lex Spuriorum: Or the Law Relating to Bastardy*(London: Assigns of R. & E. Atkins, 1703); *A Translation of Glanville*, trans. John Beames, repr. edn.(Littleton, CO: Fred B. Rothman & Co., 1980), pp.180-82; William Nelson, *Lex Testamentaria* (London: J. Nutt, 1714), pp.98-101, 331; Henry Swinburne, *A Briefe Treatise on Testaments and Last Willes*(London: John Windet, 1590), 198a-201b; Sir Henry Finch, *Law or a Discourse Thereof*(London: Henry Lintot, 1759), pp. 117-19; Christopher Saint Germain, *Doctor and Student*, rev. edn., corrected by Wiliam Muchall(Cincinnati, OH: Robert Clarke & Co., 1874), pp.20-21, 116-17, 247ff.; William Blackstone, *Commentaries on the Laws of England* (Oxford: Clarendon Press, 1765), bk. I, ch. 16.2; Henry John Stephen, *New Com-mentaries on the Laws of England(Partly Founded on Blackstone)*, 4 vols.

다.[9] 일반적으로 음행, 축첩, 매춘, 근친상간, 간음, 다혼 등의 관계와 그외 다양한 혼인장해에 의해 금지된 연합관계에서 태어난 자들이 여기에 해당했다.

일부 코먼로학자는 캐논법학자들과 대륙법학자들이 사용했던 자연적(naturales), 비자연적(spuria, nothi), 근친의(incestui), 간음의 (adulterine), 수치스러운(infamii) 등의 라틴어 명칭으로 혼외자들을 구분하는 고통을 자처하기도 했다.[10] 대륙법과 캐논법 교육을 받은 또 다른 일부 코먼로학자는 부모의 성적 죄악의 경중에 따라 혼외자를 구분하려는 고통을 자처했다. 예를 들어 13세기 브랙턴의 목록을 보면 그의 대륙법 선생인 아조(Azo)의 문헌에서 그대로 옮겨왔음을 알 수 있다.

"어떤 아동들은 … 자연적이고 친자로서, 합법적인 아내와 합법적인 혼인 내에서 태어난 자들이다. 어떤 아동들은 자연적이지만 친자가 아닌 자로서, 적절한 첩과의 사이, 성교행위 당시 결혼이 가능했던 자와의 사이, 미혼 남자와 미혼 여자 사이에서 태어난 자들이다. 어떤 아동들은 친자도 아니고 자연적이지도 않은 자로서, 금지된 성관계 또는

(London: Henry Butterworth, 1842), IV, pp.314-30; Matthew Bacon, *A NewAbridgement of the Law*(London: A. Strathan, 1798). s.v. "Bastardy"; Harris Nicolas, *Treatise on the Law of Adulterine Bastardy*(London: n.p., 1836); Wilfrid Hooper, *The Law of Illegitimacy*(London: Sweet & Maxwell, Ltd., 1911) 참고.

9) Bracton, II, pp.31, 34; Blackstone, *Commentaries*, bk. I, ch. 16.2.

10) Brydall, *Lex Spuriorum*, pp.4-14.

성교행위 당시 혼인을 할 수 없었던 자에게서 태어난 자들이며, 이러한 자들은 아무짝에도 쓸모없는 비자연적 혼외자(spurii)들이다."[11]

그러나 대부분의 코먼로학자는 혼외자법을 고안하는 데 있어 부모의 성적 죄악의 경중이나 혼외자가 가져야 할 불이익의 저울 등에 크게 관심을 두지 않았다. 또한 이들은 결혼의 신성함이나 혼외정사를 어느 정도까지 비난해야 하는지 등에도 크게 관심을 두지 않았다. 이러한 것들은 교회법정에서 구분해야 할 영적이고 도덕적인 문제였다. "혼인 상태의 신성함은 완전한 종교법의 영역이고, 세속법정은 불법의 결혼이 죄악인지를 판단할 관할권이 없으며, 단순히 시민적 편의에 대한 것만 판단할 수 있다."[12]

코먼로학자들은 혼외출생이라는 주제의 도덕적인 면보다는 물질적인 면에 더욱 관심을 가졌다. 따라서 아동 혈통의 순수성보다는 가족 재산의 소유권에 더욱 관심을 가졌다. 그들은 아동의 유년기 동안에 부모 가운데 누가 아동을 양육할 것인지, 그리고 이후에는 어느 아동이 부모를 부양하고 그 부모의 유산을 상속할지를 결정할 수 있

---

11) Bracton, II, p.187; Swinburne, *Testaments and Last Willes*, pp.198b-203b.
12) Blackstone, *Commentaries*, bk. I, ch. 5.1. 또한 John Selden, *Table Talk*, in John Selden, *Opera Omnia tam edita quam inedita in tribus voluminibus*, 3 vols. (London: Guil. Bowyer, 1726), III, p.2044: "1. 남자가 살아가며 하는 행위 가운데 혼인은 가장 타인들과 상관없는 행위다. 그러나 또 타인들이 가장 개입하는 행위이기도 하다. 2. 혼인은 단지 민사 계약일 뿐이다. 하나님이 정하신 제도임은 분명하다. 그러나 모든 계약이 마찬가지다. 하나님은 내가 맺은 약속을 모두 지키라고 명하신다."

는 명확한 법을 고안하려 했다. 혼인 내에서 자식이 태어나는 경우에는 이 명확한 기준을 쉽게 정할 수 있었다.

혼인 내에서 태어난 자식은 친자였고, 혼인 외에서 태어난 자식은 혼외자였다. 친자는 유산을 상속할 권리가 있었고, 혼외자는 상속 권리가 없었다. 친자는 부모를 부양할 의무가 있었고, 혼외자는 부양 의무가 없었다. 그 무엇도 이 현실을 바꿀 수 없었다. 따라서 부모의 죄악이 얼마나 심각한지에 따라 사생아들을 구분할 필요가 별로 없었다. 코크 경은 중세 코먼로를 요약하면서, "우리는 적법한 혼인 외에서 태어난 모든 자를 사생아라고 부르고 … 이들을 동등하게 대한다"고 썼다.[13]

많은 코먼로학자는 중세 캐논법학자들과 대륙법학자들의 복잡한 창작물이며 많은 허점을 가진 대륙의 혼외자법과 친자인지법보다 자신들의 명확한 법이 더욱 낫다고 생각했다. 윌리엄 블랙스톤(William Blackstone)은 전통적인 코먼로를 옹호하며 다음과 같이 말했다.

"시민적 면에서 혼인계약의 주된 목적과 고안을 고려했을 때 영국법이 단연 로마법보다 우월하다. 아동이 친자인지 혼외자인지의 문제는 종교와 전혀 상관이 없다. 따라서 혼인의 주된 목적과 고안은 아동을 양육·보호·보존·교육할 특정한 사람을 정하기 위함이다."[14]

---

13) Coke, *Institutes*, I, p.244a.
14) Blackstone, *Commentaries*, bk. I., ch. 16,2.

190

영국의 법학자 존 브리덜(John Brydall)은 더 나아가 성경에 나오는 이스마엘 이야기가 기독교 국가인 영국에 시사하는 바는 바로 영국이 결혼과 친자와 유산을 하나로 묶어야 한다는 것이라고 주장했다.

"혼인 외에서 태어난 자가 유산을 상속할 수 없다는 것은 인간의 법으로만 정해진 것이 아니다. 하나님도 당시 아브라함에게 여종이자 첩인 하갈을 통해 낳은 이스마엘이라는 아들이 있었음에도 아브라함의 유일한 아들인 이삭만을 부르셨다. '아브라함이 이삭에게 자기 모든 소유를 주었고 자기 서자들에게도 재산을 주어 자기 생전에 그들로 하여금 자기 아들 이삭을 떠나 동방 곧 동쪽 땅으로 가게 하였더라'(창 25:5-6).

즉, 이스마엘이 이삭의 형이었지만 하나님은 이스마엘을 혼인 내에서 태어난 이삭과 비교하셔서 아브라함의 아들로 인정하지 않으셨다. 또 하나님이 혼인 외에서 태어난 자에게 유산을 상속하도록 명령하시거나 허락하신 예를 전혀 찾아볼 수 없다. 따라서 하나님의 법과 인간의 법에 따라, 혼인 외에서 태어난 자는 유산을 상속할 수 없다."[15]

헨리 스윈번(Henry Swinburn)은 심지어 아브라함이 이스마엘을 내쫓은 것이 우리 모두가 따라야 하는 도덕적 본보기라고 했다. 아브라함의 본보기는 혼인 내에서 태어난 친자만이 유산을 상속할 수 있고

---

15) Brydall, *Lex Spuriorum*, pp.4-5.

또 상속해야 하며, 간음이나 매춘을 통하거나 첩에게서 태어난 자들은 그들의 방탕한 어머니와 함께 가구에서 내쫓겨야만 한다는 것을 강조하는 것이었다. 스윈번은 장황한 수사학적 표현을 써가며 이에 반하는 다른 법이 다음과 같은 결과를 초래한다고 했다.

"정숙함이라고는 찾아볼 수 없고, 달콤한 독과 기분 좋은 침을 동반한 모든 종류의 교활함으로 많은 남자를 유혹하고 매혹시켜, 자신의 자식들을 위해 기도하고 수고하는 정숙한 아내의 정의로운 간청을 경청할 능력을 빼앗아 가버리고, 부끄러움이 전혀 없으며, 자신의 사생아들을 위해 수다를 떨고 불쾌한 말을 지껄이며, 사라가 아브라함에게 '이 여종과 그 아들을 내어쫓으라. 이 종의 아들은 내 아들 이삭과 함께 기업을 얻지 못하리라'고 했을 때에 아브라함이 하나님의 명령에 따라 사라의 음성에 귀 기울인 것을 기억하지 못하는 상스럽고 가증스러운 매춘부들의 거부할 수 없는 유혹으로 인해 자식들이 직면하고 많은 경우에 감수해야 하는 위험을 고려할 때, 이는 적법한 상속자(Heir)들에게 큰 불이익을 미치는 것이다."[16]

적법한 혼인을 맺은 여자에게서 태어난 자식은 친자이며 유산을 상속할 수 있고, 그렇지 않은 여자에게서 태어난 자식은 혼외자이며 절대 유산을 상속할 수 없다는 코먼로의 명확한 법칙은 중세 캐논법

---

16) Swinburne, *Testaments and Last Willes*, pp.200b-201a.

및 대륙법과는 많이 다른 놀라운 차이점들을 보여주었다. 이 차이점들은 부분적으로 혼외자들의 불쌍한 처지를 더욱 악화시키기도, 또 부분적으로 개선시키기도 했다.

첫째, 코먼로는 캐논법의 사실혼, 즉 근친이나 혼전계약의 절대적 장해를 위반했음을 모르고 선의로 계약한 혼인의 원칙을 거부했다. 캐논법에서는 부부가 장해의 존재 여부를 모르는 채 교회에서 결혼식을 올린 경우, 나중에 그 부부가 강제적으로 헤어지게 되더라도 그 사이에서 태어난 자식들을 친자로 인정하고 유산을 상속할 수 있도록 했다.[17]

코먼로학자들은 이것을 전혀 인정하지 않았다. 캐논법학자들과 마찬가지로 코먼로학자들 역시 다혼이나 근친혼을 용인하지 않았다. 그러나 캐논법학자들과 달리 코먼로학자들에게는 혼인계약 당사자들의 선의 및 혼인예식 장소와 상관없이 다혼이나 근친혼은 아예 결혼 자체가 될 수 없었다. 따라서 여기서 태어난 자식들은 혼외자가 될 수밖에 없었다.

코먼로학자들은 캐논법상의 사실혼이 혼인과 친자와 유산상속을 분리시키는 불필요한 불확실성(uncertainty)을 낳는 것이라고 했다. 또 사실혼은 자식이 양 부모로부터 친권과 지원의 혜택을 받을 수 없도록 하고, 그 부모는 사실혼에서 태어난 자식과 그후 적법한 결혼에서 태어난 자식 사이에서 갈팡질팡하게 되며, 상속자들이 유산을 상

17) 이 책, 134-35쪽 참고.

속하는 것을 불확실하게 하는 것이라고 했다. 나아가 캐논법상의 사실혼은 다른 기초적인 코먼로 법칙을 위반하기도 했다. 바로 법에 대한 무지와 사실에 대한 착오가 범죄 행위나 비도덕적 행위에 대한 변호(defense)가 될 수 없다는 것이었다.

둘째, 코먼로는 부모가 자식을 출산한 후 결혼하는 경우에 그 '자연적 아동'이 자동적으로 친자가 되며 유산을 상속할 수 있다는 캐논법상의 법칙을 거부했다. 이것은 머튼 공의회에서 교회와 국가가 논쟁을 벌인 쟁점이었다. 코먼로에서 아버지나 어머니가 결혼하기 전에 태어난 자식은 이후에 그 부모가 결혼을 하더라도 그대로 혼외자로 남게 되었다. 자식을 포태하고 출산 전에 올린 '샷건 결혼식'(Shotgun wedding) 후에 자식이 태어나는 경우, 그 자식은 친자가 되었으나, 자식이 이미 출생한 후에 결혼하는 경우에는 그 자식을 구제할 방법이 없었다. 출산 시기에 부모가 약혼을 했거나 자식이 미숙아로 태어나는 경우에도 마찬가지였다. 부모가 상대에 대한 혼인서약을 교환하기 전에 태어난 자식은 혼외자 신분을 가지게 되고 계속 유지하게 되었다.

블랙스톤은 1926년까지 존속된 이 법을 옹호하며, 9개월이라는 추정상의 구제 기간이 "인간 본성의 결함을 충분히 참작"한다고 했다. "부모가 미혼인 상태에서 자식을 임신하였으나, 그 부모가 수개월 이내에 결혼함으로써 이 범죄를 원상복구하려 하지 않는 경우, 우리의 법은 그 자식을 사생아로 만들지 않을 만큼 관대한 것이 아니라" 그 자식이 "명예로운 시민사회의 법칙 내에서 태어나도록" 하는 것이 목

적이라고 했다.[18]

블랙스톤은 인간의 결함을 참작하려는 노력으로 인해 혼인 내에서 태어난 자만이 적법한 상속자가 될 수 있다는 법칙이 위반되어서는 안 된다고 했다. 부모의 뒤늦은 결혼을 통한 친자인지는 혼란만을 더 할 뿐이다. 캐논법학자들은 어떻게 부모의 자연적 혼외자들만 친자로 인지하고 비자연적 혼외자들은 친자로 인지하지 않을 수 있단 말인가. 만약 혼인성사가 일부의 성적 죄악과 그로 인한 부당한 열매를 정화시킬 수 있다면, 왜 모든 죄악과 열매를 정화시킬 수는 없는가. 하나님의 풍성한 성례의 은혜가 정말 그렇게 인색하고 선택적인 것인가.

게다가 뒤늦은 결혼으로 인해 친자로 인지되는 모든 자식이 "정말로 같은 남자의 자식"인지 어떻게 알 수 있는가. 어떻게 한 남자가 평생 동안 자신의 자식에 대해 전혀 책임지지 않다가 갑자기 자식의 친모와 결혼함으로써 친자를 삼을 수 있단 말인가. 이것은 "결혼의 가장 주된 목적인 유아의 보호를 … 완전히 좌절시키는"일이다. 심지어 어떻게 자신의 부모가 늙었을 때 부양할 의무를 지닌 친자에게 자신이 받을 유산과 궁극적 보상에 대해 불확실한 환경을 조성할 수 있단 말인가.

"로마법[과 캐논법]은 친자인지를 받을 수 있는 사생아들의 수와 시기에 대해 제한을 두지 않는다. 십여 명의 혼외자가 스무 살이 넘

---

18) Blackstone, *Commentaries*, bk. I, ch. 16.3.

어서도 부모의 결혼을 통해 친자의 모든 특권을 가질 수 있다. 이것
은 명백히 혼인을 저해시키는 것으로, 혼인의 주된 동기 가운데 하나
는 단지 자식을 가지고 싶은 욕망이 아니라 적법한 상속자를 출산하는
것이다."19)

셋째, 코먼로는 입양을 비롯하여 혼외자를 친자로 인지하는 방법
들을 거부했다.20) 중세 대륙법과 캐논법은 아동을 친자로 인지하는
(아버지의 선언, 부모의 결혼, 다른 가정으로 입양, 교회 또는 국가에 대한 봉
헌, 교황과 왕과 그들의 대표자들에 의한 포고와 면제 등) 다양한 방법을
허용했다. 이러한 방법 가운데 하나를 통해 친자로 인지된 자연적 아
동은 본래 친자인 다른 자녀들의 완전한 형제로서 함께 상속자가 되
었으며, 비자연적 혼외자의 경우에도 다소 지위가 승격되었다. 한 코
먼로학자는 비록 보통법(ius commune)이 "사생아가 본성적으로 '권
리가 없는 자'들 중 하나"라고 했으나, "본성을 모방하여 친자로 인
지"될 수 있는 권리가 보존되어 있었다고 했다.21)

---

19) *Ibid.*, bk. I, ch. 16.1.3; 16.2.1(강조는 원문). 이 견해 중 일부는 존 로크(John
   Locke)가 제시한 혼인계약의 출산 목적에 대한 논의에서 구체화되었다. John
   Locke, *Two Treatises of Government*, ed. Peter Laslett(Cambridge: Cambridge
   University Press, 1960), II, pp.77-83 참고.
20) 이후의 개혁에 대해서는 T.E. James, "The Illegitimate and Deprived Child,"
   in *A Century of Family Law*, ed. R.H. Graveson and F.R. Crane(London:
   Sweet & Mawell, Ltd., 1957), pp.39-55; J.M. Eekelaar, "Reforming the
   English Law Concerning Illegitimate Persons," *Family Law Quarterly* 14(1980),
   pp.41-58 참고.
21) Sir Frederick Pollock and F.W. Maitland, *The History of English Law before the
   Time of Edward I*, 2nd edn. by S.F.C. Milsom, 2 vols.(Cambridge: Cambridge

코먼로학자들은 이러한 '자연의 기초적 모방'을 하려 하지 않았다.[22] 그들에게 이런 인위적인 방법의 친자인지는 가정을 깨뜨리고, 재산 소유를 모호하게 하고, 가족 유산의 분쟁을 일으키는 역할을 했다. 따라서 "결혼을 제외하고, 자식을 적법한 상속자로 만드는 모든 다른 방법은 영국에서 소용이 없다"고 했다. 에드워드 코크 경은 "상속자를 입양하는 가장 확실한 방법"이 서류상으로 허구의 자식을 만들어내는 것이 아니라, "토지 등을 보장할 수 있는" 법률 조언자의 "학식 있는 조언"하에 유언장을 작성하는 것이라고 했다. 혼인 내에서 적법하게 태어난 자식들만 유산을 상속할 수 있다는 "고대 코먼로의 원칙을 바꾸는 것은" 너무 "위험한" 일이었다.[23]

비록 장기적인 영향을 미치지는 못했으나, 일부 중세 코먼로학자가 친자인지라는 개념에 약간의 시간을 들이기는 했다. 예를 들어 13세기에 브랙턴은 영국에서 아내가 남편이 아닌 남자의 아기를 포태했을 때에 아내의 남편이 자신의 친자로 인정하는 것을 허용했으므로 영국에도 입양과 비슷한 것이 있다고 했다. 그러나 코크 경을 비롯한 이후의 법학자들은 이것이 아무 관계가 없는 자를 자신의 친자로 입양하는 것과는 매우 다른 것이라고 했다. 그들은 브랙턴이 단지 침실과 식탁의 깊숙한 일들을 "조사해야 하는 어려움으로부터 법

University Press, 1968), II, p.397, 프랑스 법학자 보마누아(Beaumanoir)를 부분 인용.

22) Clerke, *The Triall of Bastardie*, fol. 39.

23) Coke, *Institutes*, II, pp.96-97; Brydall, *Lex Spuriorum*, pp.42-43.

정을 면제해주는 … 부성(paternity)의 강한 추정"이라는 코먼로의 법칙을 다시 말한 것뿐이라며, "영국에는 입양이 없다"고 했다.[24]

중세 후기에는 영국의회가 이따금 특별대우를 받는 가정의 자식들을 친자로 인지하는 특별법을 시행하기도 했고, 이 전통은 근대까지 이어졌다. 그러나 이러한 특별법은 아주 가끔 밀접한 연줄을 가진 자들이 매우 필요로 할 때에만 주어지는 특권이었다. 또 의회의 사법(private law)이 약간의 권리와 지위를 부여하기는 했으나, 아버지의 공직(또는 성직)을 물려받을 권리는 부여하지 않았다.

헨리 8세(그리고 그의 통치하에 있었던 영국민 전체)는 1520년대의 힘든 경험을 통해 이 코먼로 법칙의 교훈을 배우게 되었다. 자신의 아내인 아라곤의 캐서린과의 사이에서 아들을 갖지 못하던 헨리 8세는 자신의 첩이었던 메리 볼린(Mary Boleyn, 앤 볼린의 자매)과의 사이에서 태어난 사생아인 헨리 피츠로이(Henry Fitzroy)를 친자로 인지하려 했다.

헨리 8세는 자신과 캐서린 사이에서 태어난 메리 공주보다 남자를 후계자로 삼는 것이 더욱 낫다고 생각했다. 왕의 자리를 놓고 잔인한 장미전쟁을 겪은 영국에 자신의 자리를 이어받을 강한 왕자가 있어야 한다고 생각했다. 그러나 왕의 법률 고문들은 그것이 불가능한 일이라고 왕을 설득했다. 의회의 사법을 통해 어린 피츠로이를 친

---

24) Pollock and Maitland, *History of English Law*, II, p.399; Coke, *Institutes*, II, p.97. 또한 Stephen B. Presser, "The Historical Background of the American Law of Adoption," *Journal of Family Law* 11(1972), pp.443-516, at 450.

자로 인지할 수는 있으나, 혹시 영국이 또 다른 잔인한 전쟁의 위기를 맞는다 해도 왕좌를 이어받을 수 있는 권리가 주어질 수 없다고 했다.

피츠로이를 후계자로 삼을 다른 방법이 없었던 헨리 8세는 다른 아내를 맞아들여 아들을 얻기 위해 캐서린과의 혼인을 취소하려 했고, 이에 따라 교황청과 6년 동안이나 논쟁을 벌여야 했다. (그리고 결국은 영국의 종교개혁을 불러오는 계기가 되었다.) 그후로 여섯 명의 아내와 두 명의 딸을 거친 후에서야 헨리 8세는 비로소 에드워드 왕자를 얻게 되었고, 왕좌의 적법한 후계자로 삼을 수 있었다.[25]

넷째, 코먼로에서는 (다른 남자에 의해 포태되었더라도) 결혼한 여자에게서 태어난 모든 자식을 친자이며 상속받을 권리가 있는 자식으로 취급했다. 이 법은 여자가 약혼이나 결혼 전에 제3자와 가진 혼전 성관계에서 태어난 자식들도 포함되었다. 존 고돌핀(John Godolphin)은 심지어 "다른 남자에 의해 포태된 자식이 친모가 혼인서약한 지 한 시간 후에 태어나는 경우에도 남편의 자식이 된다"고 하며, 그 자식은 "사생아가 아니며, 어머니와 결혼한 남자의 상속자가 될 수 있다"고 했다.[26]

이 법은 결혼한 여자가 외도하여 낳은 자식도 포함했다. 부부가 결혼한 상태에서 태어나는 모든 자식은 일단 남편의 친자로 추정한 것

---

25) Henry Ansgar Kelly, *The Matrimonial Trials of Henry VIII* (Stanford: Stanford University Press, 1976).

26) Godolphin, *Repertorium Canonicum*, p.482.

이다. 이것은 남편이 생식 능력이 없거나, 오랫동안 아내와 떨어져 있거나, 아내가 간음을 저지르기로 유명한 경우에도 마찬가지였다. 따라서 농가에서는 남편이 태어난 자식의 친부이며 그 자식을 친자로 추정하는 것을 가리켜 "어느 소가 내 소를 임신시켰든지, 태어나는 송아지는 내 것이다"라는 격언이 있었다.[27]

이 추정을 극복할 수 있는 유일한 경우는 남편이 거세당했던지 부상으로 인해 전혀 성교를 할 능력이 없는 경우였다. 아니면 (남편이 "사면의 바다 건너"beyond four seas 멀리 머무르고 있어 집에 올 수 있는 기회가 전혀 없었으므로) 남편과 아내가 지난 2년 동안 전혀 아무런 접촉이 없었다는 것을 보여줄 수 있는 절대적인 증거가 필요했다. 그러나 남편이 단지 다른 지방이나 영국해협의 맞은편에 머무르고 있어, 물리적으로 아무리 멀리 떨어져 있어도 남편이 아내를 방문할 수 있는 아주 근소한 가능성이 있었다면 이 추정을 극복할 수 없었다.

또한 코먼로 법정에서는 만약 남편이 자식의 친부가 되는 것이 불가능한 상황이었다 하더라도, 아내의 자식을 자신의 자식으로 인정하는 경우에는 대개 더 이상 조사를 하지 않고 그 자식이 적법한 상속자라고 선언했다.[28]

이제 막 과부가 된 여자에게서 태어난 자식도 추정상 친자가 되었

---

27) Helmholz, "Bastardy Litigation," p.370, from the fourteenth-century yearbooks.
28) Coke, *Institutes*, I, p.244a; Nicholas, *Treatise*, passim; Hooper, *Illegitimacy*, pp.13-19. '사면의 바다'의 원칙은 1732년에 마침내 파기되었으나, 남편이 친부임과 자식이 친자임에 대한 강한 추정은 여전히 남아 있었다. Helmholz, "Bastardy Litigation," p.370 참고.

다. 남편이 죽은 지 약 10개월 내에 그 남편의 과부에게서 태어난 자식은 사망한 남편의 친자로 추정했다. 그 과부가 남편의 생전이나 사후에 사생활이 방탕하기로 유명했거나, 남편 생전에 남편과 별거 중이었다 하더라도 마찬가지였다.

또한 과부가 남편 사후 9개월 이내에 임신한 상태로 재혼하는 경우, 그 자식은 사망한 전 남편의 친자로 추정되었다. 결혼식 당일에 이미 임신한 것이 티가 날 정도면, 그 자식은 전 남편의 자식이었다. 만약 임신한 것이 티 나지 않을 경우에는 두 번째 남편의 친자가 되었다. 어느 경우에도 친자로 추정되는 것은 마찬가지였다.

영국 코먼로의 이러한 특징은 위와 같은 모든 아동을 혼외자로 정한 캐논법과 매우 대조되었다. 캐논법하에서 태어난 아동의 계급은 그 어머니의 죄악의 경중에 달려 있었다. 미혼 여성이 어떠한 약속도 하기 전에 저지른 단순음행은 결코 가볍지 않은 죄악이었으나, 이렇게 포태된 자의 친부가 이미 기혼자이거나 성직자가 아닌 이상은 친자로 인지될 길이 있었다.

그러나 약혼계약이나 결혼계약을 위반하여 간음을 저지른 여자의 죄악은 더욱 심각했다. 간음을 통해 태어난 아동들은 대개 영원히 혼외자의 신분을 벗어날 수 없었고, 신분 탈피의 유일한 방법은 아주 가끔 주어지는 포고 및 특별면제 등을 통하는 것이었으며, 이러한 경우 교회 내에서 낮은 계급의 직책을 맡을 수 있었다.

코먼로와 캐논법의 이러한 차이점으로 인해, 영국의 세속법정들은 혼외자에 대한 사건들을 교회법정의 관할권에 두려 하지 않았다. 물론, 세속법정에서도 성적 죄를 저지른 여자를 처벌했고, 대개 여자를 버려두고 떠난 남편보다 간음을 저지른 아내를 더욱 무겁게 처벌했다. 그리고 세속법정은 남편이 간음을 저지른 아내와 이혼하는 것을 허용했고, 이러한 경우 아내가 남편에게 대해 가질 수 있는 과부산권(Dower), 자녀양육비, (16세기에 도입된) 위자료 그리고 그외 재산에 대한 권리를 주장할 수 없도록 했다.[29] 그러나 코먼로에서는 "어머니의 죄"를 "그 자식들에게" 갚는 것이 허용되지 않았다.[30] 자식은 그대로 친자의 신분을 유지했다.

다섯째, 종교개혁 이후로 코먼로에서는 성직자의 독신의 의무가 사라졌으며, 따라서 성직자의 자식이 자동적으로 혼외자가 되지 않았다. 중세 동안에도, 성직자의 성(sex)·축첩·결혼의 문제는 지속적으로 다루어지는 주제였다. 1123년부터는 가톨릭교회 당국이 성직자가 성관계를 가지는 것을 매우 엄격하게 금지했다. 또 교회는 성직자에게서 태어난 모든 자식을 신성모독의 가장 쓴 열매로 규정했으며, 교황의 특별면제 없이는 이 부류의 사생아들이 교회의 사소한 직책조차도 가지지 못하도록 했다.[31]

그러나 일부 영국 성직자는 계속해 결혼을 하거나 비밀스럽게 첩을 두고 자식들을 낳았다. 일부 주교는 성직자의 자식 가운데 학식이 높은 자가 아버지의 성직을 계승하도록 허용하기도 했고, 이러한 경

---

29) Nicolas, *Treatise*.
30) Hooper, *Illegitimacy*, pp.9-10.
31) 이 책, 148-58쪽 참고.

우 성직자는 자식이 조카라고 주장하기도 했다. 일부 코먼로 법정에서는 차부제(Subdeacon) 이하의 낮은 직책을 가진 성직자들이 비밀 결혼을 하여 낳은 자식들을 친자로 인지하기도 했다. 종교개혁이 일어나기 전까지 성직자의 성, 결혼, 자식에 대한 문제는 영국(및 다른 나라들)에서 국가와 교회 직책자들 사이에서 지속적으로 논쟁이 되는 주제였다.

1563년 가톨릭교회는 이 문제를 한 번에 해결하기 위해 트리엔트 공의회(Council of Trent)에서 캐논법의 독신과 정절의 의무를 어기는 자들을 파문한다고 선언했다. 그러나 그 당시 영국은 이미 로마와의 인연을 끊고 영국교회를 설립한 후였다.

성직자의 결혼은 프로테스탄트 종교개혁의 주요 특징 가운데 하나였다. 영국의 초기 종교개혁가들은 1525년 본래 성직자와 수녀였던 마르틴 루터(Martin Luther)와 카타리나 폰 보라(Catherina Von Bora)가 결혼한 것이 해방의 상징적 행위라고 치하했다. 따라서 영국이 1533-34년에 걸쳐 로마에서 공식적으로 분리되자 영국의 성직자와 위정자들은 새롭게 성직자의 결혼의 자유를 도입했다. 그러나 튜더 왕조는 성직자의 결혼을 여전히 문제 삼았고, 의회를 통해 성직자의 결혼을 재차 금지했다.

마침내 1603년 법령에 따라 영국 내에서 성직자의 결혼이 합법으로 선언되었다. 모든 계급의 영국 성직자들이 결혼의 자유를 가지게 되었고, 그들의 자식은 모두 친자이며 재산 상속자의 신분을 가지게 되었다. 다른 프로테스탄트 국가(또는 영토)들과 마찬가지로, 혼외자

가 성직을 가지지 못하도록 금지한 것도 폐지되었다.[32]

영국 왕실은 이미 16세기에 캔터베리 대주교에게 사생아들이 성직을 가질 수 있도록 특별면제를 부여할 권리를 주었다.[33] 그러나 17세기 법학자인 존 셀던(John Selden)의 말을 빌리자면, 이 특별면제는 결국 "너무 가톨릭의 냄새를 풍긴다"는 이유로 사라지게 되었다. 성직의 자격은 사람의 혈통 및 출생 신분이 아닌 성품과 학식에 따라 주어져야 했다.

사생아가 성직의 자격을 갖출 수 있는지에 대해 의문을 가진 자는 신명기 23장 2절("사생자는 여호와의 총회에 들어오지 못하리니 십 대에 이르기까지도 여호와의 총회에 들어오지 못하리라")에 대한 셀던의 학식 있는 주석에서 답을 찾을 수 있었다. 셀던은 유대법에 대한 자신의 방대한 지식을 통해 이 구절이 제사장 및 기타 성직자들의 출생신분과 전혀 상관없다는 것을 보여주었다. 이 구절을 제대로 이해한 셀던은 이것이 "사생자가 유대인 여자와 결혼할 수 없다는 의미"라고 결론지었다. 이 구절을 이용하여 사생아에게 제사장직을 금지하는 것은 "중대한 착오"였다.[34]

여섯째, 종교개혁 이후의 코먼로는 혼인이 성례(sacrament)이고 서

---

32) Hooper, *Illegitimacy*, pp.89-100; F.W. Maitland, *Roman Canon Law in the Church of England: Six Essays*(London: Methuen, 1898), pp.54ff.
33) 25 Hen. VIII, c. 21, 1524; 28 Hen. VIII, c. 16, 1536; Helmholz, *Oxford History*, pp.211-12 참고.
34) Selden, *Opera Omnia*, III, p.2009, I, pp.576-79. 유대교의 해석에 대해서는 이 책, 47-48쪽 참고.

로 다른 종교 간의 결혼관계에서 태어난 자식이 혼외자라는 캐논법 원칙을 부정했다. 이것은 중세의 법과는 매우 다른 점이었다. 중세 캐논법에서는 세례를 받았으며 교회에서 문제가 없는 그리스도인에게만 혼인성사가 허용되었다. 그리스도인이 유대인, 무슬림, 이단자, 파문을 당한 자 등과 하는 결혼은 유효하지 않았고, 그 자식들은 혼외자가 되었다.[35] 중세 영국의 세속법정들은 종교 간 혼인을 교회법정보다도 더 엄격하게 취급했으며, 특히 그리스도인과 유대인의 혼인에 대해 매우 엄격했다. 영국이 13세기에 유대인들을 공식적으로 추방한 후, 그리스도인과 유대인 간의 연합은 사형범죄가 되었고 이러한 부모에게서 태어난 자식들은 태어나자마자 죽임을 당했으며, 살아남은 자들은 정기적으로 추방되었다.[36]

종교개혁 후, 영국교회는 혼인성사라는 캐논법을 점차 부정하게 되었다. 이에 따라 종교 간 혼인 금지와 그 자식들의 혼외자 신분에 대한 논리가 점점 약화되었다. 혼인은 더 이상 성례가 아니었고, 세례도 더 이상 유효한 결혼의 조건이 되지 않았다. 17세기에 이르자 종교 간 혼인 금지의 전통은 자연적으로 사라지게 되었다.

그러나 종교 간 혼인이 법적으로 유효해졌다고 해서 문화적으로

---

35) 이 책, 141, 149쪽 참고.

36) Selden, *Opera Omnia*, III, p.1459ff.; James Parkes, *The Jew in the Medieval Community: A Study of His Political and Economic Situation*, 2nd edn.(New York: Hermon Press, 1976), pp.101-36; Solomon Grayzel, *The Church and the Jews in the XIIIth Century*(Philadelphia: Dropsie College, 1933), pp.49-59, 72-82.

도 아무 문제 없이 수용된 것은 아니었다. 1689년 관용령(Toleration Act)이 제정된 후 영국 국교도와 다른 개신교도 간의 결혼이 쉬워졌다. 그러나 더욱 흔치 않던 가톨릭교도나 유대인과의 결혼은 1829년의 가톨릭 해방령(Catholic Emancipation Act)과 1833년 유대인 해방령(Jewish Emancipation Act)이 제정될 때까지 눈총거리가 되었다.[37)

그 이후에도 종교 간 혼합결혼은 양쪽에서 쉽게 환영받지 못했고, 특히 영국 국교회에서 결혼하는 경우에는 더욱 그러했다. 결혼 예배에서 사용되는 성공회(영국 국교) 기도서(Book of Common Prayer)에는 종교 간 결혼에 대한 언급이나 전례의식이 없었으며, 당시 영국 국교회의 안수 규칙에 따르면 어느 국교회 사제도 그러한 결혼식의 주례를 할 수 없었다.

17-18세기, 새로운 비밀결혼이 유행처럼 번지며 종교 간 혼인 금지에 대한 어떠한 법적 논리도 다 사라지게 되었다. 근대 초기 영국 코먼로 법정은 중세 시대와 같이 부모의 동의, 증인의 증언, 결혼의 예고, 교회에서의 예식 등의 절차를 따르지 않은 결혼도 유효하다고 인정했다. 자격 있는 남녀가 자발적으로 합의한 연합은 특히 첫날밤을 이미 치른 경우 결혼으로 성립되었다.

1604년 캐논법령에는 유효한 결혼의 전통적 요건인 부모의 동의, 결혼의 공개예고, 교회의 헌신이 명시되어 있었다. 그러나 동시에 이

---

37) John Witte, Jr., *From Sacrament to Contract: Marriage, Religion, and Law in the Western Tradition*(Louisville, KY: Westminster John Knox Press, 1997), pp.140-79, 233-63 참고.

공적 요건들에 대해 전통적으로 인가된 예외 또한 명시되어 있었다. '인가된 결혼'은 본래 일반적인 규칙들에 대한 예외로서, 중요한 여행이나 군복무가 임박한 경우 등, 약혼예식이나 혼인예식을 할 수 없는 꼭 필요한 상황에만 주어지는 것이었다. 1604년의 법령은 대주교나 그를 대리하는 성직자들만 이 인가를 부여할 수 있다고 정했다.[38]

그러나 17세기에 이르러서는 교회·가족·공동체의 관여 없이 결혼할 수 있는 대안으로 이 인가된 예외가 많아졌다. 인가를 주는 성직자들이 급증하고 인가의 요건은 점점 퇴색되었으며, 거짓 인가가 늘어났다. 비밀리에 결혼하려는 연인들은 멀리 떨어진 교구(parish)로 가거나 플리트 감옥(Fleet Prison) 또는 항구 근처에 들어선 인가소에 가서 인가를 받을 수 있었다. 하드윅 경(Lord Hardwicke)이 나중에 '지하 결혼 산업'이라고 부른 이 인가 시장은 영국의회의 엄격한 금지에도 불구하고 17세기 후반과 18세기 초반에 번성했다.[39]

1753년 제정된 '비밀결혼 방지를 위한 의회법'(일명 '하드윅 경 법')은 영국에서의 비밀결혼 관행뿐 아니라, 식민지 미국에서 사촌격인 '사실혼'(common law marriage)까지 강력히 금지하려는 목적을 가지고 있었다. 이 법에 의해 드문 경우에만 엄격히 국교회 성직자에 의

---

38) Acts and Proceedings of Convocation(1604), in Edward Cardwell, ed., *Synodalia: A Collection of Articles of Religion, Canons, and Proceedings of Convocations in the Province of Canterbury*(Oxford: University Press, 1842), Canons 101-104.

39) George Elliott Howard, *A History of Matrimonial Institutions*, 3 vols.(Chicago: University of Chicago Press, 1904), II, pp.435-60 참고.

한 예외 인가가 주어질 수 있다는 본래의 전통이 복원되었다.[40]

또한 유효한 결혼이 성립되기 위해서는 부모의 동의, 두 명의 증인, 공식적인 결혼예고, 정부관청에서의 혼인신고, 교회의 봉헌이라는 요건들을 충족시켜야 했다. 이 요건들을 엄격히 따라 성립된 결혼만이 합법적인 혼인이 되었고, 이 요건들을 위반한 연인에게서 태어난 자식들은 혼외자가 되었다. 교구의 서기와 기록담당자들이 이 요건들을 감독하고 위반 시 보고하도록 했다. 1215년 제4차 라테란 공의회에서 확정되고 1563년 트리엔트 공의회에서 확인되었던 옛 캐논법상의 결혼형성의 규칙들이 이제 영국 코먼로의 요건으로 복원되었다.

근대 초기 영국에서는 1753년의 '하드윅의 법'의 결과로 공식적인 혼외자 수가 급증했다. 1750-1850년 사이 잉글랜드와 스코틀랜드의 교구기록을 보면 1753년 이후에 태어나 신고된 혼외자의 비율이 (1753년 법령 선포 약 50년 전에는 평균 2-3퍼센트에서, 법령 선포 약 50년 후에는 5-7퍼센트로) 매우 증가했음을 알 수 있다.[41] 19세기 초에 이르러서는 잉글랜드의 일부 도시와 스코틀랜드의 일부 변두리 지역에

---

40) 26 Geo II, c. 33. 제4차 라테란 공의회에서 정한 법규들에 대해서는 이 책, 129쪽 참고.

41) Peter Laslett and Karla Oosterveen, "Long Term Trends in Bastardy in England: A Study of the Illegitimacy Figures in the Parish Registers and in the Reports of the Registrar General, 1561-1960," *Population Studies* 27(1973), pp.255-86; Peter Laslett, "Introduction," to Peter Laslett, Karla Oosterveen, and Richard M. Smith, eds., *Bastardy and Its Comparative History*(London: Edward Arnold, 1980); Peter Laslett, *Family Life and Illicit Love in Earlier Generations: Essays in Historical Sociology*(Cambridge: Cambridge University Press, 1977).

서 10퍼센트가 훨씬 넘는 비율을 보였다.[42] 또한 같은 기록에 따르면 낙태와 유기와 영아살해의 비율이 급등했음을 알 수 있으며, 이것은 혼외에서 낳은 자식과 관련된 경우가 많았다.[43]

물론 혼외자의 비율이 높아진 요인은 여러 가지가 있었다. 지역 연구들에 따르면 도시화와 산업화의 증대, 함께 거주하는 계절 노동자와 도제의 증가, 도시 내 주거지의 부족 등으로 인해 동거와 접촉의 증가, 성적 실험과 성착취에 노출되는 미혼 여성 도제와 노동자의 증가, 혼전성교의 증가와 길어진 약혼 기간을 동반하는 변화된 연애 관행, 경제 악화로 인한 결혼과 약혼의 저하 등의 요인이 있었다.[44]

---

42) Leah Leneman and Rosalind Mitchison, "Scottish Illegitimacy Ratios in the Early Modern Period," *Economic History Review*, 2nd ser., 40(1)(1987), pp.41-63; Leah Leneman and Rosalind Mitchinson, *Sin in the City: Sexuality and Social Control in Urban Scotland, 1660-1780*(Edinburgh: Scottish Cultural Press, 1998); Andrew Blaikie, "A Kind of Loving: Illegitimacy, Grandparents, and the Rural Economy of North East Scotland, 1750-1900," *Scottish Economic and Social History* 14(1994), pp.41-57; Andrew Blaikie, *Illegitimacy, Sex, and Society: Northeast Scotland, 1750-1900*(Oxford: Clarendon Press, 1993); George Sexton, *The Causes of Illegitimacy Particularly in Scotland*(Edinburgh: Edmonston and Douglas, 1860). 스코틀랜드에서는 '하드윅의 법'이 공식적으로 적용되지는 않았으나, 지역 판사들과 컨시스토리(교회법정)들은 잉글랜드에서 하드윅의 법이 제공된 후 얼마 지나지 않아 그와 비슷한 결혼의 형성에 대한 법규들을 권고하기 시작했다.

43) 예를 들어 Lawrence Stone, *The Family, Sex, and Marriage in England, 1500-1800*(San Francisco: Harper & Row, 1979), pp.296-97 참고.

44) *Ibid.*; Alyssa Levine, Thomas Nutt, and Samantha Williams, eds., *Illegitimacy in Britain, 1700-1920*(Basingstoke/New York: Palgrave Macmillan, 2005); Nicholas Rogers, "Carnal Knowledge: Illegitimacy in Eighteenth-Century Westminster," *Journal of Social History* 23(1989), pp.355-75; Susan Scott

(또 다른 지역 연구에서)[45] 피터 라즐렛(Peter Laslett)은 일부 여성
이 지역 내에서 상당수의 혼외자를 출산하고, 그들의 딸과 손녀들
이 이를 본받아 방탕한 생활을 계속했다는 이론인 영국의 "사생아를
생산하는 하위 문화"를 지적하기도 했다.[46] 에드워드 쇼터(Edward
Shorter)와 로렌스 스톤(Lawrence Stone)은 청교도적 규율이 현저했
던 17세기와 복음주의의 부활 및 도덕개혁이 있었던 19세기 사이의
기간에 점점 증가되었던 '성 자유주의'(또는 '성 혁명')를 지적하기도
했다.[47] 각 공동체에서 이 요인들이 각각 얼마나 작용하였는지는 알
수 없으나, 18세기 후반 갑작스러운 혼외자 증가율을 설명할 수 있는
"한 가지 요인은 없다"는 것이 분명하다.[48]

1753년 이후에 혼외자의 수가 증가된 요인 중 또 하나는 혼외자를
명확히 규정하는 옛 법과 결혼에 대해 엄격한 새 법이 함께 공존했다

and C.J. Duncan, "Interacting Factors Affecting Illegitimacy in Preindustrial
Northern England," *Journal of Biosociological Science* 29(1997), pp.151-69;
Cissie Fairchilds, "Female Sexual Attitudes and the Rise of Illegitimacy: A
Case Study," *Journal of Interdisciplinary History* 8(1978), pp.627-67.
45) 예를 들어 Barry Reay, "Sexuality in Nineteenth-Century England: The Social
Context of Illegitimacy in Rural Kent," *Rural History* 1(2)(1990), pp.219-47
참고.
46) Peter Laslett, "The Bastard Prone Sub-Society," in Laslett et al., eds., *Bastardy*,
pp.217ff.
47) Stone, *The Family*, pp.330-31, 390-404; Edward Shorter, "Illegitimacy, Sexual
Revolution, and Social Change in Modern Europe," *Journal of Interdisciplinary
History* 2(2)(1971), pp.237-72; Edward Shorter, *The Making of the Modern
Family*(New York: Basic Books, 1977), chaps. 3-4.
48) Laslett and Oosterveeen, "Long Term Trends," p.256.

는 것이다. 1753년 '하드윅'의 법 이후에 더욱 많은 혼외자가 태어나게 된 것도 분명한 사실이지만, 더 많은 아동이 사생아라는 이름으로 불리게 된 것 또한 사실이다. 적법한 혼인 연합의 모든 법적·종교적 요건에 대해서 관심 없는 연인들의 비밀결혼 및 사실혼에서 태어난 아동들이 사생아 명단에 이름을 올리게 되었다.

예전에는 이 아동들이 친자로 취급되었다. 그러나 이제는 사생아의 이름이 붙게 되었고, 친자로 인지받을 수 있는 법적 방법이 없었으며, 그들의 부모도 이 자식들을 구제할 방법이 없었다.[49]

사생아의 제한과 지원

중세와 근대 초기 코먼로에서 사생아는 '그 누구의 자식도 아닌'(filius nullius)자이면서 동시에 '만인의 자식'(filus populi)이기도 했다. 그 누구의 자식도 아닌 사생아는 이름이나 평판, 발언권이나 대의권, 친척이나 가정 따위가 없었다. 하지만 이것이 꼭 나쁘기만 한 것은 아니었다. 사생아들은 간혹 보호자가 주어지거나 보호기관으로 보내지기도 했고, 이 경우 친부모보다 더 나은 보호 아래 놓이기도 했다. 사생아들은 가족의 압력 없이 자신의 이름과 직업을 직접 선택할 수도 있었다. 어른이 되기까지 생존하면 친자들이 가진 의무, 즉

---

49) Belinda Meteyard, "Illegitimacy and Marriage in Eighteenth-Century England," *Journal of Interdisciplinary History* 10(1980), pp.479-89; but with the caveats of Joan Schellekens, "Courtship, the Clandestine Marriage Act, and Illegitimate Fertility in England," *Journal of Interdisciplinary History* 25(1995), pp.433-44 참고.

(부모·형제하에서 양육된 경우라도) 부모를 부양할 의무, 결혼에 대한 부모의 동의를 구할 의무, 가족의 불법행위·채무·세금 등에 대한 책임의 의무 등에서 면제되었다.[50]

그러나 이따금 역사적으로 유명한 사생아들이나 문학의 등장인물들이 떠들어 댄 자유에 대한 허풍에도 불구하고,[51] 중세와 근대 초기의 영국에서 친자 대신 사생아의 신분을 선택할 만한 자는 거의 없었다.

1703년 존 브리덜은 영국에서 사생아는 태어나서부터 어른이 될 때까지 '비난의 대상'이라고 했다. "혼인은 명예(honor)에 대한 첫 단계이며, 따라서 사도는 (히브리서 13장 4절에서) 혼인이 명예로운(honorable) 것이라고 했다. 그러므로 결혼과 반대되는 것은 수치(shame)스럽고 불명예(disgrace)스러운 것이다. 그러나 사생아는 혼인 외에서 포태되고 출생한다. 비록 사생아가 자신의 출생에 대해 잘못이 있는 것은 아니지만, 그 부모로부터 불명예를 물려받았으며, 쉽게 모욕과 비난의 대상이 된다."

브리덜은 성경의 신명기 23장 2절, 집회서 23장 24-26절, 지혜서

---

50) Stephen, *New Commentaries*, II, pp.329-30.

51) Lisa Zunshine, *Bastards and Foundlings: Illegitimacy in Eighteenth-Century England*(Columbus, OH: Ohio State University Press, (2005); Glenn Arbery, "Why Bastard? Wherefore Base?' Legitimacy, Nature, and the Family in Post-Renaissance Literature," *Liberty, Life, and the Family* 2(1)(2005), pp.99-119. 위의 책에서 논의된 셰익스피어의 희곡 외에도 Cosmo Manuche, *The Bastard: A Tragedy*(London: M.M.T. Collins and Gabrielle Bedell, 1652)의 문학들을 참고.

3장 16-17절의 구절들에서 사생아를 저주하는 것을 인용하며, "하나님의 민족 내에서 사생아는 항상 멸시받는 존재였으며" 역사적으로나 현재에나 "불법적인 연합에서 태어난 자식들은 부모의 악의 증거"라고 했다.[52]

브리덜은 기독교 국가인 영국의 법과 관습에서 이러한 경건한 기준이 오랫동안 유지되어 왔다고 했다. 적법한 출생신분이 아닌 사생아들은 여러 가지 명예로운 직책에 대한 자격이 없었다. 특히 정치·군사·해군·사법의 고위직을 지낼 수 없었고 검시관, 배심원, 교도관, 교회 관리인, 교구 위원 또는 그에 상응하는 사회적 지위와 책임이 부여된 직책을 가질 수 없었다.

또한 재산이 많은 자라 하더라도, 사생아는 종종 지역 선거, 클럽, 학교, 학회 등에 참여하거나 면허를 요하는 전문직을 가질 수 없었다. 또한 한동안은 충분한 자격을 갖춘 자라 하더라도 영국 국교회에서 안수받을 수 없었다. 이렇게 "경건한 혼인 외에서 태어난 자들에게 큰 불이익"을 줌으로써 "영국뿐만 아니라 다른 나라에서도 행해져 내려온 불법적이고 터무니없는 죄로부터 남성과 여성을 억제할 수 있

---

52) Brydall, *Lex Spuriorum*, pp.15-34. 이 구절들은 후에 조지 메리턴 경(Sir George Meriton)이 '사생아를 출산하는 것'의 '타락'과 '방탕'을 경고하며 사용한 구절들의 일부분일 뿐이었다. George Meriton, *Immorality, Debauchery, and Profaneness, Exposed to the Reproof of Scripture and the Censure of the Law: Containing a Compendium of the Laws Now in Force Against ⋯ Debauched Incontinency and Bastard-Getting*(London: John Harris and Andrew Bell, 1698), pp.103-19.

도록" 하려는 것이었다.[53]

이 사회적 불이익의 대부분은 18세기에 폐지되었지만 재산과 유산에 대한 불이익은 계속 남았으며, 이 가운데 일부는 중세 초기부터 이어진 불이익들이었다.[54] 1765년 블랙스톤(Blackstone)은 그 누구의 자식도 될 수 없는 사생아는 "유산을 상속받을 수 있는 혈통을 이어받을 조상이 없는" 자들이라고 했다.[55] 따라서 사생아는 아버지, 형제 또는 그 누구로부터도 명의·재산·직위·명예·사업·면허·허가 그외 유증할 수 있는 사적 및 공적 청구권리나 상품을 상속받을 수 없었다.

심지어는 사생아의 친부나 친모가 생전에 그 사생아를 양육하고 사망 시에 유산을 상속할 수 있는 다른 상속자가 없는 경우에도 마찬가지였다. 게다가 코먼로에서는 사생아를 "배교자, 반역자, 중범죄인, 추방자, 유명한 중상자, 고리대금업자, 남색자(sodomite), 신분이 불명확한 자, 국교반대자" 등과 함께 취급하여 부모의 유산 집행자가 될 수 없는 자들로 정했다.[56]

또한 혼외자들은 자신의 재산을 유증하거나 처분할 때에도 제한을 받았다. 중세 캐논법과 달리, 코먼로에서는 어른이 된 혼외자들의 결

---

53) Brydall, *Lex Spuriorum*, A3, pp.15-34; Godolphin, *Repertorium Canonicum*, pp.86-87, 279-80.

54) Coke, *Institutes*, I, p.3b.

55) Blackstone, *Commentaries*, bk. I, ch. 16.2.3.

56) John Godolphin, *The Orphans Legacy*, 2nd enlarged edn.(London: Chr. Wilkinson, 1677), pp.86-87, 279-80. 또한 Nelson, *Lex Testamentarium*, pp.98-99, 331 참고.

혼을 허용했고, 생전이나 사후에 아내와 자식을 지원할 수 있었다. 그러나 사생아가 사망할 때에 자식이 없거나 유언을 남기지 않거나 유언에 하자가 있는 경우에는 관리들이 그의 재산을 몰수했다. 심지어는 재산을 부인이나 자식에게 증여하거나 유증한 경우 특별세나 유산세가 적용되는 경우도 있었다.[57]

'그 누구의 자식도 아닌' 자로서의 사생아가 비난과 제재를 감수해야 했던 반면, '만인의 자식'으로서의 사생아는 특히 유년기에 보호와 지원을 받기도 했다. 코먼로학자들은 비자연적 혼외자의 부모가 생전이나 사후에 그에게 어떠한 지원도 제공하지 못하도록 했던 고대 로마법을 비판했다.

블랙스톤은 "부모의 죄로 인해 선량한 자식에게" 그렇게 냉정하고 계산적인 잔인함을 보이는 것은 "가장 악하고 부당한 것"이라고 했다. "어떻게 매우 정의로운 법이라고 자찬하는" 법 전통에서 "어떤 경우에는 사생아들이 부모로부터 선물을 받는 것조차 금지할 수 있단 말인가?"[58] 헨리 존 스티븐(Henry John Stephen)은 "부모가 얼마나 부도덕하고 악하든지 간에" 그 부모로부터 자식을 부양할 권리와 의무를 빼앗는 것은 "자연과 이성에 어긋난 것"이라고 했다.[59]

---

57) Stephen, *New Commentaries*, II, p.329. 하지만 Charles M. Gray and Maija Jansson Cole, "Bowdler's Case: The Intestate Bastard," *University of Toronto Law Journal* 30(1980), pp. 46-74에 나온 바와 같이 이 법규들을 비판하는 16세기의 판례들을 참고.
58) Blackstone, *Commentaries*, bk. I, ch. 16.3.
59) Stephen, *New Commentaries*, II, p.327.

헨리 스윈번은 기독교 황제들이 이 법을 만들 때 가졌던 "일부 사람의 억제되지 못한 정욕을 제한하고 다른 이들에 대한 자애를 존속시키기 위함"이라는 더 큰 도덕적 목적은 이해할 수 있지만, 그렇다고 해서 비자연적인 행위를 금지하기 위해 자연과 형평의 법(law of nature and equity)을 거부하는 법을 만드는 것은 말이 되지 않는다고 했다.

"자연은 모든 피조물이 자신의 자식을 부양하도록, 따라서 짐승조차도 태어난 모든 새끼를 키우기 위해 자연적 보호를 제공하도록 가르친다." "형평에 따르면 아버지의 잘못으로 죄 없는 불쌍한 아기들이 벌을 받아서는 안 된다. 적어도 먹을 음식이 없어서 죽는 것은 안 된다."

스윈번은 따라서 "아기가 근친상간이나 간음이나 음행으로 인해 포태되었더라도, 적법한 혼인 외에서 포태되고 태어난 불쌍한 자식에게 (가능한 한) 아버지와 어머니로 여겨지는 자들의 보호를 받을 수 있도록" 코먼로에서 정하는 것이 "자연과 형평과 인간애를 더욱 따르는 것"이라고 했다.[60]

프로테스탄트 종교개혁 이후의 영국 코먼로는 위와 같은 면을 반영했다. 의회는 (이후 수차례에 걸쳐 수정되고 1834년 빈민구제법 개혁[61]

---

60) Swinburne, *Testaments and Last Willes*, p.200a-b.
61) 이에 대해서는 Lisa Forman Cody, "The Politics of Illegitimacy in an Age of Reform: Women, Reproduction, and Political Economy in England's New Poor Law of 1834," *Journal of Women's Studies* 11(4)(2000), pp.131-56 참고.

전까지 존속되었던) 1576년의 빈민구제법(Poor Law)을 통해 혼외자를 지원하고 보호하는 포괄적이고 새로운 프로그램을 제정했다.[62] 이 법은 이전 몇백 년 동안 지속되었으나 1530년대와 1540년대 수도원의 해산과 함께 사라져버렸던 교회의 혼외자 보호 시스템을 대체했다.

각 교구에서 두 명의 치안판사가 교회관리인과 협력해 빈민을 감독하고, 교구 내에서 태어난 모든 혼외아동의 보호와 양육과 교육을 관장하게 되었다. 교회가 직접 보호를 제공하기도 했고, 특히 아동이 어렸을 때에는 유모, 위탁가정, 고아원 등에서 보호하기도 했다. 이 아동들이 더욱 성장하고 빈민 프로그램이 더욱 발전하면서, 각 교구는 각각 또는 공동으로 다양한 가난한 아동들을 위한 각종 빈민구제소, 빈민작업소, 고아원, 병원 등의 시설과 도제살이, 서비스, 상업 등을 위한 교육 프로그램을 만들었다.

이 가난한 아동들 가운데 많은 이가 혼외자였다. 이후에 찰스 디킨스(Charles Dickins)의 소설에서 묘사된 바와 같이, 이 프로그램들은 아동에게 힘들고 잔인할 수도 있었고, 여러 연구에 따르면 유모나 위탁가정에 맡겨진 유아와 도제살이 및 상업교육을 받는 아동의 사망률이 매우 높았던 것이 사실이다.[63] 그러나 혼외아동이 혼자 남겨지는 것보다는 더 나은 환경을 제공했다.

---

62) 18 Eliz. I, c. 3, 1576.
63) 이 프로그램의 긍정적 결과 그리고 체계화와 적용 과정에서 직면한 문제들에 대해 Poor Relief Act, 1782, 22 Geo. III, c. 83. 또한 James, "The Illegitimate and Deprived Child," pp.39-55 참고.

또한 1576년의 빈민구제법은 치안판사에게 "전능하신 하나님과 인간의 법"을 "매우 모독"하는 성적 범죄를 저지른 "어머니와 아버지라 추정되는 자에 대한 형벌"[64]을 내릴 권한을 부여했다. 1610년의 빈민구제법은 더욱 엄격해져서 치안판사들이 "교구의 보호를 받아야 하는 사생아를 출산하는 모든 음란한 여자"에게 1년 동안의 구금과 노역을 부과하도록 했다. 재범은 또다시 구금형에 처해졌으며, "선한 행실의 보증"이 있을 때에만 석방될 수 있었다.[65] 친부로 판명난 자 역시 그 여인의 "음란한 행실"의 종범으로서 이 법이 적용되어 구금형이나 노역형을 받을 수 있었다.

시간이 지남에 따라 사생아에게 적합한 보호를 제공하는 것이 교구에 점점 더 부담이 되었다. 특히 사생아 수가 계속 증가하는 도시에서는 더욱 그랬다. 17세기와 18세기에는 사기 사건을 다루기 위한 복잡한 특별법들이 제정되었다. 여기서 사기는 더욱 나은 대우를 받기 위해 아이의 친모가 출산 직전 다른 교구로 이주한다든지, 이들에게 호전적인 교구 감독이 비용을 회피하기 위해 친모와 아동들을 다른 교구로 이주시키는 것 등을 가리켰다.

또 종교반대자, 중범죄자, 그외 "받을 자격이 없는 빈민"들이 교구의 보호를 받는 것을 법으로 금지하고, 지속적인 보호의 조건으로 영국 국교회의 성찬에 참여하는 데 하자가 없는 자여야 한다는, 일종의

---

64) 18 Eliz. I, c. 2.
65) 7 Jac. I, c. 4.

'구제적 자선'(redemptive charity)을 제공했다.[66] 의회와 지역정부는 결국 위와 같은 사기로부터 각 교구를 보호하고 재정적 지원이 충분히 이루어지도록 하기 위해 교구들의 정교한 보증(bonding), 보상(indemnification), 연대(affiliation) 시스템을 고안했다.[67]

사생아 보호에 대한 재정 지원의 중요한 방법 가운데 하나가 혼외자의 친부로 추정되는 자, 친모, 그리고 이들의 가족에게 지원을 받는 것이었다. 이미 1576년의 빈민구제법에 따라 치안판사가 사생아의 친부로 추정되는 자와 친모에게 사생아가 성인이 되거나, 종이나 도제가 되거나, 약혼이나 결혼을 할 때까지 매주 양육비를 청구할 수 있었다. 이후의 법들은 친모가 자식의 친부를 지목하는 것을 더욱 용이하게 하고, 치안판사들로 하여금 친부로 추정되는 자들에 대한 조사를 면밀히 하도록 했다. 그자가 (자신이 친부임을 고백하거나 친모의 주장에 대한 상당한 증거를 통해) 실제 아버지인 것으로 밝혀지면, 치안판사가 친부를 음행과 무책임에 대해 처벌할 수 있었고, 친부와 가족에게 아동의 지원, 존속, 교육에 대한 비용을 청구할 수 있었다.

1662년에는 "다른 교구, 때로는 다른 카운티로 도망가 태어난 사생

---

66) 이 문구는 Brian S. Pullan, "Support and Redeem? Charity and Poor Relief in Italian Cities from Fourteenth to Seventeenth Century," *Continuity and Change* 3(1988), p.177, 188에서 인용했다. Brian S. Pullan, *Rich and Poor in Renaissance Florence: The Social Institutions of a Catholic State to 1620*(Oxford: Oxford University Press, 1971) 참고.

67) Richard Burn, *The Justice of the Peace, and Parish Officer*, 16th edn. by John Burn(London: A. Strahan and W. Woodfall, 1788), pp.181-226의 좋은 예시를 참고.

아에 대해 교구가 그 사생아를 부담"하도록 하는 "아버지로 추정되는 자와 음란한 어머니"를 가혹하게 처벌하는 법이 제정되었다. 이 법은 치안판사들에게 "그러한 사생아를 키우고 보호하는 데" 필요한 보상을 위해 "추정 아버지 및 음란한 어머니로부터 토지에 의한 연간 임대료 및 이윤, 동산과 가재를 몰수"할 수 있는 권한을 부여했다.[68] 이 법은 영국 내에서 자신의 자식을 버리고 대서양을 건너 아메리카 식민지로 떠난 부모에게도 적용되었다.[69]

17-18세기에 이르러 혼외자의 부모에 대한 형사제재와 부양명령이 점점 심화됨에 따라, 위기에 처한 혼외자의 부모가 자식을 교회, 병원, 공공장소 등에 버리는 일이 더욱 빈번해졌다. 일부 여인들은 출산 중 또는 출산 후에 아이를 질식사시키거나 "자신에게 맡겨진 아이를 조용히 굶어 죽도록 할 살인자 유모"에게 맡기기도 했다.[70] 1727년 토머스 코럼(Thomas Coram)은 "런던 시내 먼지 더미에서 매일같이 영아의 시체가 발견"되며, 그중 많은 아이가 버려진 혼외자라고 했다.[71]

---

68) 13 & 14 Car. II, c. 12; 또한 7 Jac. I, c. 4를 Burn, *Ecclesiastical Law*, I, pp.246-50의 논의와 함께 참고; R.H. Helmholz, "Support Orders, the Church Courts, and the Rule of Filius Nullius: A Reassessment of the Common Law," *Virginia Law Review* 63(1977), pp.431-48.

69) Stephen, *New Commentaries*, II, pp.327-28.

70) Zunshine, *Bastards and Foundings*, 4; Richard Adair, *Courtship, Illegitimacy, and Marriage in Early Modern England*(Manchester: Manchester University Press, 1996), p.44.

71) Zunshine, *Bastards and Foundlings*, 4. 또한 Laslett et al., eds., *Bastardy*, p. 52에서 근대 초기 영국에서 혼외자로 태어난 영아의 사망률이 친자로 태어난 영

17세기 후반에서 18세기 사이 정부 당국은 이러한 범죄를 가혹하게 처벌했다. 의도적으로 영아를 버린 부모는 공개 태형이나 차꼬 채우기 및 그외 다양한 공개적인 망신을 주는 벌을 받았다. 재범의 경우 구금하고 재산을 몰수했다. 영아를 유기해 죽게 되는 경우에는 부모에게 살인죄가 적용되었으며, 이 가운데 상당수가 처형당했다.

영국 의회는 의도적인 영아살해 증가라는 문제에 대응하여 이미 1623년에 "사생아 파괴 및 살해 방지법"(An Act to Prevent the Destroy-ing and Murthering of Bastard Children)을 제정한 바 있었으며, 이 법은 1803년까지 존속되었다.

> "많은 음란한 여자가 사생아를 출산하고, 자신들의 수치를 감추고 형벌을 피하기 위해 비밀리에 사망한 자식을 매장하거나 은폐하며, 그 이후에 발각될 경우에는 자신의 자식이 이미 사망한 상태로 태어났다고 주장하는 바, 그리고 간혹 (비록 증명되는 경우가 거의 없더라도) 그 사망한 자식이 음란한 여자인 어머니에 의해 살해되거나 어머니의 동의 또는 주선에 의해 살해되는 바, 이 큰 잘못을 예방하기 위해 현 의회의 권한으로 다음과 같이 제정하니, 여자가 … 자신의 신체에서 산 채로 태어난 사생 남아 또는 여아가 산 채로 태어났는지 죽은 채로 태어났는지 알 수 없도록 비밀리에 자신이 직접 또는 주선하여 익사, 매장 또는 그외의 방법으로 살해하고 은폐하는 경우, 그 어머니가 한 명 이상

아의 사망률보다 '종종 2배' 높았다고 분석한 것을 참고.

의 증인을 통해 (그 어머니가 죽음을 은폐하려 했던 자식 당사자인) 그 자식이 죽은 채로 태어났음을 증명할 수 있는 경우를 제외하고, 그 어머니를 살인의 경우와 마찬가지로 사형에 처한다."[72]

이 법은 위와 같은 상황의 여자가 무죄임을 입증하지 않는 한 유죄로 규정하는 것이었다. 태어난 자식에게 무슨 일이 일어났는지를 밝힐 입증 책임은 여자에게 있었고, 범죄행위나 은폐의 증거가 있는 경우에는 검사 측에게 매우 유리하게 작용했다. 18세기에 이 법으로 기소된 여자들을 연구한 최근의 분석에 따르면, 가난하고 필사적인 상황에 처해 그저 다른 대안이 없는 여인들이 피고인 가운데 90퍼센트 이상을 차지했다.[73]

일각에서는 이 법에 의한 여자들의 기소와 처형으로 인해 "사생아를 출산하는" "방탕함과 무절제"에 대한 설교문과 팸플릿들이 생겨나기도 했다.[74] 아메리카 대륙의 식민지와 초기 미국의 입법자들은

---

72) 21 Jac. 27(1623); 이후 William Cummin, M.D., *The Proofs of Infanticide Considered, Including Dr. Hunter's Tract on Child Murder*(London: Green and Longman, 1836)에서 자세히 논의한 것을 참고.

73) Mark Jackson, *New-Born Child Murder: Women, Illegitimacy, and the Courts in Eighteenth-Century England*(Manchester: Manchester University Press, 1996) 참고; 이후의 발전에 대한 분석인 Ann R. Higginbotham, "'Sin of the Age,': Infanticide and Illegitimacy in Victorian London," *Victorian Studies* 32(Spring, 1989), pp.319-37과 함께 참고.

74) 인용문구는 Meriton, *Immorality, Debauchery, and Profanenessi*의 소주제에서 발췌했다. 설교문들과 팸플릿들에 대해서는 예를 들어 John Scott, *The Fatal Consequences of Licentiousness: A Sermon, Occasioned by the Trial of a Young*

사생아의 영아살해에 대해 이와 유사한 법을 제정했고, 이 시기의 설교가들은 아버지와 어머니의 죄악에 대해 불과 유황의 설교를 설파했다.[75]

요약 및 결론

영국은 서구의 법 전통에서 매우 중요한 자리를 차지하고 있으며, 영국의 법학자와 신학자들은 현재 우리에게 익숙한 서구의 많은 법·정치·사회의 사상과 제도 발전에 상당히 기여했다. 영국의 코먼로와 대륙의 시민법 및 캐논법은 여러 법 주제에서 일치했고, 코먼로 학자들은 대륙의 규범과 관행을 영국에 적용하는 것을 주저하지 않

Woman for the Alleged Murder of Her Illegitimate Child, 6th edn.(London: L.B. Seeley & Sons, 1828); The Trial of Mary Gibbs for the Murder of Her Female Bastard Child(London, 1814); J. Penrose, The Rev. Mr. Penrose's Account of the Behavior, Confession, and Last Dying Words of … J. Williams for the Murder of Her Bastard Child(Bristol, 1741); Lydia Neeve, The True Account of the Confession and Behaviour of Lydia Neeve for That Barbarous … Murder, by the Cutting off the Head of Her Bastard Child(Norwich?, 1702); A Full, True and Particular Account of the Trial, Sentence, and Execution of John Webb … for the Murder of a Male Bastard Child … to Which Is Added His Extraordinary Case, and the Substance of an Excellent Sermon Preached on This Most Solemn Occasion(London: J. Pitts, 1911) 참고.

75) 예를 들어 Thomas Foxcroft, Lessons of Caution to Young Sinners: A Sermon Preached … upon the Affecting Occasion of an Unhappy Young Woman Present in the Assembly under Sentence of Death(Boston: S. Kneeland and T. Green, 1733); The Trial of Alice Clifton, for the Murder of Her Bastard-Child(Philadelphia, 1787) 참고. 나아가 Ronald A. Bosco, "Lectures at the Pillory: The Early American Execution Sermon," American Quarterly 30(3)(1978), pp.156-76; Howard, A History of Matrimonial Institutions, III, p.191, n. 3 참고.

왔으며, 대륙에서도 영국의 규범과 관행을 적용하는 것을 주저하지 않았다.

그러나 혼외출생이라는 법 주제에 대해서는 영국의 코먼로가 대륙의 법과 매우 다른 점들을 보여주었다. 그중 가장 주목할 만한 것은 코먼로가 추정상의 결혼, 출산 이후의 결혼 그리고 다른 방법들을 통한 친자인지를 인정하지 않았다는 것이다. 또 신성모독, 종교 결혼, 약혼 및 결혼한 여자의 다양한 성적 범죄에 의한 혼외자 출생을 인정하지 않았다. 나아가 혼외자에게 부모의 죄악의 경함과 중함에 따라 다른 수준의 제재를 부과하기도 거부했다.[76] 이러한 다른 점들에 따라 영국에서는 혼외자 신분의 범위가 대륙보다 좁았으나, 친자와 혼외자 사이의 벽은 더욱 두꺼웠다.

코먼로상의 혼외자 법은 대륙의 캐논법과 시민법에 비해 훨씬 단순했다. 혼인 중에 태어난 자식은 친자이고 혼인 외에서 태어난 자식은 혼외자였다. 어디서, 어떻게, 누구에 의해 자식이 포태되었는지는 중요치 않았다. 신성모독, 간음, 축첩, 매춘 또는 그외 수치스러운 연합을 통해 포태된 자식도 태어난 시기에 어머니가 적법한 결혼관계에 있는 경우에는 친자가 되었다. 부모가 자신들의 성적 죄악에 대한 가혹한 벌을 받을 수는 있어도, 자식들에게 책임이 돌아가지는 않았다. 이것은 참 아이러니한 것이었다.

---

76) 두 가지의 덜 중요한 다른 점이 있다. 코먼로에서는 정신적 장애를 가진 자의 결혼이 유효하다고 했고 그 자식들은 친자가 되었다. 게다가 코먼로 법정들은 망자의 친자 여부에 대해 결정하는 것을 몹시 싫어했다.

코먼로학자들은 "혼인상태의 신성함은 완전한 종교법의 영역"이며, "우리 법의 영역에서는 결혼은 단지 시민적 계약으로 간주할 뿐"이라고 했다.[77] 그러나 부모의 죄악에서 자식을 보호하고 부모의 불경건한 임신으로부터 자식들을 거룩하게 만드는 데에는 거룩한 성례로서의 결혼이 아니라 시민적 계약으로서의 결혼이 효과적이라는 것이 입증되었다.

그러나 코먼로의 혼외자법이 단순하다는 장점의 이면에는 유연하지 못하다는 단점이 있었다. 코먼로에서 혼외자라는 신분은 성별이나 인종과 같이 불변의 성격을 가졌다. 한 번 사생아는 평생 동안 그누구의 자식도 될 수 없었고, 입양이나 다른 친생자 인지의 방법이 없었다. 이 신분은 교구에서 발행하는 출생증명, 혼인증명, 사망증명서에 영원히 기록되었다.

여기에는 예정론(predestinationism)의 정서가 깊게 깔려 있었다. 어쩌면 이것이 근대 초기의 칼뱅주의자들, 그중에서도 특히 1650년대의 올리버 크롬웰(Oliver Cromwell)이 다른 많은 법의 개혁을 열렬히 진행하면서도 혼외자법을 개정하는 것에는 가장 열렬히 반대한 이유일지도 모른다.[78]

반대로 대륙의 캐논법과 시민법은 혼외자에 대해 훨씬 더 유연했

---

77) Blackstone, *Commentaries*, bk. I, ch. 15,1.
78) John Witte, Jr., *The Reformation of Rights: Law, Religion, and Human Rights in Early Modern Calvinism*(Cambridge: Cambridge University Press, 2007), chaps. 4-5의 논의와 참고문헌을 참고.

4 한 번 사생아는 영원한 사생아 225

다. 비록 혼외자의 범위는 훨씬 넓어 많은 부류의 혼외자를 포함하고 있었으나, 캐논법학자들과 대륙법학자들은 혼외자 신분에서 부분적으로 또는 완전히 벗어날 수 있는 방법들을 제공했다. 방법의 일부는 세례·참회·혼인 등의 성사를 통해, 또 일부는 입양, 친자인지, 특별면제의 법을 통해 제공되었다. 이 방법들 가운데 일부는 혼외자 자신이 추구할 수 있었고, 또 일부는 아버지, 부모, 국가 공직자 또는 교회 성직자가 진행할 수 있었다.

캐논법과 대륙법에서 가장 불이익을 받는 자들은 가장 수치스러운 사생아들, 즉 간음·근친상간·신성모독에 의한 혼외자들이었다. 시민법은 부모가 비자연적인 혼외자에게 증여나 유산을 통해 원조를 제공하는 것을 금지했다. 이 자식들은 기독교 세계에서 가장 "권리가 없는" 시민들로 간주되었다.

그러나 코먼로학자들은 (간음·근친상간·신성모독에 의해 태어난) 비자연적 혼외자들이 부모와 사회의 원조를 가장 필요로 하는 자들이라고 했다. 이들은 가장 수치스러운 방법으로 태어났기 때문에 가장 원조를 필요로 하는 자들이었다. 헨리 스윈번은 동료 코먼로학자들에게 "자연은 모든 피조물이 자신의 … 태어난 모든 새끼를 키우기 위해 자연적 보호를 제공하도록 가르친다"는 것을 상기시켰다. 그리고 성경이 마태복음 25장 31-46절에서 "사회에서 가장 약한 자들을 대하는 것"이 그리스도를 대하는 것이라고 가르친다고 했다.[79]

---

79) Swinburne, *Testaments and Last Willes*, p.200a.

따라서 종교개혁 후의 코먼로학자들은 대륙법을 거부하고 전통적인 코먼로의 가르침을 따라 비자연적 혼외자가 친자인지를 받을 수 없더라도 원조를 제공받아야 한다고 생각했다. 아이러니하게도 코먼로학자들이 이 아동들에게 원조를 제공하는 것이 마땅하다고 생각했던 이유는 바로 캐논법에서 비자연적 혼외자의 친자인지를 금지했기 때문이었다. 종종 대륙법과 캐논법을 "영국의 법이나 관습과 다른" 법이라고 비판했던, 자부심 넘치는 영국의 민족주의자인 에드워드 코크 경마저도 이 부분에 대해서는 중세 캐논법의 지혜와 정의에 동의했다.[80]

실제로 종교개혁 후 영국의 코먼로는 중세 교회에서 혼외자들을 보호했던 것을 모방하여 영국의 새로운 빈민구제법을 제정했다. 혼외자의 친모와 친부는 빈민구제법에 따라 원조를 제공할 의무가 있었고, 이 의무를 불이행할 시에는 가혹한 제재를 받게 되었으며, 심지어 혼외자식을 죽이는 경우에는 처형당하게 되었다. 필사적인 상황에 처한 일부 여인은 영아살해를 저질렀고, 이러한 죄를 저지르고 아메리카 식민지로 도망한 자 중에서도 처형당한 자들이 있었다.

또한 각 교구에는 거기서 태어난 혼외아동들을 먹이고, 양육하고, 교육하기 위한 부가적인 원조를 제공할 책임이 있었다. 추가 보호를 제공하기 위해 보호자가 임명되기도 했고, 교구의 재정이 부족할 때에는 특별 헌금이나 세금을 걷기도 했다.

---

80) Coke, *Institutes*, II, p.96.

영국의 위대한 역사학자인 폴록(Pollock)과 메이트랜드(Maitland)는 캐논법과 대륙법에 비해 혼외자에게 상대적으로 관대한 코먼로에 대해 "아마도 영국법이 대륙법과 다른 가장 큰 이유는 영국의 왕들이 자신들이 위대한 사생아(정복자 윌리엄)의 혈통임을 자랑스럽게 여겼기 때문"일 것이라고 저술했다. 윌리엄이 1066년에 영국으로 가져온 혼외자에 대한 노르만(Norman)법은 고대 로마법보다 훨씬 관대했다.[81]

그리고 중세 시대의 잉글랜드 왕족과 귀족들은 그들의 위대한 왕을 본받아, 혼외정사를 수치스럽게 여기거나 부모의 죄를 자식에게 물리는 데 덜 집착하는 듯했다.[82]

그러나 '위대한 사생아의 혈통'은 코먼로에 또 다른 영향을 미치기도 했다. 중세 이후로, 혼외자에 대한 코먼로의 초점이 도덕의 논리에서 혈통의 논리로 바뀌었다. 인간의 죄악이 아니라 유산을 상속할 수 있는 혈통, 임신에 대한 범죄행위가 아니라 상속의 권리, 윌리엄 왕의 왕위 승계뿐만 아니라 모든 가족의 재산 상속이 코먼로 혼외자법의 주된 논리가 되었다.

블랙스톤이 말한 바와 같이 "결혼의 가장 큰 동기는 자식을 낳으려

---

81) Pollock and Maitland, *History of English Law*, II, p.397. 또한 Hooper, *Illegitimacy*, pp.5-7; Selden, *Opera Omnia*, III, pp.1335ff., 1768ff., 1962ff.; Aileen Quigley, *King Bastard: The Story of William the Conqueror*(London: Hale, 1973) 참고.

82) Chris Given-Wilson & Alice Curteis, *The Royal Bastards of Medieval England* (London/Boston; Routledge & Kegan Paul, 1984).

는 열망이 아니라 적법한 상속자를 생산하려는 것"이었다. 혼외자법의 가장 주된 요점은 진정한 상속자가 누구인지를 가리는 것이었다.

코먼로의 사생아법에 대한 첫 완전한 논문인 1594년 윌리엄 클러크(William Clerke)의 논문 첫 장 주제 역시 "소유와 출생, 그들의 인지와 재판에 대해"(of possessions and nativities, their cognizance and trial)였다.[83]

이러한 점은 서구의 혼외자법 이전에 기독교 로마 황제들이 성문화한 엄격한 도덕과 죄의 대가 또는 캐논법이 제공한 성적 죄악에 대한 품위 있는 계급과 성례전적 은혜와는 매우 다른 영향을 주었다. 코먼로의 혼외자법은 로마법의 도덕률을 완화하고 캐논법의 계급체제를 평준화했다. 코먼로 역시 성적 죄악에 대한 많은 혐오를 표현했다. 그러나 코먼로는 죄 없는 자식들보다는 죄 지은 부모들에게 그 대가를 치르게 했다.

---

83) Clerke, *The Triall of Bastardie*, fol. 1.

레옹 오귀스탱 레르미트, 「플루랭의 사면」, 1877.

5 모든 아동의 공통 권리
– 아메리카의 새로운 혼외자법 발전

정복자 윌리엄의 후계혈통을 이었다는 영국의 역사가 영국의 사생아법(law of bastardy)에 영향을 준 것과 마찬가지로, 영국에서 분리된 미국의 역사는 미국의 혼인 외의 출생자법에 영향을 주었다. 미국혁명 이전의 아메리카 식민지들에서는 유산·재산·유증 가능한 혈연관계(devisable blood) 등에 초점을 맞춘 영국의 사생아법이 그대로 적용되었다. 그러나 1776년 미국혁명 이후 각 주정부는 점차 혼외자를 포함한 아동의 권리와 자유에 초점을 맞췄다.

이것은 미국의 독립선언, 각각의 주 헌법, 연방 헌법에서 옹호하는 자연권리 사상의 일환인 동시에 산물이었다. 1785년 토마스 제퍼슨(Thomas Jefferson)이 고안한 버지니아주의 친자인지와 유산에 관한 법에서 시작하여 약 200년 후 미합중국 대법원의 평등보호에 대한 법리에 이르기까지, 미국법은 오랜 기간에 걸쳐 점점 혼외자에 대한 전통적인 코먼로의 입장을 철회했다.

현재 미국 내 대부분의 주에는 여전히 혼외자법이 존재하지만, 집행되지 않거나 집행력을 점점 잃어가는 단순한 문자들로 전락했다.

현대의 주된 법 논리는 모든 아동에 대해 출생신분과 상관없이 아동의 최선의 이익(best interest)과 권리를 보호하는 것이다.[1] 비록 혼외자에 대한 문화적 장벽과 기회의 비용은 여전히 높지만, 법적 제한은 대부분 제거되었다.

이 장에서는 혼외자에 대한 서구사회 근대 법의 예로서 미국법의 발전을 분석해보고자 한다. 영국과 그외 영연방 국가들의 사생아에 대한 코먼로의 쇠퇴는 대체로 미국보다 느리게 진행되었고 또 아동의 권리 외의 다른 논리가 전개되기도 했다. 그러나 이 국가들의 법에 대해서도 미국과 비슷한 설명이 적용될 수 있다.[2]

또 많은 (유럽) 대륙국가의 근대 헌법[3]과 유럽인권조약(European Convention of Human Rights)[4]하의 '혼인 외의 출생자'에 대한 새로

---

1) Albert E. Wilkerson, ed., *The Rights of Children: Emergent Concepts in Law and Society*(Philadelphia: Temple University Press, 1973).

2) J.M. Eekelaar, "Reforming the English Law Concerning Illegitimate Persons," *Family Law Quarterly* 14(1980), pp.41-58.

3) 노르웨이·프랑스·독일법에 대한 자세한 비교법 연구로 Harry D. Krause, *Illegitimacy: Law and Social Policy*(Indianapolis: Bobbs-Merrill, 1971), pp.175-229; Ernst Freund, *Illegitimacy Laws of the United States and Certain Foreign Countries*(Washington, DC: Government Printing Office, 1919), pp.243-60 참고. 나아가 Mark Abrahamson, *Out of Wedlock Birth: The United States in Comparative Perspective*(Westport, CT: Praeger, 1998) 참고.

4) 예를 들어 A.G. Chloros, ed., *The Reform of Family Law in Europe: The Equality of the Spouses-Divorce-Illegitimate Children*(Deventer: Kluwer, 1978); Hugh Cunningham, *Children and Childhood in Western Society since 1500*, 2nd edn.(New York: Pearson Longman, 2005), pp.161ff.; Wolfgang P. Hirczy De Mino, "From Bastardy to Equality: The Rights of Nonmarital Children and Their Families in Comparative Perspective," *Journal of Comparative Family Studies* 31(2000),

운 보호를 통한 혼외아동의 처우개선에 대해서도 비슷한 설명이 제공될 수 있다. 나아가 일부 학자는 아동의 권리라는 개념의 근원을 서구의 고대 및 중세에서 찾을 수 있다는 것을 보여주고 있으며, 이러한 역사적 고찰을 통해 혼외자에 대한 오늘날의 법과 신학의 개혁을 더욱 전진시키고 있다.[5]

아버지의 재산에서 아동의 권리로[6]

1776년 이전 아메리카 식민지들의 혼외자법은 주로 영국의 코먼로

pp.231-62 참고. 유럽인권법원(European Court of Human Rights)에서 혼외자에 대한 차별이 유럽인권헌장(European Charter of Human Rights, 1950)의 제 6·8·14조를 위반한다고 결정한 최근 판결들을 참고. 이 책, 120쪽과 www.echr.coe.int/echr에 열거된 판례들과 첫 주된 판례인 Marckx v. Belgium(1979)를 분석한 Marc Salzberg, "The Marckx Case: The Impact of European Jurisprudence of the European Court of Human Rights' 1979 Marckx Decision Declaring Belgian Illegitimacy Statutes Violative of the European Convention on Human Rights," *Denver Journal of International Law and Policy* 13(1984), pp.283-99; J.S. Davidson, "The European Convention on Human Rights and the 'Illegitimate' Child," in *Children and the Law: Essays in Honour of Professor H. K. Bevan*, ed. D. Freestone(Hull: Hull University Press, 1990), pp.75-106 참고.

5) 예를 들어 Patrick M. Brennan, ed., *The Vocation of the Child*(Grand Rapids, MI: Wm. B. Eerdmans, 2008); Symposium, "What's Wrong with Rights for Children?" *Emory International Law Review* 20(2006): pp.1-239; Charles J. Reid, Jr., *Power over the Body, Equality in the Family: Rights and Domestic Relations in Medieval Canon Law*(Grand Rapids, MI: Wm. B. Eerdmans, 2004); Marcia J. Bunge, ed., *The Child in Christian Thought*(Grand Rapids, MI: Wm. B. Eerdmans, 2001).

6) 이 문구는 Mary Ann Mason, *From Father's Property to Children's Rights: The History of Child Custody in the United States*(New York: Columbia University Press, 1994)에서 사용된 제목이다. 식민지 아메리카의 가족법에 대해서는 Edmund S. Morgan, *The Puritan Family: Religion and Domestic Relations in*

를 따랐다.[7] 혼인 내에서 태어난 자식은 유산을 상속할 수 있는 친자

Seventeenth-Century New England, rev. edn.(New York: Harper & Row, 1966);
Daniel Blake Smith, *Inside the Great House: Planter Family Life in Eighteenth-Century Chesapeake Society*(Ithaca, NY: Cornell University Press, 1980); John
Ruston Pagan, *Anne Orthwood's Bastard: Sex and Law in Early Virginia*(Oxford:
Oxford University Press, 2003); Else L. Hambleton, *Daughters of Eve: Pregnant
Brides and Unwed Mothers in Seventeenth-Century Massachusetts*(New York:
Routledge, 2004). 미국혁명 이전과 이후의 혼외자법에 대해서는 Mason, *From
Father's Property*, pp.24-30, 68-75; Michael Grossberg, *Governing the Hearth:
Law and the Family in Nineteenth-Century America*(Chapel Hill, NC: University
of North Carolina Press, 1985), pp.196-233; Elizabeth Urban Alexander,
Notorious Woman: The Celebrated Case of Myra Clark Gaines(Baton Rouge:
Louisiana State University Press, 2001); Robert Wells, "Illegitimacy and Bridal
Pregnancy in Colonial America," in *Bastardy and Its Comparative History*,
ed. Peter Laslett, Karla Osterveen, and Richard M. Smith(London: Edward
Arnold, 1980), pp.349-61; Daniel Scott Smith, "The Long Cycle in American
Illegitimacy and Premarital Pregnancy," in Laslett et al., *Bastardy*, pp.362-
78; Stephen B. Presser, "The Historical Background of the American Law of
Adoption," *Journal of Family Law* 11(1972): pp.443-516; Jamil S. Zainaldin,
"The Emergence of an American Family Law: Child Custody, Adoption,
and the Courts, 1796-1851," *Northwestern University Law Review* 73(1979),
pp.1038-89와 아래 각주들에서 인용된 법 문헌들을 참고. 또한 Freund,
Illegitimacy Laws of the United States; Chester G. Vernier, *American Family Laws:
A Comparative Study of the Family Law of the Forty-Eight American States* ···(to
Jan. 1, 1935), 5 vols.(Stanford: Stanford University Press, 1936), IV, pp.148-
270에서 혼외출생과 그외 관련주제에 대한 주 법령들을 포괄적으로 수집하
고 분석한 것을 참고.
7) 유럽 대륙법의 발전과 더욱 관련이 있는 루이지애나 식민지와 그외 북아메리
카 스페인 점령지의 가족과 혼외출생에 대한 대륙법에 대해서는 Ann Twinam,
*Public Lives, Private Secrets: Gender, Honor, Sexuality, and Illegitimacy in Colonial
Spanish America*(Stanford: Stanford University Press, 1999), esp. pp.126-83;
Hans W. Baade, "The Form of Marriage in Spanish North America," *Cornell
Law Review* 61(1975), pp.1-89 참고. 또한 캘리포니아에 대한 대륙법의 영

였다. 혼인 외(음행, 축첩, 매춘, 간음, 근친상간, 중혼 등)에서 태어난 자식은 유산을 상속할 수 없는 혼외자였다. 모국인 영국과 마찬가지로 아메리카 식민지의 결혼한 부부에게서 태어난 자식은 그 자식의 친부에 대해 의심이 가는 상황이더라도, 부부의 친자로 추정되었다.

또 영국과 마찬가지로 정조와 독신의 맹세를 한 성직자에게서 태어난 자식이 신성을 모독하는 혼외자라고 하는 캐논법적 분류를 거부했다. 그리고 역시 영국과 마찬가지로, 착오 등으로 인해 선의로 형성된 근친상간 또는 다혼을 통해 태어난 자식을 친자로 인지하기 위한 방법인 사실혼이라는 캐논법상의 개념을 받아들이지 않았다. 일부 식민지에서는 백인과 흑인 또는 백인과 아메리카 원주민 사이에서 태어난 아동을 혼외자로 규정했다. 대부분의 식민지는 비밀결혼과 사실혼을 인정했으며, 대개 그런 연합 내에서 태어난 자식을 친자로 인정했다.

유효한 혼인 성립의 기준을 엄격하게 정한 1753년 하드윅의 법은 미국혁명 이전의 식민지들에 많은 영향을 미치지 못했다.[8] 아메리카 식민지들에는 영국과 같은 공식적인 교회법정이 부재했고, 친자에 대한 대부분의 법적 문제는 식민지 법정과 의회에서 해결되었다. 사생아에 대한 일상적인 법적 문제들은 치안판사들에게 맡겨졌고, 치안판사들은 때때로 지역의 교구위원, 교회관리인, 집사 등의 직책을

___

향에 대해 Herma Hill Kay, "The Family and Kinship System of Illegitimate Children in California Law," *American Anthropologist* 67(6)(1965), pp.57-81 참고.
8) 이 책, 207-208쪽 참고.

맡은 자들이기도 했다.

식민지 아메리카에서는 영국과 마찬가지로 혼외자를 낳은 부모들에게 벌금형·구금형·차꼬 채우기·공개 태형 및 그외 공개적으로 망신을 주는 형벌이 부과되었으며, 일반적으로 남자보다 여자를 더욱 가혹하게 처벌했다. 혼외자에 대한 친권은 특히 유년기에 친모에게 남겨지는 것이 일반이었으나, 다른 친척이나 보호자에게 '맡길' 수도 있었다. 친부가 누구인지 알 수 있는 경우에는 그 친부(때로는 친부의 가족)에게 혼외자가 7세가 될 때까지 양육을 지원하도록 했고, 도제나 종이 되도록 하기도 했다.

각 카운티와 군(township)에서도 양육, 위탁보호, 도제제도 등을 통한 지원을 했으며, 이러한 지원은 종종 지역교회와의 협력하에 이루어졌다. 치안판사들은 혼외자에 대한 공공비용을 아동의 부모에게 보상받을 수 있는 방법을 모색했다. 부모가 너무 가난해서 보상할 수 없는 경우에는 노동증서(indenture)를 발행하기도 했다. 이것은 그 증서의 권리자에게 노동을 제공하겠다고 약속하는 일종의 계약이었고, 군이 직접 노동증서의 이행을 요구하거나 노동증서를 타인에게 매각할 수 있었다. 노동증서를 발행한 자가 또 다른 성범죄를 저지르는 경우에는 그 증서의 기간을 수개월에서 수년 더 연장할 수 있었다.

중범죄를 반복해 저지른 자들은 추방되거나 처형되었다. 주인의 집에서 사는 종이 혼외자를 출산하는 경우, 때때로 그 주인에게 자녀 양육비용이 부과되기도 했다. 특히, 종에게 주거환경을 제공하고 감독을 태만한 경우나, 주인이나 주인의 아들이 임신을 시켰다고 의심이

가는 경우에는 더욱 그러했다. 자신의 혼외자를 유기하거나 살해하는 경우에는 가혹한 형벌을 받게 되었고 때로는 처형되기도 했다.[9]

영국 코먼로와 마찬가지로 식민지 아메리카 법에서는 공식적인 친자인지 방법을 제공하지 않았고, 유일한 방법은 아주 이따금 제정되는 식민지 입법부에 의한 법안 통과였다. 식민지법은 아버지의 선언이나 유언, 출생 이후 부모의 결혼, 새로운 가정으로의 입양, 교회 또는 국가에 의한 공식적인 친자인지 방법 등을 허락하지 않았다. 한번 혼외자로 태어난 아메리카 식민지 주민은 평생 혼외자 신분으로 살아가야 했고, 이 신분이 출생증명, 혼인증명, 사망증명, 세금 및 재산증명 등 각종 증명서에 기록되었다.

그리고 영국법과 마찬가지로, 식민지 아메리카 법에서는 유럽의 캐논법이나 대륙법처럼 부모의 죄의 경중에 따라 사생아의 지위나 대우가 달라지지도 않았다. 코먼로상의 모든 사생아는 똑같은 법적 제한을 받았고, 그중 가장 주목할 만한 점은 그 누구의 유산도 상속할 수 없고, 자신의 재산을 자신의 아내와 자식을 제외한 그 누구에게도 유증할 수 없다는 점이었다.

미국혁명 직전에 시작된 혼외자법의 개혁은 19-20세기 초반까지 빠른 속도로 진전되었다. 이 개혁의 일부는 영국에서 거부한 캐논법과 대륙(시민)법의 도입이었다. 미국의 법학자들은 캐논법과 대륙법의 일부 조항이 권리와 자유에 대한 미국의 혁명적 사상에 더욱 합

---

9) James Ewing, *A Treatise on the Office and Duty of a Justice of the Peace*(Trenton, NJ: James Oram, 1805), pp.146-59.

치한다고 생각했다. 미국의 법원 가운데 루이지애나주의 대륙법에서 이러한 법의 근원을 찾을 수 있었고, 많은 법학자가 유럽의 법조항과 논문들을 인용하기도 했다.

결국 20세기 초에 미국에 등장한 법 논리는 혼외자들에게 가장 유리한 캐논법·대륙법·코먼로가 조합된 결과였다. 미합중국의 각 주 내에서도 혼외자에게 더욱 많은 권리와 보호를 제공하는 혁신적인 법들이 생겨났다.

첫째, 미국의 주들은 사생아가 태어난 후 부모가 결혼하는 경우에 친자로 인지했다. 이것은 옛 영국의 영주들이 1234년 머튼 공의회에서 열렬히 옹호했던 영국의 오래된 코먼로와 어긋났다.[10] 버지니아 주에서 토마스 제퍼슨이 1779년에 이것을 처음으로 제안하고 1785년에 법으로 제정했다.[11] 제퍼슨은 훗날 이 법이 미국 독립선언과 버지니아 권리장전(Virginia Bill of Rights)을 통해 보호하고자 하는 자연권의 이상을 구체화하기 위한 노력이었다고 했다.

그는 종교의 자유를 배양하고, 노예제도를 폐지하며, "자발적으로 다른 나라로 이주할 수 있는 자연권을 확립"하고, 형법·형사소송법·형사처벌제도의 개혁을 꾀하며, "모든 아동 등의 유산"에 대한 권리를 "평등하게" 부여하기 위해 이 법과 다른 법들을 함께 제정했다. 미국혁명의 성공과 독립선언의 사상에 고무된 제퍼슨은 혼외자에 대

---

10) 이 책, 165-167쪽 참고.
11) W.W. Hening, *The Statutes at Large, Being a Collection of All the Laws of Virginia*, 12 vols.(Richmond: George Cochran, 1823), XII, pp.139-40.

한 코먼로를 이 방향으로 개혁하기 위한 "공공의 여론이 충분히 형성되었다"고 생각했다.[12]

다른 많은 주에서도 이러한 개혁을 수용할 수 있는 여론이 충분히 형성되었다는 것이 판명되었다. 1870년에 이르러서는 절반 이상의 주가 부모가 자식을 출산한 이후 결혼하는 경우에 그 자식을 자동으로 친자인지하는 법을 도입했다. 1930년까지 이 법을 수용하지 않은 주는 세 개밖에 되지 않았다. (그러나 많은 주는 여전히 부부 중 남편이 혼전에 태어난 아동을 자신의 친자로 인정해야 한다는 요건을 남겨두었다.)

사법부와 학계 모두 아동을 부모의 죄에서 보호할 수 있는 이 개혁을 환영했다. 예를 들어 티모시 워커(Timothy Walker)는 1833년 다음과 같이 저술했다. "이 조항들에 담긴 정의와 자애는 그 누구도 부정할 수 없다. 부모의 죄악이 불법적인 성관계로 인해 태어난 죄 없는 자식에게 돌아간다는 것이 얼마나 가혹하고 불합리한 것인가. 반면 그 부모가 향후에 결혼함으로써 자신들의 잘못의 결과를 수정할 수 있도록 가장 큰 동기를 부여하는 것은 얼마나 현명하고 인간적인가."[13]

일부 주에서는 이 법을 확장해 간음을 저지른 부모가 향후에 결혼을 하는 경우에도 그 자식을 친자로 인지하는 것을 허용했다. 이것은

---

12) Thomas Jefferson, *The Writings of Thomas Jefferson*, ed. P.L. Ford, 10 vols.(New York: G.P. Putnam's Sons, 1892-99), VII, pp.476-77.
13) Timothy Walker, *Introduction to American Law; Designed As a First Book for Students*(Philadelphia: P.H. Nicklin and T. Johnson, 1837), p.233. 또한 Grossberg, *Governing the Hearth*, pp.204-205 참고.

그동안 서구의 법 전통에서 전혀 인정되지 않았던 것이었다. 1875년 메릴랜드주의 한 법원은 출산 이후의 결혼에 의한 친자인지의 목적이 "부모가 자식을 포태했을 때의 죄의 경중과 상관없이 그 부모가 결혼한다면 언제나 죄 없는 자식에 대한 사생아의 낙인과 불이익을 없애기 위함"이라고 했다.[14]

메인주의 한 법원은 이 새로운 법이 "형평과 정의"에 더욱 부합할 뿐 아니라 "죄 없고 순수한 아동에 대한 자애를 장려"하는 것이라고 했다. 이 법이 모든 아동으로 하여금 그들이 어떠한 상황에서 포태되었으며 어떠한 신분으로 출생했는지와 상관없이 "숭고한 합법적인 혼인의 관계"로부터 평등한 혜택을 누릴 수 있도록 해준다고 했다.

만약 결혼이 의도적인 혼전음행이라는 죄로 인해 태어난 아동을 구제해줄 수 있다면, 의도적인 간음이라는 죄에서 구제하는 것이 안 될 이유가 무엇인가. 결국 이 두 죄는 "같은 종류"의 죄가 아닌가?[15] 이러한 논리는 상당히 설득력 있었고, 몇몇 주에서는 이 논리를 받아들여 간음자들에게도 새로운 법을 적용했다.

그러나 대부분의 주에서는 성서 시대부터 전해 내려온 전통적인 논리가 20세기에 이르기까지 지배적이었다. 즉, 간음자들에게 서로와 결혼하는 것을 허락하고 그 자식들을 친자로 인지하는 것은 사실상 그 간음자들의 중대한 죄에 대해 상을 내리고 다른 이들로 하여금

---

14) Hawbecker v. Hawbecker, 43 Md. 516, 520(1875). Grossberg, *Governing the Hearth*, pp.222-23, 376-77의 예를 참고.
15) Brewer v. Hamor, 83 Me. 251(1891).

현재의 배우자와 이혼하거나 심지어는 살해하는 것을 장려하는 결과를 초래한다는 것이었다.

둘째, 같은 1785년의 버지니아 법은 오랜 캐논법상의 사실혼을 채택했다. 캐논법에서는 혼인을 했으나 나중에 근친상간 또는 다혼(또는 다른 이와의 선계약)의 절대적 장해로 인해 혼인무효가 된 사실혼 관계 내에서 태어난 아동을 친자로 인지했다. 남편이나 아내가 이 장해의 사실에 대해 몰랐거나 부부가 교회에서 좋은 신앙 안에서 혼인한 경우, 그들의 자식들은 계속 친자로 인정되었고 유산을 상속할 권리가 있었다. (이것은 그 부모가 영구적으로 헤어지고 이후에 다른 사람과 결혼한 경우에도 마찬가지였다.) 영국은 이 캐논법이 유산상속권에 혼란을 가하고 재산의 명의를 불명확하게 한다는 이유로 거부했다. 이 법은 또 법의 무지와 사실의 착오가 잘못의 처벌에 대한 핑계가 될 수 없다는 고대 코먼로에 위배되는 것이기도 했다.

버지니아주를 비롯한 미국의 여러 주는 훗날 코먼로의 이 입장이 "매우 가혹하고 불만족스럽다"고 했다.[16] 미국의 주들이 새롭게 채택한 출산 이후 결혼에 의한 친자인지에 부합하지 못하는 것이었기 때문이다. 미국의 법학자들은 의도적인 혼전음행과 간음의 죄가 이후의 결혼으로 용서될 수 있다면, 선의로 맺어진 근친혼과 다혼의 죄도 최소한 그 사실혼에서 태어난 자식과 관련해선 용서될 수 있다고 하고, 더 나아가 아동의 권리를 주장했다. 1852년 텍사스주의 한 법원

---

16) Vernier, *American Family Laws*, IV, p.186.

은 다음과 같이 판시했다.

"아동의 권리는 부모의 혼인이 합법인지 불법인지의 여부에 달려 있지 않다. 만약 그 혼인에 대해 법을 위반하는 범죄가 있었다 하더라도, 그 범죄는 알지 못한 채 일어난 것이며, 따라서 응보의 결과를 초래할 만한 것이 아니다 … 법에 의해 무효인 결혼관계에서 태어난 자식은 무효의 근거와 상관없이 친자이며, 따라서 친자가 가지는 모든 권리를 가진다."[17]

위스콘신주의 한 법원은 이 법이 "매우 공정하고 인간적인 조항"이라고 하며, "부모의 죄(심지어는 비의도적인 죄)를 자식이 갚는 구법의 가혹함을 어느 정도 완화한다"고 했다.[18]

1860년에 이르러서는 약 절반 정도의 주가 근친혼이나 다혼의 절대적 장해로 인해 나중에 무효가 된 사실혼의 자식을 친자로 인정하는 법을 채택했다. 1930년에 이르러서는 이에 대한 논쟁이 계속 남아 있었음에도 불구하고 일곱 개 주를 제외한 나머지 모든 주에서 이 법을 채택했다.

혹자는 이 논쟁에 대해 다음과 같이 설명했다. "근친혼 또는 다혼이

---

17) Hartwell v. Jackson, 7 Tex. 576(1852).
18) Watts v. Owens, 62 Wis. 512(1885); 나아가 Walter C. Tiffany, *Handbook on the Law of Persons and Domestic Relations*(St. Paul, MN: West Publishing, 1896), pp.215-16 참고.

라는 것은 상식에 매우 어긋나는 것이며, 그것들에 대한 깊은 반감은 이미 전반적으로 퍼져 있다 … 따라서 그러한 연합을 무효로 보는 경향이 있다는 것은 놀랍지 않으며 당연한 논리적 결과다. 게다가 혼인에는 의무적으로 공식적인 예식이 필요하며, 비공식적인 혼인 또는 사실혼이 불법이고 무효라면 이런 질문을 받게 될 것이다. 그러한 연합의 자식이 혼외자가 아니라면 이 법이 과연 어떠한 제재 효과를 가질 수 있나?"[19]

이러한 주장도 일리가 있었고 소수의 주가 20세기에 들어서도 사실혼의 법을 거부했으나, 다수의 주는 사실혼의 법을 채택했다. 더욱 진보적인 일부 주는 사실혼이 되기 위해서는 부부가 선의로 교회 예식을 통한 혼인을 했어야 한다는 전통적인 요건을 폐지했다. 이 새로운 논리는 자식이 태어날 당시 부부가 법에 의해 유효하다고 인지된 혼인관계에 있었다면, 그 자식은 이후 부모의 혼인관계에 대한 변화와 상관없이 계속 친자로 인정되어야 한다는 것에 근거했다.

부모가 장해의 존재 여부에 대해 알고 있었는지 모르고 있었는지 또는 그들이 교회에서 공식적인 예식을 올렸는지, 아니면 비공식적으로 결혼했는지, 함께 도망했는지 등의 여부가 그 자식의 친자 신분에 영향을 미칠 수는 없었다. 이 사실이 드러난 이후에 자식을 혼외자로 선언하는 것은 그 자식에게 일종의 소급입법을 적용시키는 것이었으며, 따라서 이것은 헌법 자체, 적어도 헌법의 정신에 위배되었

---

19) Freund, *Illegitimacy Laws*, p.15.

다.[20] 이것은 사실혼에 대해 중세 캐논법에서 고려대상이었던 성례의 정결함이나 개인의 경건과는 매우 다른 논리였다.

당시 미국에서 발전된 사실혼에 대한 법은 19세기 후반부에 모르몬교 내에서 다혼 문제가 대두되었을 때에 가장 어려운 시험대 위에 서게 되었다.[21] 모르몬교 창시자인 조셉 스미스(Joseph Smith)는 신자들을 위해 성경을 보완하는 새로운 말씀(Scripture)인 『모르몬경』(Book of Mormon, 1830)과 『계명서』(Book of Commandments, 1833)를 고안했다. 이 성스러운 문헌들은 몇 가지의 참신한 가르침을 제안했다. 예를 들면 죽은 자를 위해 대신 받는 세례, 인간의 선재(pre-existence of man), 무에서 창조가 일어났다는 전통적인 성경해석을 부정하는 형이상학적 물질주의(metaphysical materialism) 등이었다.

모르몬교 선교사들은 이 기발한 가르침들을 열렬히 옹호했고, 이것은 곧 모르몬교회에 대한 가혹한 탄압으로 이어졌다. 모르몬교회는 먼저 뉴욕주에서 오하이오주로, 그후에는 미주리주와 일리노이주로 이주해야 했다. 몇 차례의 폭동이 일어나고 1844년 조셉 스미스가

---

20) 미합중국 헌법 제1조 제9항에서 이전에 무죄였던 행위를 한 자가 나중에 그 행위가 불법이 되었을 때에 그 행위자에게 법적 책임을 전가할 수 없다는 소급입법의 금지를 참고. 예를 들어 2005년에 술을 마시는 것이 합법이었고 피고가 술을 마셨는데, 2006년에 입법부가 술마시는 것을 금지했다. 2007년에 이 피고가 2005년에 술을 마신 행위로 체포된다면 이것은 헌법에 어긋나는 불법 소급입법이다.

21) Sarah Barringer Gordon, *The Mormon Question: Polygamy and Constitutional Conflict in Nineteenth-Century America*(Chapel Hill, NC: University of North Carolina Press, 2002)의 분석과 문헌들을 참고.

살해된 후, 모르몬교도들은 서부 개척지대로 내몰려 1850년에 제정된 유타 준주(Territory of Utah)에 정착하게 되었다.

서부 개척지대로 내몰린 모르몬교회는 다른 이들의 간섭을 받지 않은 채 조용히 존재할 수도 있었다. 19세기 미국의 제2차 대각성(Second Great Awakening)에서 탄생한 다른 새로운 종교공동체들처럼 말이다. 그러나 1852년 모르몬교회 지도부가 신자들에게 다혼을 종용하는 성명을 발표했다.

모르몬교회는 한 명의 남자가 여러 명의 아내를 두는 것이 적합하며 성경이 명하는 공동체 삶의 형태라고 가르쳤다. 또한 여자가 결혼을 하고 엄마가 되는 것은 영적으로 유익한 것이며, 다혼이 여자가 이 유익함을 누릴 수 있는 기회를 늘리는 것이라고 했다. 이를 따르는 데 조심스러운 자들에게 본보기를 보여주기 위해 교회 지도자들이 먼저 여러 명의 아내를 두었다. 그들은 또한 1830-40년대에 조셉 스미스를 비롯한 교회 지도자들이 이미 다혼을 행했다고 말했다.

모르몬교의 다혼에 대한 정책과 실천에 대한 소식을 접한 미국 의회는 즉각 모르몬교회를 비판하고 정치적으로 대응했다. 1862년에는 다혼을 연방법상의 범죄로 규정하는 법을 제정했다. 1882년에는 다혼을 한 자들에게서 공직을 가질 권리, 투표의 권리, 배심원의 권리 등을 박탈하는 법을 제정했다. 이러한 권리들과 관련하여, 해당하는 자들이 다혼을 옹호하거나 실천하지 않는다는 맹세를 하도록 하고, 의심되는 자는 면밀히 조사했다. 1887년에는 모르몬교회가 다혼을 실천하고 가르치는 것을 그만두지 않을 경우 교회의 재산을 몰수하는 법을 제정했다.

모르몬교도들은 이 연방법이 미국 수정헌법 제1조에서 보호하는 종교 행사의 자유를 위반한다며 유타 준주 내의 법원들에 수십 건의 소송을 제기했다. 하위법원들과 연방대법원은 이 모든 사건에 대해 해당 연방법들이 헌법을 위반하지 않는다고 판결했다.[22]

한편으로 연방대법원은 다혼을 통해 태어난 자식들이, 자신들이 태어난 이후에 부모의 결혼이 무효가 되더라도, 혼외자의 신분이 되어서는 안 된다는 모르몬교도들의 주장을 받아들였다. 대부분의 주와 마찬가지로 미국 의회가 이미 사실혼의 법칙을 받아들였고, 간음을 통해 태어난 자식들의 경우에도 이후 부모의 결혼을 통한 친자인지를 허용했으므로, 이러한 맥락에서 다혼에서 태어난 자식들을 혼외자로 규정하여 불이익을 부과하는 것은 비상식적이라는 이유에서였다.

"법이 다혼을 통해 태어난 자들을 보호한다고 해서 다혼을 옹호하는 것이 아니다. 한 가지를 보호하고 다른 한 가지를 범죄로 규정한다고 해서 모순이 생겨나지 않는다. 일부 주의 법에서 자연적 자식이 태어난 이후에 그 자식의 부모가 결혼을 함으로써 친자로 인지받을 수 있도록 한 것은 부당한 동거(illicit cohabitation) 행위를 보호하거나 묵

---

22) 이와 같은 법령들과 판례들에 대해서는 John Witte, Jr., *Religion and the American Constitutional Experiment*, 2nd edn.(Boulder, CO: Westview Press, 2005), chap. 6 참고.

인하려 한 것이 아니라, 불행하게 태어난 자식이 가능한 한 모든 수단을 동원하여 매우 잘못된 것을 바로잡으려 할 수 있도록 한 것이다. 마찬가지로 본 사건의 쟁점이 되는 법 또한 비록 완전히 분리될 수는 없어도, 전혀 해가 없는 입법부의 당연한 권력 행사이며, 이 법이 진정 다혼 시스템의 제정을 향한 한 단계라고 볼 수는 없다."[23]

이 법은 자연스럽게 이혼 부모의 자식도 친자의 신분을 유지할 수 있다는 결과로 이어졌다. 영국과 달리 새롭게 건설된 미국의 주들은 개인의 사적 권리로서 간음, 유기, 가혹행위, 범죄 등에 따른 이혼을 허용했다. 이혼하는 경우, 부부 중 잘못이 없는 자는 자유롭게 재혼할 수 있었고, 잘못을 제공한 자는 종종 자녀 양육비와 위자료를 지급해야 할 의무가 있었다.

미국의 모든 주는 약간의 주저함은 있었으나 결국 이혼 부모의 자식이 계속 친자의 신분을 유지한다고 했다. 부부의 혼인 중에 아내가 간음을 저질러 태어난 자식도 마찬가지였다. 자식이 혼인 중에 태어났거나 이혼 후 40주 이내에 태어났다면, 그 자식은 부부의 친자로 간주되었다.

셋째, 미국 주들은 사생아가 "유산을 상속받을 수 있는 혈통"이 될 수 없다는 영국 코먼로의 필리우스 눌리우스(filius nullius) 원칙을 부분적으로 거부하여 최소한 친모의 유산을 상속받을 수 있도록 했다.

---

23) Cope v. Cope, 137 U.S. 682, 687(1891). 또한 Grossberg, *Governing the Hearth*, pp.223-24 참고.

이 역시 1785년 제퍼슨의 법령에서 처음 도입된 것이었다. 이 버지니아 법에서는 사생아가 "자신의 어머니에게서 적법하게 태어난 자식과 마찬가지로 어머니의 유산을 상속받거나 증여할 수 있다"고 했다.[24]

제퍼슨은 또 오래된 코먼로의 장자상속권(primogeniture, 아버지의 유산 중 가장 큰 몫을 장자에게 부여하는)법과 한사 재산 상속권(entail, 상속 자손이 누군가에게 받은 유산을 어떻게 처분할 수 있는지를 제한하는)법을 폐지했다. 제퍼슨은 이 새로운 개혁을 통해 서로 다른 가문들 간에 그리고 가문 내 구성원들 간에 "귀족적""봉건적·비자연적 구분"을 없애고 "진정한 공화제적 정부의 기초"를 놓을 수 있을 것이라고 했다. 더 나아가 델라웨어주의 한 법문은 이 개혁이 "개인의 권리에 부합하는 재산권의 균형을 이루어 시민 간의 평등"을 가져올 것이라고 덧붙였다.[25]

혼외자가 친모의 재산을 상속받고 자신의 재산을 친모 및 친모의 친척에게 증여할 수 있도록 한 버지니아주의 유산법 개혁은 얼마 지나지 않아 다른 주들에서도 채택되었다. 이것은 자식의 친자 또는 혼외자 신분과 상관없이 자식을 보살필 주된 책임을 자식의 친모에게 부과하고, 친부에게는 더욱 강화된 양육비에 대한 책임을 부과하려는 더욱 큰 개혁의 일부였다.[26]

---

24) Hening, *Statutes at Large*, XII, p.688.
25) Grossberg, *Governing the Hearth*, pp.211-12에 인용 및 논의됨.
26) Mason, *From Father's Property*, pp.68-73 참고.

제임스 켄트(James Kent)의 말을 빌리자면, 이 개혁은 "가장 원초적이고 구속력 있는 … 어머니와 자식의 관계"가 가능한 한도 내에서 최대한 존속되고 증진되어야 한다는 "매우 합리적인 원칙"에 근거한 것이었다.[27] 1830년에 이르자 혼외자와 친모가 서로의 유산을 상속할 수 있도록 허용한 주의 수가 열세 개로 늘어났다. 1860년에 이르러서는 절반 이상의 주가 이를 허용했다. 1930년에 이르자, 한 개 주를 제외한 모든 주에서 이것을 허용했다.

일부 주는 여전히 혼외자의 친모에게 다른 친자들이 있거나, 그 친모가 혼외자의 친부와 혼인하지 않은 경우에 유산 상속의 권리를 제한했다. 그러나 그외 많은 주는 친모의 혼인상태와 관계없이 모든 혼외자와 친자가 평등하게 어머니의 유산을 상속할 수 있도록 허용했다.[28] 심지어 일부 주는 친모 쪽의 형제와 친척들의 유산도 상속할 수 있도록 했다.

비록 혼외자와 혼외자의 친모가 서로의 유산을 상속할 수 있도록 하는 이 새로운 법들을 적용하는 것에 대한 반론도 있었으나, 연방 및 주 법원들은 이 법들을 직접적으로 반대하는 주장을 받아들여주지 않았다. 연방대법원은 1840년에 이미 메릴랜드주의 이러한 상속

---

27) James Kent, *Commentaries on American Law*, 2 vols.(New York: O. Halsted, 1827), II, p.176.
28) 이 법들은 19세기 후반에 처음으로 여성이 혼인재산에 대한 권리를 가지게 되면서 더욱 일반화되었다. Mary Lynn Salmon, *Women and the Law of Property in Early America*(Chapel Hill, NC: University of North Carolina Press, 1986) 참고.

법을 합헌 결정한 사례가 있었다. 이 사건은 오랫동안 근친상의 결혼 관계를 유지해온 아버지와 딸 사이에서 태어난 혼외자식들에 대한 소송이었다.

물론 원고 측의 변호인은 이 "짐승과 같은 야만행위"를 법적으로 묵인할 수 없으며, 따라서 이 행위에서 태어난 혼외자들이 어머니의 유산을 상속할 수 없다고 주장했다. 그러나 법원은 이 주장을 받아들여주지 않았다. 비록 부모가 근친이라는 "충격적인 범죄"를 저질렀으나 "부모의 죄로 인해 그 자식들을 처벌하는 것은 옳지 않다. 아동의 권리가 자신을 태어나게 한 행위의 죄의 정도에 따라 달라질 수 없다. 모든 혼외자는 범죄의 열매이며, 다만 각 범죄의 정도가 다를 뿐"이라고 하며, 입법부가 "부모의 범죄행위가 아니라 혼외자 자신들의 무죄성"에 의거하여 상속의 권리를 부여할 수 있다고 했다.[29]

1875년 코네티컷주의 한 법원은 "사생아가 그 누구의 자식도 될 수 없다(filius nullius)는 코먼로의 기본원칙을 완전히 거부하며, 그러한 자식은 법에 따라 친모의 자식으로 인정되어 자식으로서의 모든 권리와 의무를 가진다 … 사생아에게는 부모도, 보호인도, 심지어 어머니도 있을 수 없다는 봉건적이고 혐오스러운 코먼로 원칙을 우리 주에서 인정한 적이 없다"고 했다.[30]

---

29) Brewer's Lessee v. Blougher, 39 U.S. 178, 199(1840).
30) Appeal of Dickinson, 42 Conn. 491, 498(1875)(문헌 내 따옴표와 인용 표시 생략).

혼외자에게 친모(때로는 친모의 친척)를 상속할 권리가 주어진 반면, 친부를 상속할 권리는 20세기 후반까지도 부여되지 않았다. 친부는 혼외자에게 생전에 증여를 하거나 양육비를 지원할 의무를 가질 수 있었다. 그러나 친부가 혼외자에게 유산을 남길 권리나 의무를 가지는 경우는 드물었다. 1930년에 혼외자에게 친부의 유산상속을 허용한 주는 네 개 주에 불과했다.

그중 하나가 캘리포니아주였다. 캘리포니아주 대법원은 이러한 개혁을 이론적으로 옹호하고 실천했다. 대법원은 1945년 한 판례에서 오랜 코먼로가 "아버지의 죄를 자식에게 갚게 한다"고 했다. 이 가혹한 법은 이론적으로 "혼외자가 친부에게 유산·지원·인지를 받을 권리를 제한함으로써 사생아 생산을 억지"하기 위함이었으나 이후로도 혼외자의 수가 늘어나기만 하는 현실을 보았을 때, 이 오랜 코먼로 법칙들은 소용이 없다며 다음과 같이 판시했다.

"코먼로에 의해 부모가 지은 죄의 부담을 자식에게 돌리는 것이 정당하지 못하다는 것이 증명되었고, 자녀를 부양할 책임이 친모와 함께 친부에게도 평등하게 있으므로, 혼외자가 친자로 인지받고 친부의 성(name)과 유산을 받을 권리를 허용하는 것이 코먼로상의 무책임의 원칙만큼이나 또는 오히려 그것보다 더 잠재적인 친부를 억지하는 효과를 가질 것이며, 또한 우리의 정의 사상에 더욱 부합할 것이다. 정의를 고려하지 않더라도, 실제로 코먼로에서 혼외자의 친부가 누릴 수 있었던 법적 책임에 대한 완전한 자유로 인해 남자가 행하는 방탕한 순간에 그를 억지하는 효과가 아닌 장려하는 효과를 낳았으며, 따라서 이 원칙은 없어져야 한다."[31]

이러한 논리는 20세기 후반에 들어 일반화되었다. 그러나 20세기 전반까지는 사생아가 아버지의 유산상속을 하지 못하는 유스티니아누스 황제 시대부터 내려온 오랜 법이 미국 내 대부분의 주에서 유지되었다. 이러한 개혁에 대한 요구가 거세졌을 때 일부 주는 사생아에게 완전한 상속의 권리를 주는 대신 제한적인 권리만을 부여하여, 불법행위법상의 불법 사망에 대한 보상, 생명보험 또는 장애보험 등에 의한 보상 등을 포함하여 아버지가 사망할 때 자녀들에게 일반적으로 분배되는 보상들을 받을 수 있는 권리를 금했다. 친부가 혼외자에게 재산을 남기려 하는 경우에는 먼저 혼외자를 친자로 인지해야 했다. 많은 주에서 이 인지의 절차를 완화했다.

넷째, 미국 주들은 결국 부모의 출산 이후 결혼 외에도 혼외자를 친자로 인지할 수 있는 다른 방법들을 채택했다. 일부 주에서는 민법 제정을 통해 친자를 인지하는 영국의 관행이 존속되었으나, 이 방법은 영국에서 그랬던 것처럼 까다롭고 비용이 많이 들며 아주 이따금 행해지는 방법이었다. 몇몇 주에서는 이 방법 대신 단순히 혼외자의 친부가 법원에 자식을 친자이며 유산을 상속할 수 있는 자로 선언하도록 신청할 수 있는 법을 제정했다.

---

31) In re Lund's Estate, 26 Cal. 2d 472, 480-1 (1945).

그러나 더욱 인기 있는 방법은 친부가 (서신, 공식선언, 유언장 등을 통해) 직접 혼외자를 자신의 친자이며 유산을 상속할 수 있는 자로 선언하도록 하는 대륙법의 법칙이었다. 이 법은 1930년에 이르러 절반 이상의 주에서 채택하게 되었다.

다섯째, 미국 주들은 또 다른 대륙법의 법칙인 이른바 고대 로마의 입양 관행이라는 제도를 채택했다. 영국의 코먼로에서는 입양제도가 일체 거부되었다. 중세 코먼로학자인 글랜빌(Glanvill)은 "상속자를 만들 수 있는 것은 오로지 하나님밖에 없다"고 하며, 입양은 "교활한 책략"일 뿐이라고 했다.[32] 따라서 혼인 내에서 태어난 자식만이 진정한 상속자가 될 수 있었다. 혼외자에게는 어떠한 유산도 주어지지 않았고, 자식이 없는 부부에게는 가문의 성(name)·집·사업을 계승할 희망이 없었다. 새로운 입양법은 이에 대한 대안을 제시했다.

미국의 법원들은 이미 19세기에 비공식적인 사적 입양을 허용했다. 특히 친부가 생전에 혼외자를 지원·보호·양육하고 사망 시 추가적인 양육 지원의 일환으로 자신의 재산을 신탁으로 남기는 경우에는 더욱 그러했다.[33] 공식적인 입양법을 가장 먼저 제정한 곳은 매사추세츠주였다. 이 법은 친척이 아닌 자의 입양을 주가 엄격히 규제하

---

32) Stephen B. Presser, "Law, Christianity, and Adoption," in *The Morality of Adoption: Social-Psychological, Theological, and Legal Perspectives*, ed. Timothy P. Jackson(Grand Rapids, MI: Wm. B. Eerdmans, 2005), pp.219-45, 220-22에 인용 및 논의됨.

33) Yasuhide Kawashima, "Adoption in Early America," *Journal of Family Law* 20 (1982), pp.677-96; Kent, *Commentaries*, p.178.

고 법원이 감독하도록 했다. 1851년에는 아동에 대한 부모로서의 모든 권한과 권리를 아동과 생물학적으로 관계가 없는 제3의 입양인에게 영구히 양도하는 것을 허용하는 법이 제정되었다.

입양하는 부모는 기본적인 자격요건을 갖추어야 했고, 생물학적 친모가 (그리고 일부 주에서는 친모와 친부가 함께) 입양에 동의해야 했다. 부모에게 입양 아동보다 더 나이가 많은 자식이 있는 경우, 그들의 동의도 필요했다. 법원이나 해당 기관이 절차를 감독했다. 입양절차가 끝나면 입양에 대한 사법명령이 발급되고, 입양 아동은 입양부모의 자식이 되어 가문의 성(name)을 받고 자연적으로 태어난 아동이 가지는 모든 권리와 특권을 가지게 되었다.

한 법학자는 이렇게 말한다. "입양은 자연의 일을 할 수도 없고 그러길 의도하지도 않으며, 자연적으로 전혀 남인 아동을 자녀로 만들 수도 없다. 그러나 입양은 모든 법적 결과를 부여함으로써 … 입양 아동과 입양 부모의 지위를 친자녀와 친부모의 지위와 본질적으로 똑같이 고칠 수 있고, 실제로 그렇게 한다."[34] 1900년에 이르러서는 모든 주에서 입양을 규범화했고, 영국 또한 1926년에 입양법을 도입했다.

입양 옹호론자들은 입양이 필요하고 정당한 법적 개혁이라고 주장했다. 19세기의 미국에서 빠른 속도로 증가하고 있는 혼외자, 고아, 빈민아동에게 가정과 구제를 제공하기 위해 필요한 제도였다. 이 아

---

34) Tiffany, *Handbook*, pp.222-25.

동들 중에는 1830년대 이후 이민자들이 대규모로 늘어나면서 함께 늘어난 혼외자와 친자인 아동들이 있었다. 산업화의 과정에서 부모를 잃었거나, 인구가 갑작스럽게 늘어나고 성도덕이 느슨해진 새로운 도시들에서 혼외자로 태어난 아동들도 있었다.

미국 남북전쟁 기간 동안 많이 일어났던 강간과 음행을 통해 태어난 혼외자와, 전쟁 중에 수천 명의 군인과 민간인이 사망하면서 발생한 고아들도 있었다. 노예 해방 선언으로 자연적 가족의 끈을 잃고 갑작스레 세상에 방출된 흑인 아동들도 있었다. 서로 다른 인종 간의 연합을 금지하는 법을 위반하여 태어난 수천 명의 '혼혈 아동'도 있었으며, 이들은 종종 주인이 흑인 노예를 강간하거나 강제로 첩을 삼아 태어난 아동들이었다.[35]

스티븐 프레서(Stephen Presser)는 이 시기에 주로 사회복음(Social Gospel) 운동과 관련된 많은 복음주의 기독교인이 곤경에 처한 아동들을 돕기 위해 전국적인 입양법 채택 운동을 이끄는 데 기여했다는 것을 보여주었다. 이 가운데 특히 이목을 끈 자는 뉴욕아동구호협회(New York Children's Aid Society)의 복음주의 지도자였던 로링 브레이스(Loring Brace) 목사였다.

브레이스는 성경을 인용하여 '우리 중 가장 작은 자'인 아동을 돕는 것이 우리의 신성한 의무이며, 부모가 없는 아이를 돕기 위해 성경이

---

35) Amanda C. Pustilnik, "Private Ordering, Legal Ordering, and the Getting of Children: A Counterhistory of Adoption Law," *Yale Law and Policy Review* 20(2002), pp.263-96.

권하는 방법이 바로 입양이라고 했다. 그는 모든 아동, 심지어 가장 처절한 가난과 못된 죄악 중에 태어난 자들도 좋은 환경과 가정에 배치된다면 '올바른 기독교 시민'으로 자라날 수 있다고 했다.

우리는 "불쌍한 피조물, 즉 떠돌이 생활을 하고, 집이 없고, 궁핍하고, 범죄를 저지르고, 보호받지 못하는 아동들을 기독교인들의 영향을 가장 쉽게 받을 수 있는 위대한 도시들의 아동들"로 만들어야 한다. 우리는 그들에게 "절제와 순결과 희생과 그리스도인의 의무"를 "가르쳐야" 한다. "따라서 우리는 그리스도인의 자애의 손길을 잡고 새로운 사랑과 종교의 세계에 배치된 아동이 다른 이들을 악의 유혹으로 이끌기보다 선을 갈망할 가능성이 더욱 크다고 감히 주장한다." "가정은 하나님의 감화원(Reformatory)이다. 악행의 습관을 가진 모든 아동이 개선될 수 있는 가장 좋은 장소는 그리스도인의 가정이다."[36]

이러한 감성을 가졌던 브레이스는 20세기 초 다른 이들과 함께 뉴욕시와 미국 동부의 다른 도시들에 있는 궁핍한 아동들을 미국의 심장부로 데려와 위탁·입양 가정을 찾아주는 기관을 설립했다. 물론, 이 운동 내에서 일부 아동과 가정이 착취나 남용을 당하기도 했고 반도시주의, 반가톨릭주의, 백인 우월주의적 인종차별 등의 그늘도 있었다. 도시에서 가톨릭을 믿는 아동들이 대규모로 시골의 개신교 가정에 배치되기도 했고, 백인 아동들이 단연 가장 많이 입양되었다.

그럼에도 이 운동은 죄 없는 아동들을 보호하기 위해 이루어진 아

---

36) Presser, "The Historical Background of the American Law of Adoption," pp.480–88.

주 놀랄 만한 운동이었으며, 그 결과로 많은 아동이 혜택을 누리게 되었다. 1890-1929년 사이 이 운동을 통해 25만 명 이상의 아동이 새로운 가정을 찾았다.[37]

친자인지법, 유산상속법, 입양법의 개혁은 20세기 미국에서 혼외자 및 기타 빈민아동을 구제하기 위한 운동의 일부분에 불과했다.[38] 특히 1930년대에 진행되었던 뉴딜정책 기간 동안, 미국의 많은 주가 혼외(및 친생) 아동에게 새로운 보호를 제공하기 위한 민·형법의 개혁을 단행했다.

아동에 대한 폭행과 학대를 엄격하게 금지하는 새로운 법들은 특히 난폭한 부모나 보호인과 함께 사는 아동들에게 실체법 및 소송법상의 보호를 제공했다. 새롭게 개혁된 형법들은 낙태와 영아살해의 행위를 엄격하게 처벌했다. 많은 새로운 연방 세법과 주 세법은 고아원 및 기타 아동 자선단체를 지원하고 새로운 아동 구제 및 사회복지 사회들을 설립하는 데 기여했다.

연방법과 주법들은 미성년 노동, 특히 공장과 작업장에서 혼외아동을 가혹하게 착취하는 행위를 금지했다. 모든 주에서 공립학교의 확대와 의무교육법을 통해 아동들을 위한 교육의 기회를 상당히 증진시켰다. 근대의 사회보장제도는 도움을 필요로 하는 아동들에게 출생신분과 관계없이 부모를 대신하여 보살핌과 보호와 양육을 제공

---

37) Ibid. 또한 Presser, "Law, Christianity, and Adoption," pp.219-45 참고.
38) Gail Reekie, *Measuring Immorality: Social Inquiry and the Problem of Legitimacy* (Cambridge: Cambridge University Press, 1998).

했다.[39]

1950년 이후로는 혼외자가 친자로 인지될 수 없는 주에서조차 이들에 대한 코먼로상의 불이익을 점점 제거하기 시작했다. 몇몇 주에서는 혼외자의 친모가 혼외자의 친부가 아닌 남자와 결혼하는 경우에 친자로 인지하는 것을 허용했다. 친자확인 소송을 제기하거나 유야기 이후 부모의 지원을 청구하기 위해 법정에 서게 될 때 혼외자는 더 확고한 지위를 얻었으며, 법적 대리인을 통해서 더 확실한 지원을 받게 되었다.

모든 주에서 친모 및 친모의 친척이 혼외자에게 자유롭게 재산을 증여하거나 유산을 남기도록 허용했다. 또한 혼외자는 유언을 남기지 않고 사망한 친모에게 다른 형제와 평등한 유산상속의 권리를 가졌다. 1940-70년 사이에는 다수의 주에서 유산상속법을 수정하여, 비록 많은 제한이 있긴 했으나, 친부가 자신의 혼외자에게 유산을 남기는 것을 허용했다.

부모의 성적 죄악 중심에서 아동의 평등 권리 중심으로

이와 같은 미국의 전통적인 혼외자법과 친자인지법의 개혁에는 항상 많은 논쟁이 따랐다. 19-20세기 초에 걸쳐 전통법을 옹호하는 주장들이 계속 제기되었다. 이들은 아브라함의 집에서 이스마엘이 쫓겨난 성경 이야기와 "아버지의 죄를 자식에게 갚게" 할 것이라는 성

---

39) Krause, *Illegitimacy*, pp.21-104.

경구절들을 반복하여 언급했다.

예를 들어, 1845년 버지니아주의 법학자인 태핑 리브(Tapping Reeve)는 오랜 코먼로의 사생아법을 옹호하며, "부분적으로는 이 법이 모든 곳에서 보여주는 가정의 평화를 확보하기 위한 염려에, 또 부분적으로는 이성 간의 부정한 행위를 단념시키기 위한 정책에 기반한 것"이라고 하며, "만약 사생아의 친부나 친모가 이미 결혼을 하고 가정을 이루어 자식을 낳은 상태에서 사생아가 그의 친부나 친모에게 유산을 상속받을 수 있게 한다면, 그 친부나 친모의 가정불화의 원인이 될 것이다. 사라가 이스마엘에게 상속하려 한 적이 없었던 것처럼 말이다"라고 했다.[40]

1870년 매사추세츠주의 법학자인 제임스 숄러(James Schouler)는 부모가 지은 죄에 대한 낙인을 가져야만 하는 사생아에 대해 다음과 같이 냉정하게 썼다.

"코먼로에서 사생아에게 주어진 권리는 매우 제한적이다. 합법적인 혼인 외에서 태어나 처음부터 수치스러운 낙인을 가졌으며, 그들을 태어나게 한 자들이 당연히 받아야 할 비난을 평생 짊어져야 한다. 극작가는 사생아를 언제나 타인을 해할 계획을 하려 하고 악당이 되려 하는 사회적 이스마엘로 표현한다. 따라서 사생아가 수백 년 전에 영국에서 공공연하게 이러한 성향에 대한 명성을 얻었던 것은 합당하다.

---

40) Tapping Reeve, *The Law of Baron and Femme*, 2nd edn.(New York: Banks, Gould and Company, 1845), p.274.

마찬가지로 입법자들도 당연히 사생아가 획득할 수 있는 권리만을 부여한 것이다. 즉, 혼외자가 절대 상속을 할 수 없다는 잔인하고도 부인할 수 없는 논리를 보인 것이다. 혼외자는 누구의 아들도 될 수 없기 때문이다."[41]

윌리엄 로저스(William C. Rodgers) 역시 약 20년 후에 같은 의견을 피력했다. "사생아는 사회의 많은 권리와 특권을 거부당한 불행한 존재다. 부모의 죄악으로 인해 받을 수밖에 없는 부끄러운 혈통의 불행한 수치 외에도, 코먼로에 의해 그 누구의 친족도 될 수 없다."[42]

다른 법학자들도 사생아에 대해 사회의 악인 불쾌한 악당이라는 옛 이미지를 상기시켰다. 예를 들어 의료법의 권위자인 조지 나피스(George H. Napheys)는 1870년에 "많은 성직자와 대학 총장이 가진 지배적인 감성"이라고 부른 것에 대해 다음과 같이 말했다.

"부당한 사랑에 동반된 훔친 열매의 비자연적인 열정과 불안과 달콤함이 더욱 절묘한 존재를 생산한다는 가정은 악하고 저속한 오류다. 혼외자들은 자신들의 도덕성과 비도덕성으로 "악명이 높은 자들이다". "물론 칭송받은 사생아들이 있었다는 것은 사실이지만, 그것은 예외일 뿐이며, 일반적으로 그들의 피에는 사악함 또는 편집광의

---

41) James Schouler, *A Treatise on the Law of Domestic Relations*(Boston: Little, Brown, and Company, 1870), p.379.
42) William C. Rodgers, *A Treatise on the Law of Domestic Relations*(Chicago: T.H. Flood and Company, 1899), p.538.

병균이 흘러 그 인생을 망치게 한다."[43]

1939년 또 다른 저술가는 혼외자의 법적 불이익을 옹호하며 다음과 같이 썼다. "사생아는 매춘부, 도둑, 거지와 마찬가지로 사회 일반이 불쾌하지만 인내해야 하는 불명예스러운 사회부류에 포함된다. 사생아는 사회적으로 비정상적이고 도덕에 반하는 세력의 살아 있는 표상이다."[44]

가장 최근으로는 1961년 오하이오주 가정법원이 두 혼외자를 출산한 여자가 "도덕과 지성이" 완전히 "결여"되고 "사회의 법과 도덕에 부합하는 삶을 살 수 있는 능력이 없다"는 이유로 두 혼외자식을 어머니에게서 떼어놓도록 했다. 법원은 이 결정이 그 자식들에게 해가 될 것이라는 주장에 대해 "우리 도덕의 기초인 십계명에서 아버지의 죄를 삼 대와 사 대까지 자식에게 갚겠다고 구체적으로 명시하고 있다는 것을 기억"하라고 했다.[45]

하지만 부모의 죄를 자식에게 갚겠다는 전통적인 입장은 출생 신분과 상관없는 아동의 평등 권리라는 새로운 법적 논리에 의해 점점

---

43) George H. Naphey, *The Transmission of Life: Counsels on the Nature and Hygiene of the Masculine Function*, new edn.(Philadelphia: David McKay, 1887), p.188. 나는 이 구절을 알게 해준 에이미 로라 홀(Amy Laura Hall)에게 감사를 표한다. Amy Laura Hall, *Conceiving Parenthood: American Protestantism and the Spirit of Reproduction*(Grand Rapids, MI: Wm. B. Eerdmans, 2008) 참고.

44) Kingsley Davis, "Illegitimacy and the Social Structure," *American Journal of Sociology* 45(1939), pp.215-33.

45) In re Dakle, 180 N.E. 2d 646, 87 Ohio Law Abs. 493(1961). 또한 Krause, *Illegitimacy*, 9 참고.

사라져갔다. 상당수의 연방법원과 주법원이 아버지의 죄에 대한 고대의 성경적 격언을 거부하며 미국법의 원칙을 새롭게 정의했다.

예를 들어, 1846년 한 연방지방법원은 혼외자에게 더욱 유리한 재산 분배의 결정을 내리며, 이 결정이 "아버지의 부당함을 자식에게 갚지 않고, 남에게 대접받고자 하는 대로 남을 대접하라는 더욱 자비로운 원칙을 채택하고자 하는" 결정이라고 했다.[46]

1901년 한 연방항소법원은 "아버지의 죄를 자식에게 갚는다는 것이 물리적 법의 불변의 명령이며, 어쩌면 정통 신앙의 필수적인 원칙일 수 있으나, 이 주의 정책은 될 수 없다"고 했다.[47]

이후 몇몇 판례에서는 아버지의 죄를 자식에게 갚는 것이 성경의 '불변의 명령'이 아니라는 의견이 제시되었다. 예를 들어 1950년 뉴욕주의 한 법원은 "아버지의 죄를 자식에게 갚는다"는 개념이 간음이 아니라 우상숭배의 죄악에 관한 것이며, 주의 혼외자법에 이 개념을 "십계명에서 의도된 범위를 넘어" 적용하는 것은 "가혹하고 비합리적"이라고 했다.[48]

1959년 또 뉴욕주의 한 법원은 십계명에서 "아버지의 죄를 자식에게 갚는 것은 인간에 의한 것"이 아니라 오로지 하나님에 의한 것이

---

46) Hunter v. Marlboro, 2 Woodb. & M. 168, 12 F.Cas. 957(C.C.Mass.)(1846).
47) In re Mayer, 108 F. 599, 615(Ct. App. 7th Cir., 1901). 또한 Flanagan v. O'Dwyer, 197 Misc. 5, 11(1950)(문헌 내 인용 표시 생략) 참고: "혼외자도 법적으로나 도덕적으로 친자만큼 부양해야 할 존재이며, 아버지의 죄를 자식에게 갚는 것은 본 법원의 직무를 유기하는 것이다."
48) Novak v. State, 199 Misc. 588, 591(1950)(문헌 내 인용 표시 생략).

명백하다고 했다. 이 법원은 이사야 55장 8절을 인용하여 "그분(하나님)의 생각은 우리의 생각과 다르다"고 하며, 죄악을 "갚는 것"은 "하나님에게만 있는 영원한 사랑과 심오한 지혜"를 통해서만 가능하다고 했다.[49]

이러한 해석은 초기 랍비와 교부들의 해석과 일치했다.[50] 이후에 텍사스주의 한 법원은 탈무드를 직접적으로 인용하여, 성경이 가족 구성원 간에 대위책임을 지는 것이나 심지어는 불리한 증언을 하는 것조차 금지한다고 했다.

"'아버지는 그 자식들로 말미암아 죽임을 당치 않을 것이요'라는 구절이 의미하는 바가 무엇인가? 이 구절이 아버지의 죄로 인해 죽임을 당하는 것이 아버지임을 뜻하는 것이라면, 이것은 '이미 각 사람은 자기 죄로 말미암아 죽임을 당할 것'(신 24:16)이라는 말씀에서 이미 언급된 것이다. 그러므로 이 구절은 아버지가 자식의 증언으로 인해 죽임을 당하거나 자식이 아버지의 증언으로 인해 죽임을 당하지 않는다는 의미다."[51]

또 1958년 한 연방지방법원 판례에서 '아버지의 죄'를 평가하는 데 있어 교부들이 사용했던 더욱 우호적인 성경구절들을 인용했다. 법원은 "이미 잘 알려진 구약의 '아버지의 죄를 자식에게 갚는다'는 엄

---

49) Larkin v. Larkin, 219 Misc. 172, 175(1959).

50) 이 책, 47-54, 76-80쪽 참고.

51) Diehl v. State, 698 S.W.2d 712(Tex. App. 1 Dist., 1985)에서 Sanhedrin 27b 을 부분적으로 인용한 것 참고(본래 강조 그대로). 추가적인 탈무드 문헌에 대해서는 이 책, 47-54쪽 참고.

격한 경고" 대신에 "성경의 더욱 자비로운 구절들을 상기하는 것이 더욱 적합하다 … '신 포도를 먹는 자마다 그 이가 신 것같이 누구나 자기 죄악으로 말미암아 죽으리라'(예 31:30) … '아들은 아버지의 죄악을 담당하지 아니할 것이요 아버지도 아들의 죄악을 담당하지 아니하리니 의인의 공의도 자기에게로 돌아가고 악인의 악도 자기에게로 돌아가리라'(겔 18:20)라는 구절들이다."[52]

1987년 연방대법원의 브레넌 대법관(Justice Brennan)은 다음과 같이 썼다. "때로는 아버지의 죄로 인해 아들과 딸이 벌을 받아야 한다는 생각이 우리의 지각 내에 깊이 뿌리내리고 있을지도 모른다."[53] 그러나 "현대 사회는 (혼외의) 불법적인 자녀가 존재하는 것이 아니라 오로지 불법적인 부모만 존재할 뿐이라는 더욱 인간적인 입장으로 진보하면서 구약(출 20:5)의 '아버지의 죄를 자식에게 갚는다'는 명령을 적용하기를 꺼린다."[54]

---

52) Robbins v. Prudential Ins. Co. of America, 168 F.Supp. 668, 670-71(D.C.Fla. 1958). Snediker Developers Ltd. Partnership v. Evans, 773 F.Supp. 984(E.D. Mich., 1991); Warren v. U.S., 932 F.2d 582, 583(Ct. App. 6th Cir. 1991)의 유사한 주장을 참고.

53) Tison v. Arizona, 481 U.S. 137, 184(1987)(Brennan, J. dissenting). 브레넌 대법관의 각주는 다음과 같다. "선지자들은 이스라엘의 하나님이 아버지의 죄를 [하나님을] 미워하는 자식에게 삼사 대까지 갚겠다고 했다"(출 20:5). 예를 들어 Horace, Odes III, 6:1(C. Bennett trans. 1939)('Thy fathers' sins, O Roman, thou, though guiltless, shall expiate'); W. Shakespeare, The Merchant of Venice, Act III, scene 5, line 1('Yes, truly, for look you, the sins of the father are to be laid upon the children'); H. Ibsen, Ghosts(1881)를 참고."

54) In Interest of Miller, 605 S.W.2d 332(Tex. Civ. App., 1980).

전통적인 혼외자법을 개혁하는 일의 적법성에 여전히 의구심이 남아 있음에도, 그것은 혼외자의 평등한 처우를 강하게 옹호하는 연방대법원의 판례들에 부딪히게 되었다. 대법원은 1968-86년 사이 열 개의 주요 판례에서 수정헌법 제14조의 평등보호 조항(그리고 수정헌법 제5조의 적법한 절차 조항을 평등보호로 해석한 것)을 들어 남아 있는 전통적인 혼외자법의 흔적을 대부분 폐지했다.

대법원은 부모의 불법사망에 의한 불법행위법상의 보상과 노동자 재해 보상의 혜택에 대해 혼외자도 친자와 평등한 권리를 가진다고 결정했다. 또 친모는 자신의 혼외자나 친자의 불법사망에 의한 보상에 대해 동등한 권리를 가졌다. 혼외자는 친부의 재산과 유산에 대해 친자와 동일한 권리를 가졌으며, 친부가 생전에 혼외자를 인정했는지 또는 친모와 친부가 혼인했는지의 여부는 상관이 없었다.

나아가 혼외자가 이러한 권리들을 주장하는 데 있어 친자에게는 부과되지 않는 특수 절차 요건이나 시효의 제한이 부과될 수 없었다. 사망한 부모의 남아 있는 사회보장과 장애 혜택, 생명보험 보상 등에 있어서도 혼외자는 친자와 동등한 권리를 가졌다.[55]

---

55) Reed v. Campbell, 476 U.S. 852(1986); Pickett v. Brown, 461 U.S. 1(1983); Mills v. Habluetzel, 456 U.S. 91(1982); Trimble v. Gordon, 430 U.S. 762(1977); Jiminez v. Weinberger, 417 U.S. 628(1974); New Jersey Welfare Rights Organization v. Cahill, 411 U.S. 619(1973); Gomez v. Perez, 409 U.S. 535(1973); Weber v. Aetna Casualty & Surety Co., 406 U.S. 164(1972); Glona v. American Guarantee Company, 391 U.S. 73(1968); Levy v. Louisiana, 319 U.S. 68(1968).

모든 부류의 혼외자에 대한 불이익이 제거된 것은 아니었다. 법원은 연방정부 기관들이 해외에서 태어난 혼외자들이 미국 시민인 부모를 통해 시민권이나 연방 혜택을 얻으려고 할 때에 추가적인 절차적 부담을 부과하도록 허용했다. 또 사기를 방지하기 위해 주정부들이 혼외자에게 부모와의 친자관계를 증명하도록 까다롭지 않은 절차적 요건을 부과하는 것이 위헌이 아니라고 했다.[56] 그러나 대부분의 영역에서 혼외자와 친자를 명백히 차별하는 것은 이제 헌법에 위배되는 행위가 되었다.

이 판례들에서 혼외자의 동등 권리에 대해 하위 연방법원과 주법원들이 인용한 몇몇 유명한 어록이 탄생했다. 판례 가운데 첫 번째 주요 사건인 '레비 대 루이지애나'(Levy v. Louisiana, 1968) 사건에서 연방대법원은 혼외자에게 친모의 불법사망으로 인한 모든 불법행위법상의 보상으로부터의 권리를 거부한 주법을 위헌이라고 판단하고 폐기했다. 판결문을 작성한 더글러스 대법관(Justice Douglas)은 다음과 같이 썼다.

"혼외자가 단순히 혼인 외에서 태어났다는 이유로 권리를 박탈당해야 할 합당한 근거가 있는가. 혼외자도 세금 납부와 선발징병법(Selective Service Act)에 의한 징병을 포함하여 시민으로서의 모든 책임에 대한 의무가 있다. 그렇다면 우리의 헌법제도하에서 다른 시민들이 누리는

---

56) Tuan Anh Nguyen v. I.N.S., 533 U.S. 53(2001); Miller v. Albright, 523 U.S. 420(1998); Fiallo v. Bell, 430 U.S. 787(1977).

권리를 그들에게서만 박탈할 수 있는가.

그들의 출생신분은 친모에게 가해진 잘못과 전혀 관계가 없다. 이들이 혼외자라 할지라도 친모가 부양한 자식들이었고, 친모가 그들을 보호하고 양육했으며, 생물학적으로 또 영적으로 친모의 자식들이었고, 친모의 죽음으로 인해 여느 부양가족과 똑같은 아픔을 겪었다. 따라서 우리는 친모에게 가해진 잘못에 전혀 연관이 없는 품행을 지닌 자식들이 차별받는 것이 불공평하다고 판결한다."[57]

4년 후, 연방대법원은 아버지가 인정하지 않은 혼외자가 그 아버지의 남은 노동자 재해 보상을 받지 못하도록 한 법이 위헌이라고 결정했다. 판결문을 작성한 포웰 대법관(Justice Powell)은 다음과 같이 썼다.

"혼외자의 신분은 합당한 혼인 외에서 일어난 무책임한 간통에 대한 사회적 비난을 오랫동안 표현해왔다. 그러나 영아를 이러한 비난의 대상으로 삼는 것은 비논리적이고 부당하다. 게다가 혼외자에게 불이익을 부과하는 것은 우리 법 체계를 지탱하는 기본개념인 모든 법적 책임이 개인의 책임이나 잘못과 연관되어야 한다는 원칙에 위배된다. 당연히 자신의 출생에 대해 책임이 있는 자는 없으며, 혼외자를 벌함으로써 부모의 행위를 억지하려는 것은 효과적이지도 않으며 부당하

---

57) Levy, 391 U.S. at 71-72.

다. 법원이 이 불쌍한 자식들에 대한 사회의 색안경을 제거할 수 있는 방법은 없으나, 적어도 평등보호 조항에 따라 출생신분을 이유로 차별을 부과하는 법을 폐기할 수는 있다."[58]

대법원은 1973년의 한 판례에서 혼외자의 친부가 친모와 결혼한 경우에만 혼외자가 그 친부에게 원조를 받을 수 있도록 한 주법을 폐기했다. 법원은 판결문에 "주정부는 자식 일반에게 주어진 중대한 혜택을 혼외자들에게서만 박탈하는 불공평한 차별을 할 수 없다 … 주정부가 자식이 친아버지에게 필요한 원조를 받을 수 있는 사법적으로 집행 가능한 권리를 제정하였는데, 이 필수적인 권리를 단지 자식의 친아버지가 어머니와 혼인하지 않았다는 이유만으로 거부한다는 것은 헌법상 충분한 이유가 되지 않는다. 이러한 주정부의 행위는 '비논리적이고 부당한' 행위다"[59]라고 썼다.

하지만 헌법 수정조항 제14조에 따른 보호에는 많은 아이러니가 있다. 제14조의 평등보호 조항은 혼외자로 태어난 자의 법적 불이익을 제거하는 데 많은 도움이 되지 않는다. 그러나 같은 제14조의 적법절차 조항은 혼외정사에 대한 대부분의 법적 제재를 제거한다. 대법원은 1965년부터 일련의 적법 절차에 대한 판례들을 통해 피임, 음행, 난교, 남색 등의 전통적인 금지가 새로운 사생활, 자유, 자율적 성

---

58) Weber, 406 U.S. at 175.
59) Gomez, 409 U.S. at 538.

관계의 헌법 권리를 위배한다며 위헌 결정했다.[60]

대법원은 이 판례들 가운데 첫 번째인 '기스월드 대 코네티컷' (Giswold v. Connecticut, 1965) 사건에서 혼인한 부부가 피임도구를 사용하는 것을 금한 코네티컷 주법이 자식을 포태하거나 포태하지 않을 부부의 자유에 위배된다고 했다.[61] 그후 대법원은 이 결정을 연장해 결혼하지 않은 커플과 미성년자도 피임도구를 사용할 수 있도록 했다.[62]

대법원은 1973년의 한 판례에서 이러한 결정에 대한 논리를 명확하게 제시했다. "혼인한 부부는 하나의 생각과 마음을 가진 하나의 독립체가 아니라, 각각 다른 감정과 지성을 가진 두 개인의 연합이다. 사생활의 권리는 바로 기혼이든 미혼이든, 개인이 자식을 포태하거나 출산할지에 대한 결정과 같은 매우 기본적인 개인의 문제에 대해 원치 않는 정부의 개입에서 자유로울 권리를 뜻한다."[63]

혼외출생과 난교에 대한 법적 불이익이 제거되자 혼외자가 급증했다. 1980-90년대의 기간 동안 미국 아동의 3분의 1 이상이 혼외자로 태어났다. 2007년에는 미국 아동의 38퍼센트가 혼외에서 태어났고,

---

60) E.R. Rubin, *The Supreme Court and the American Family*(Westport, CT: Greenwood Press, 1986); David J. Garrow, *Sexuality and Liberty: The Right to Privacy and the Making of Roe v. Wade*, rev. edn.(Berkeley/Los Angeles: University of California Press, 1998).

61) 381 U.S. 479(1965).

62) Eisenstadt v. Baird, 405 U.S. 438(1972); Carey v. Population Services International, 431 U.S. 678(1977).

63) Eistenstadt, 405 U.S. at 453.

백인 아동의 25퍼센트, 히스패닉 아동의 46퍼센트, 흑인 아동의 69퍼센트가 혼외자였다.[64] 미혼가정, 혼합가정, 입양가정에서 양육된 많은 혼외아동이 좋은 환경에서 자라나지만, 더욱 많은 수의 혼외아동은 어려운 환경에 처해 있다.

오늘날 혼외아동은 가난과 결핍, 열악한 교육과 보건 환경, 학교 결석과 청소년 비행, 범죄행위와 형사 처리 등에 대한 노출이 친생아동의 세 배에 달한다. 또한 연방정부와 주정부의 복지 프로그램에 대한 혼외아동과 미혼모들의 의존도가 매우 높고, 이러한 의존은 종종 자신에 대한 비관과 타인의 비난을 불러일으키기도 한다. 비록 혼외자에 대한 법적·도덕적 낙인이 사라졌을지라도, 현실적으로 이에 대한 사회적·정신적 부담이 상당히 크고, 세금과 규제의 부담이 엄청나다.[65]

---

64) www.census.gov 참고. 이전의 수치에 대해서는 Robert M. Franklin, *Crisis in the Village: Restoring Hope in African-American Communities*(Minneapolis: Fortress Press, 2007); Steven M. Tipton and John Witte, Jr., *Family Transformed: Religion, Values, and Society in American Life*(Washington, DC: Georgetown University Press, 2005); David Popenoe and Barbara DaFoe Whitehead, *The State of Our Unions*(Rutgers, NJ: National Marriage Project, 1998-2000); David Blankenhorn, *Fatherless America: Confronting Our Most Urgent Social Problem*(New York: Basic Books, 1995) 참고.

65) Reekie, *Measuring Immorality*; Llewellyn Hendrix, *Illegitimacy and Social Structures*(Westport, CT: Bergin & Garvey, 1996); Martin T. Zingo and Kevin E. Early, *Nameless Persons: Legal Discrimination against Non-Marital Children in the United States*(Westport, CT: Praeger, 1994) 참고. 새로운 연구에 따르면 (이혼 및 혼외출생에 따른) 미혼가정의 "비용이 연간 1,112억 달러 또는 10년에 1조 달러가 소요된다." Benjamin Scafidi, *The Taxpayer Costs of Divorce*

또한 헌법 수정조항 제14조에는 이보다 더욱 큰 아이러니가 존재한다. 대법원은 '로 대 웨이드'(Roe v. Wade, 1973) 사건의 판례에서 적법 절차에 따른 사생활의 권리가 기혼 및 미혼 여성이 임신 초기 첫 (3개월) 기간 중에 (국가, 남편, 부모, 제3자의 개입 없이) 낙태할 권리를 포함한다고 결정했다.[66] 이 사건의 공식적인 판결이 이후의 판례 및 법령들로 인해 일부 제한되었으나, 1992년 '가족계획연맹 대 케이시' (Planned Parenthood v. Casey) 사건에서는 로(Roe) 사건의 낙태 절차에 대한 기본권이 확인되었고, 2003년 '스텐버그 대 카하트'(Stenberg v. Carhart) 사건에서는 임신 중기 낙태(partial-born abortion)의 권리까지 확장되었다.[67]

지난 약 30년간 적법 절차에 따른 보호가 낙태의 권리까지 확대됨에 따라 완전히 새로운 부류의 '혼외자'에 대한 제재가 부과되었다. 이 새로운 혼외자들은 혼인 외에서 태어난 자식들이 아니라, 태어나기도 전에 부모가 원하지 않아 낙태되는 죄 없는 태아들이다. 이들은 과거에 존재했던 일종의 사회적 사망이 아닌, 미래의 소망이 아예 없는 실질적인 육체의 사망으로 희생된다.

낙태는 매우 민감한 주제다. 나는 낙태되는 태아 모두 또는 다수가

---

and Unwed Childbearing: First-Ever Estimates for the Nation and All Fifty States (New York: Institute for American Values, 2008), p.18.

66) 410 U.S. 113(1973).

67) 505 U.S. 833(1992); 530 U.S. 914(2003); 그러나 Gonzales v. Carhart, 127 S.Ct. 1610(2007)(한 가지 형태의 임신 중기 낙태를 제한한 연방법령을 합헌 결정함).

혼인 외에서 포태되었으니 우리가 다시 낙태를 형법으로 다스려 죄 없는 태아와 그 어머니들을 더욱 절박하고 위험한 상황에 노출시키자고 주장하려는 것이 아니다.

나는 감히 오늘날 어머니의 자궁 속에 있는 죄 없는 태아가 처한 어려움과 역사적으로 사회의 어두운 곳에 존재했던 아동들이 처한 곤경의 유사한 점들을 깊게 숙고할 필요가 있다고 주장한다. 만약 역사적인 혼외자의 원칙이 기독교의 원죄에 대한 신학의 잘못된 이해에서 비롯된 것이라면, 이 새로운 형태의 혼외자의 원칙이 성적 자유에 대한 헌법 이론의 남용에서 비롯된 것일 수도 있다. 다음 장인 맺음말에서는 이에 대한 대응방법을 다루어보고자 한다.

요약 및 결론

앨런 왓슨(Alan Watson)은 『법의 이식』(*Legal Transplants*)에서 "이식은 거의 모든 서구 국가에서 법 발전의 주요 방법이었다"고 했다.[68] 역사적으로 법의 이식은 종종 식민지 건설과 정복을 통해 실현되었다. 이러한 경우, 식민주의자와 식민주민들, 정복자와 피정복자들은 필연적으로 서로의 법규, 법 절차, 법 구조 등을 흡수했다.

---

68) Alan Watson, *Legal Transplants: An Approach to Comparative Law*(Charlottesville, VA: University of Virginia Press, 1974), p.7. 또한 Alan Watson, *The Evolution of Law*(Baltimore, MD: Johns Hopkins University Press, 1985); Alan Watson, *Sources of Law, Legal Change, and Ambiguity*(Philadelphia: University of Pennsylvania Press, 1984); Alan Watson, *The Making of the Civil Law*(Cambridge, MA: Harvard University Press, 1981) 참고.

또 역사적으로나 오늘날에도 법 이식은 한 사회의 법이 구식화되거나, 경화되거나, 근거를 상실하거나, 남용되어 개혁이 필요할 때, 또한 사회의 법으로서 해결할 수 없는 새로운 문제나 주제에 직면했을 때에도 일어난다. 이러한 경우, 사회는 교훈을 얻기 위해 다른 사회의 법, 때로는 고대 히브리법이나 로마법과 같이 오래되고 권위 있는 법원(source)이나 그 사회와 "내면의 영적 또는 정신적 관계"를 공유하는 이들의 법 등에 눈을 돌리게 된다.[69]

미국 혼외자법의 역사에서는 확실히 왓슨 교수의 자극적인 주장이 사실임을 알 수 있다. 식민지 시대 북아메리카에는 영국의 혼외자법이 이식되었고 코먼로학자와 왕립 법정들에 의해 배양되었다. 미국 혁명 이후에도 혼외자에 대한 코먼로가 계속되기는 했으나, 미국인들은 이 법을 아동 권리의 신장을 지향하는 방법으로 개혁하기 시작했다. 이러한 과정에서 미국인들은 사생아에게 더욱 관대한 대륙법과 캐논법의 친자인지, 입양, 사실혼, 유산 등에 대한 법규들을 선택적으로 이식했다.

이렇게 이식된 법들, 그중에서도 특히 사실혼과 이후 혼인에 따른 친자인지법은 미국 땅에 잘 정착하여, 오히려 서구에서 전통적으로 존속시켜왔던 제한들을 뛰어넘게 되었다. 심지어 미국인들은 헌법상의 평등보호법을 혼외자법에 이식했고, 이것을 도구로 삼아 연방법

---

69) Watson, Legal Transplants, p.8, Fritz Pringsheim, "The Inner Relationship between English and Roman Law," in Fritz Pringsheim, *Gesammelte Abhandlungen*, 2 vols. 인용(Heidelberg: C. Winter, 1961), I, pp.76, 78.

과 주법상 여전히 남아 있는 혼외자에 대한 차별들을 제거했다.

또한 미국의 혼외자법과 친자인지법은 반대로 영국 및 유럽 대륙에 이식되었다. 미국의 많은 주에서 친자인지, 입양, 유산법들의 개혁이 진행된 지 한두 세대가 지나, 영국 및 다른 코먼로 국가들이 같은 방향의 개혁을 진행했고, 때로는 미국의 법을 인용하여 참고 모델로 이용했다.[70] 미국 연방대법원이 혼외자들에 대한 차별적인 법들을 평등보호 조항에 대한 위반으로 폐기하기 시작한 지 약 10년이 지나 유럽인권법원(European Court of Human Rights)은 "혼인 외의 자식"을 유산 상속의 차별에서 보호하는 첫 판결을 내렸다.

그리고 1979년 이후에는 1950년에 체결된 유럽인권조약(European Convention on Human Rights)의 사생활 조항들에 근거해 이 아동들에게 유리한 일련의 판결을 내렸다.[71] 여기서도 때때로 미국의 판례

---

70) T.E. James, "The Illegitimate and Deprived Child," in *A Century of Family Law*, ed. R.H. Graveson and F.R. Crane(London: Sweet & Mawell, Ltd., 1957), pp.39-55.

71) 예를 들어 Mazurek v. France(34406/97), 2000.2.1[Section III]; Elsholz v. Germany(25735/94), 2000.7.13[Grand Chamber]; Glaser v. United Kingdom(32346/96), 2000.9.19[Section III]; Sahin v. Germany(30943/96), 2001.10.11[Section IV]; Sahin v. Germany(30943/96), 2003.7.8[Grand Chamber]; Hoffmann v. Germany(34045/96), 2001.10.1[Section IV]; Yousef v. Netherlands(33711/96), 2002.11.5[Section II]; Sommerfeld v. Germany (31871/96), 2003.7.8[Grand Chamber]; Haas v. Netherlands(36983/97), 2004.1.13[Section II]; Görgülü v. Germany(74969/01), 2004.2.26[Section III]; Lebbink v. Netherlands(45582/99), 2004.6.1[Section II]; Pla and Puncernau v. Andorra(69498/01), 2004.7.13[Section IV]; Merger and Cros v. France(68864/01), 2004.12.22[Section I]; Bove v. Italy(30595/02), 2005. 6.30[Section III] 참고.

들이 인용되어, 중요한 법원 또는 참고모델로 이용되었다. 2000년에 제정된 유럽인권헌장(Charter of Fundamental Rights of the European Union)은 아동의 권리를 구체적으로 보호하고 아동의 출생신분에 따른 차별을 금지하고 있으며, 이 조항들은 일부 유럽 국가의 법규 내에도 포함되어 있다.[72]

다른 국제 인권 조약들에서도 친생자와 혼외자의 평등권리를 보호하고 있다. 1948년 세계인권선언(Universal Declaration of Human Rights)은 "혼인 내 또는 외에서 출생한" 모든 아동의 평등한 대우를 요구한다.[73] 1966년 시민적·정치적 권리에 관한 국제 규약(Covenant on Civil and Political Rights)은 "출생"에 따른 차별을 금지하며, 경제적·사회적·문화적 권리에 관한 국제 규약(Covenant on Economic, Social and Cultural Rights)은 "부모의 이유로 인한" 아동의 차별을 금지한다.[74] 1969년 미주인권협약(American Convention on Human Rights)은 더욱 구체적으로 "혼인 내·외에서 출생한 아동의 평등한 권리를 법으로 보호"하도록 하고 있다.[75]

1989년 채택된 유엔아동권리협약(United Nations Convention on Rights of the Child)은 "아동 또는 아동 부모의 … 출생 및 기타 신분 … 과 상관없이 모든 종류의 차별 없이" 모든 아동이 받아야 할 사

---

72) Arts. 21.1, 24.1-3 at www.europarl.europa.eu/charter/(2008.6.1 방문).
73) GA Resolution 217A(III), GAOR, 3rd Session, Part I, Resolutions, p.71.
74) 9 ILM 673(1970).
75) UKTS 6(1977); (1967) ILM 360, 368. 추가로 Davidson, "The European Convention," pp.76-78 참고.

적·공적·절차적 보호들을 나열한다. 이 협약은 또 참여 국가들에게 "아동이 아동의 부모나 법적 보호인 또는 가족 구성원의 신분, 행위, 표현 의사, 신념에 따른 모든 형태의 차별과 처벌에서 보호받을 수 있는 적절한 조치를 취할 것"을 요구한다.[76] 또한 전통적인 코먼로의 필리우스 눌리우스(filius nullius) 원칙을 거부하고 모든 "아동을 출생 후 즉시 신고하고 그들이 이름과 국적의 권리를 가지며 가능한 한 자신의 부모가 누구인지 알고 부모에게 보호받을 권리"를 가질 것을 요구한다.[77]

물론 현재의 출생 신분과 상관없는 모든 아동의 권리를 보호하는 국제 인권 조약들이 모조리 미국법 확대의 결과라고는 할 수 없다. 서구와 기타 지역의 많은 국가가 현대 아동 권리 형성에 기여했고, 일부는 고대 로마법이나 중세 캐논법에서 형성된 아동권리의 보호를 도입하기도 했다. 게다가 오늘날 미국은 아동의 권리에 관한 한, 소말리아 외에 유일하게 유엔아동권리협약을 비준하지 않는 악명 높은 나라다.[78]

그러나 미국이 점진적으로 모든 아동의 자연권리로 발전한 혼외자, 친자인지, 입양 법에 대한 초기 본보기를 제공했던 것은 틀림없는 사실이다. 이것은 초기 미국의 토마스 제퍼슨의 비전이기도 했다.

---

76) Art. 2.1, 2.2, U.N. Doc. A/44/25.
77) Ibid., art. 7.
78) 아동인권협약에 대한 미국의 기여와 지속적인 비준 연장에 대해서는 심포지엄 "What's Wrong with Rights for Children?" 참고.

제퍼슨은 미국의 독립선언에 "모든 인간이 평등하게 창조되었고 양도할 수 없는 특정한 권리들을 부여받았다"고 쓴 뒤 3년 후, 그 이상을 버지니아주 친자인지법과 유산상속법에 구체적으로 적용하려 했다. 비록 미국 법에서 친자와 혼외자가 똑같이 "평등하게 창조되었다"는 것을 완전히 인정하게 되기까지는 그로부터 200년이 걸렸으나, 제퍼슨이 미국에 올바른 방향을 제시한 것은 틀림없다.

에티엔 조라, 「중단된 계약」, 18세기.

진정한 가족관계는 무엇인가
• 맺음말

사생아들은 가난한 자들과 마찬가지로 언제나 우리와 함께 있을 것이며 동시에 연민과 경멸, 사랑과 멸시의 대상이 될 것이다. 어쩌면 이제 사생아들은 더 이상 서구 법의 일상적인 관심 주제가 아닐 수 있다.

그러나 여전히 성경의 이스마엘 이야기를 둘러싼 상반된 감정은 우리의 언어와 문학에 살아 있다. "오, 불쌍한 사생아 같으니"와 같은 연민의 말과 "이런 재수 없는 사생아 같으니"와 같은 성난 욕은 여전히 오늘날에도 쓰이는 말이다. 오늘날에도 우리는 나다니엘 호손의 『주홍글씨』, 찰스 디킨스의 『황폐한 집』, 셰익스피어의 희극 등에 등장하는 사생아들의 서로 상반된 삶을 읽는다.[1]

이중에서도 사생아에 대한 영원한 양면적 감정을 가장 잘 자아낸 인물은 셰익스피어의 『리어왕』에 등장하는 에드먼드다. 글로스터 백

---

1) Glenn Arbery, "'Why Bastard? Wherefore Base?' Legitimacy, Nature, and the Family in Post-Renaissance Literature," *Liberty, Life, and the Family* 2(1)(2005), pp.99-119 참고.

작의 교활한 사생자식인 에드먼드는 보는 이들에게서 연민을 불러일으킨다.

에드먼드는 글로스터 백작과 창녀 사이에서 태어났다. 글로스터는 "이 아이를 만드는 것이 재미있는" 과정이었으나 이제 "사생아가 생긴 것을 인정"해야 한다고 했다(I.i.23-4). 이에 따라 글로스터는 에드먼드에 대해 "9년 동안 밖에 있었으며, 이제 다시 멀리 나갈 것"이라고 한 것과 같이 에드먼드를 직접 양육하지는 않았지만 멀리서나마 에드먼드의 보살핌과 교육에 대한 비용을 지불했다(I.i.32-3).

그러나 에드먼드는 아버지의 땅과 작위에 대한 어떠한 권리도 가질 수 없었다. 셰익스피어 시대의 코먼로에 따르면 혼외자는 그 누구의 상속자도 될 수 없었다. 게다가 에드먼드에게는 장자의 권한을 가진 에드거라는 이복형이 있었다. 따라서 에드먼드는 교활한 사생아의 본분에 따라, 아버지 글로스터의 살인을 주문하는 편지를 위조하고 형의 이름을 서명했다.

에드먼드는 이 편지가 아버지의 손에 들어가기만 한다면 아버지는 돌이킬 수 없는 배신감으로 에드거를 쫓아내고 에드먼드 자신을 진정한 아들이자 상속자로 받아들일 것이라고 생각했다. 아버지가 법의 구조적 오류에도 불구하고 자연적으로 부당한 자신의 처지를 알게 될 것이라고 생각했다. 아버지가 사랑과 열정으로 가지게 된 혼외자가 적어도 의무적인 혼인으로 가진 적법한 상속자만큼 누릴 자격이 있다는 것을 알게 될 것이라고 생각했다. 셰익스피어는 친자와 혼외자가 평등한 대우와 보호를 받아야 한다는 자신의 "가장 명백하게

280

근대적인 사상"을 에드먼드의 대사로 표현했다.[2]

"오, 자연, 나의 여신이여. 그대의 법에

나는 따르리이다. 내가 무엇 때문에

관습의 전염병이 나를 덮치도록 내버려두고

세상의 호기심이 나의 권리를 빼앗는 것을 허용해야 하는가.

단지 형보다 열두 달에서 열네 달 정도 늦게 태어났다는 이유로?

나는 왜 사생아로 태어났는가. 왜 천한 자인가.

정숙한 여인의 적자만큼이나 다부진 몸과

관대한 마음과 준수한 용모를 가진 자가 아닌가.

왜 세상은 우리를 천하다고 하는가.

천해서? 사생아여서? 천하다고?

미묘하고 열렬하게, 욕망스럽고 은밀하게 태어났으니

단조롭고 무감각하고 지긋지긋한

잠자리에 들었다 일어나는 사이 만들어낸

멍청이 떼거리보다 낫지 않겠는가

오호라 그렇다면 적자 에드거여, 내가 당신의 땅을 가져야겠소.

우리 아버지가 적자를 사랑하는 것같이

사생아 에드먼드도 사랑하게 될 것이오.

'적자'란 참 아름다운 말이지 않소.

---

2) *Ibid.*, p.104.

오, 나의 적자여, 이제 이 편지가 속도를 내어
나의 계획이 성공하면, 천한 에드워드가
적자 위에 올라서게 될 것이다. 나는 올라서고 번영을 누릴 것이다.
그러니 신들이여, 사생아들을 위해 일어나소서."(I,ii)

에드먼드의 대사에서 등장하는 자연과 관습, 자애와 정의, 옳음과 그름의 변증법은 서구 혼외자법의 역사에서 드러난 많은 변증법을 반영한다. 서구의 신학자와 법학자들은 거의 2,000년 동안 혼외자를 위한 연민을 주문하는 자애의 윤리와 부당한 성관계를 규탄하는 도덕의 윤리 사이에서, 혈통과 상관없이 모든 아동을 환영하는 포용의 정책과 각 아동에게 임신의 순결성에 따라 등급을 매기는 소외의 정책 사이에서, 그리고 자연권의 이론과 가정윤리의 신학 사이에서 갈등했다.

고대 랍비와 교부들은 혼외자를 대하는 데 있어 도덕보다는 자애, 소외보다는 포용, 부모의 잘못보다는 아동의 권리를 시발점으로 삼았다. 어쩌면 적대적인 세상에서 자신들 역시 소수에 속했던 이 고대의 종교지도자들은 아웃사이더가 된다는 것이 어떤 의미인지를 잘 알고 있었는지도 모른다. (아우구스티누스는 법의 눈으로 바라볼 때에 "우리가 모두 사생아"라고 했다.)[3] 따라서 고대 랍비와 교부들은 죄 없는 아동을 공동체 내에서 포용하고 모든 이가 사원과 교회를 도와 이

---

3) 이 책, 78-79쪽 참고.

아동들을 보호하도록 하기 위한 많은 노력을 기울였다.

이와 반대로 이후의 기독교 황제, 가톨릭 교황, 개신교 군주들은 사생아에 대한 대우의 시발점을 포용이 아닌 소외로 바꾸었다. 이제는 대다수가 신자로 구성된 공동체에서 지도자들은 시민권을 부여하고 은혜를 베푸는 데 있어 선택적으로 행할 수 있는 입장이었을 것이다. 이 지도자들은 자신들의 공동체에서 다양한 방법으로 혼외자들을 소외시키고, 오로지 소수만이 법적 제한을 둔 입양과 친자인지의 방법을 통해 공동체 내에 들어올 수 있도록 하기 위해 온갖 노력을 했다.

코먼로 전통의 영미법학자들은 결국 더욱 세속적인 기준을 적용해 이 역사적인 변증법을 거부했다. 처음에는 '상속할 수 있는 혈통'에 대한 초기 코먼로학자들의 집착으로 인해 중세 대륙법과 캐논법에서 도입한 죄악과 은혜의 역학보다도 더욱 모호한 소외와 비난의 정책을 폈다. 이것이 바로 셰익스피어가 에드먼드를 통해 신랄하게 비난한 코먼로 정책이다. 그러나 코먼로학자들은 결국 모든 아동이 평등하고 자연권리를 가지며, 부모와 공동체의 양육과 보호에 대한 평등한 권리를 가진다고 선언했다. 또 20세기 말에 들어서는 "부정한 자식이 있는 것이 아니라 부정한 부모만 있을 뿐"이라고 결론 짓게 되었고, 국제 인권 사회에서도 이것에 동의하게 되었다.[4]

에드먼드의 대사에 반영된 역사적 변증법의 일부는 성경구절을 선택적으로 골라 해석한 것에서 기인하며, 이 구절들은 서구에서 사생

---

4) In Interest of Miller, 605 S.W.2d 332(Tex. Civ. App., 1980).

아를 천대하고 규제하는 근거가 되었다. 성경의 일부 구절은 사생아를 책망하는 것으로 보일 수 있다. 그중 하나가 "아버지의 죄를 자식에게 갚으리라"는 토라의 경고다. 그러다 또 다른 구절에서는 모든 아동에 대한 보호를 명하기도 하는데 특히 "아들이 아버지의 죄악을 담당하지 않을 것"이라는 모세와 선지자들의 말이 여기에 포함된다.

성경은 집, 공동체, 여호와의 총회에서 쫓겨난 사생아들의 이야기를 다루기도 한다. 특히 아브라함과 하갈 사이에서 혼외자로 태어난 이스마엘은 아브라함의 집에서 쫓겨나고 유산을 상속받지 못하게 되었다. 그러나 또 다른 이야기에서는 사생아들을 구원의 드라마의 중심에 둔다. 이 가운데 거부할 수 없는 가장 강력한 예는 바로 외견상 마리아와 요셉의 혼외자로 태어났으며, 모든 이로 하여금 영생의 유산을 상속하게 하기 위해 신성한 하나님 아버지에게서조차도 버림받은 그리스도다.[5]

성경의 문맥을 종합적으로 고려하여 읽으면, 성경은 혼외자의 원칙을 인정하지 않는다. 고대 탈무드의 랍비와 교부들이 이미 이 점을 언급했고, 현대 성경학자들도 이 점에 명백히 동의한다. 서구의 법학자와 신학자들이 오랜 세월에 걸쳐 혼외자의 원칙에 대한 근거로 재차 인용한 아브라함과 이스마엘에 대한 성경 이야기는 그저 성경 전체 문맥의 일부분으로 읽어야 하는 이야기일 뿐이다. 이 이야기는 강력하고 불편하며 정신을 차리게 한다. 현대의 성경학자들은 이 이야

5) Jane Shaberg, *The Illegitimacy of Jesus: A Feminist Theological Interpretation of the Infancy Narratives*(New York: Crossroad, 1990) 참고.

기가 하나님의 약속에 대한 인간의 신실한 믿음과 인내의 명령이고, 가정의 불화를 야기하는 축첩과 간음에 대한 경고이며, 인간의 반복적인 결점 행위에도 긍휼을 베푸시는 하나님의 은혜를 보여주는 것이라고 한다. 성경 전체에 걸쳐 이 도덕적 교훈을 확인할 수 있다.

현대의 주석가들은 하갈에 대한 부당함을 보인 사라와 "약한 믿음"을 보인 아브라함을 비판하기도 하고,[6] 또 다른 이들은 이삭을 희롱한 이스마엘과 하갈을 이용한 아브라함을 비판하기도 한다. 또한 이스마엘이 아브라함에게 재물을 받음으로써 자신의 처지보다 더 나은 대우를 받았는지, 아니면 장자권을 박탈당함으로써 마땅한 대우를 받지 못했는지에 대해 논쟁하기도 한다.

그러나 '이스마엘'이라는 이름의 원래 뜻이 "하나님이 들으신다"는 뜻이고, 모든 아동이 부모의 어떠한 잘못으로 인해 태어났든지, 또 부모에게 어떠한 학대를 받았든지 간에 그들이 내는 간청의 목소리를 들으신다는 뜻이라는 것에는 모두 동의한다. 또한 아브라함이 자신의 친자인 이삭을 산으로 데리고 올라가 제단 위의 제물로 바치려 했던 것을 오늘날의 사람들이 모방하거나 제도적으로 도입하려 하지 않듯이, 아브라함이 이스마엘을 내쫓은 것도 오늘날 모방하거나 제도화하지 않아야 한다는 것에도 모두 동의한다.[7]

---

6) Gerhard von Rad, *Genesis*(Philadelphia: The Westminster Press, 1961), p.191.
7) Hans Urs von Balthasar, *The Glory of the Lord: A Theological Aesthetics*, vol. VI, *Theology: The Old Covenant*(San Francisco: Ignatius Press, 1991), pp.196ff.; F.F. Bruce, "'Abraham Had Two Sons': A Study in Pauline Hermeneutics," in *New Testament Studies: Essays in Honor of Ray Summers*, ed. Huber L. Drumwright,

또한 고대 탈무드의 랍비와 현대 성경학자들은 ("사생자는 여호와의 총회에 들어오지 못하리라"는) 신명기 23장 2절의 금지명령이 종교공동체에서 혼외자들을 쫓아내는 근거가 될 수 없다는 것에도 동의한다. 이 구절이 랍비들에게 시사했던 의미는 단지 혼외자들이 사원 내에서 결혼을 할 수 없다는 것이었고, 혼외자들은 그외 모든 면에서 자유로웠다. 현대 기독교 저술가들 역시 이 제한적인 해석을 따라 이 구절이 성전의 순수성을 보호하기 위한 당시의 (일시적인) 의식법(ceremonial law)이었을 뿐, 가정 내에 영속적으로 적용되는 도덕법(moral law)이 아니라는 것을 강조한다.

이것은 토라에서 제시하는 음식·제사·예배에 대한 다른 의식법들과 마찬가지로 그리스도의 오심으로 이미 완성되고 제거된 법이다. 토라의 도덕법(예를 들면 "너는 간음하지 말지니라")이나 심지어 일부의 사법(Judicial law, 예를 들면 십일조와 성소에 관한 법)은 기독교 공동체에 영속적인 교훈을 준다. 그러나 의식법은 그렇지 않다. 오늘날 기독교인들이 고대 의식법에 근거하여 법을 제정해서는 안 된다.[8]

Jr. and Curtis Vaughan(Waco, TX: Baylor University Press, 1975), pp.71-84; Walter Brueggemann, *Genesis*(Atlanta: John Knox Press, 1982), pp.111ff., 184ff.; Bruce Vawter, *On Genesis: A New Reading.*(Garden City, NY: Doubleday & Company, Inc., 1977), pp.216ff.; Claus Westermann, *Genesis 12-36: A Commentary*(Minneapolis: Augsburg Publishing House, 1985), pp.249ff.

8) Walter Brueggemann, *Deuteronomy*(Nashville: Abingdon Press, 2001), pp.227ff.; Walter Brueggemann, *Theology of the Old Testament: Testimony, Dispute, Advocacy*(Minneapolis: Fortress Press, 1997), pp.367ff.; Gerhard von Rad, *Deuteronomy*(Philadelphia: The Westminster Press, 1966), pp.146ff.; Gerhard von Rad, *Old Testament Theology*, 2 vols.(New York: Harper &

고대와 현대의 성경학자들은 토라에 담긴 네 개의 '아버지의 죄' 구절들(출 20:5, 34:7; 민 14:18; 신 5:9)이 혼외자들에게 벌을 내리는 구절이 아니라는 것에 동의한다. "너를 위하여 새긴 우상을 만들지 … 말라 나 네 하나님 여호와는 질투하는 하나님인즉 나를 미워하는 자의 죄를 갚되 아버지로부터 아들에게로 삼사 대까지 이르게 하거니와 나를 사랑하고 내 계명을 지키는 자에게는 천 대까지 은혜를 베푸느니라"(출 20:4-6).

오늘날 미국 연방판사들도 인지한 바와 같이, 이 구절들이 금지하는 죄악은 간음이 아니라 우상숭배다. 질투하시는 하나님은 우상숭배자들을 벌하실 권한을 홀로 가지고 계시며 인간의 법정과 공유하지 않으신다. 자비로우신 하나님은 즉각 벌을 주시지 않고, 자녀가 하나님에게로 다시 돌아오길 바라시며 삼 대, 사 대까지 벌을 늦추신다.

그리고 하나님은 다음 세대의 자녀가 친자인지 혼외자인지 차별을 두시지 않는다. 하나님은 다음 세대에도 계속 "하나님을 미워하는" 또는 부모의 죄악을 계속 저지르는 자녀들을 벌하신다. 그러나 하나님을 사랑하고 하나님의 계명을 지키는 자들에게는 "변치 않는 사랑"을 주신다. 이 구절들은 혼외자들의 이중 원죄(double original sin)의 원칙을 가르치는 구절들이 아니다. 단지 하나님의 정의롭고 자비로우심을 모든 이가 알고 회개하며 의롭게 돼야 할 필요를 가르치는 것이다. 시편에는 다음과 같이 쓰여 있다.

Brothers Publishers, 1962), I, pp.190ff.

"여호와께서 공의로운 일을 행하시며 억압당하는 모든 자를 위하여 심판하시는도다. 그의 행위를 모세에게, 그의 행사를 이스라엘 자손에게 알리셨도다. 여호와는 긍휼이 많으시고 은혜로우시며 노하기를 더디 하시며 인자하심이 풍부하시도다. 자주 경책하지 아니하시며 노를 영원히 품지 아니하시리로다. 우리의 죄를 따라 우리를 처벌하지 아니하시며 우리의 죄악을 따라 우리에게 그대로 갚지는 아니하셨으니 이는 하늘이 땅에서 높음같이 그를 경외하는 자에게 그의 인자하심이 크심이로다. 동이 서에서 먼 것같이 우리의 죄과를 우리에게서 멀리 옮기셨으며 아버지가 자식을 긍휼히 여김같이 여호와께서는 자기를 경외하는 자를 긍휼히 여기시나니 … 여호와의 인자하심은 자기를 경외하는 자에게 영원부터 영원까지 이르며 그의 의는 자손의 자손에게 이르리니"(시 103:6-13, 17).

고대와 현대의 성경학자들은 이 가르침을 토라의 뒷부분에 나오는 구절과 선지자들의 말에서 반복적으로 볼 수 있다고 한다. 예를 들어 신명기 24장에서 모세는 불법과 범죄행위에 대한 다양한 법을 나열한 후, 가족 내에서 대위책임이 전가되는 것을 명시적으로 금지한다. "아버지는 그 자식들로 말미암아 죽임을 당하지 않을 것이요 자식들은 그 아버지로 말미암아 죽임을 당하지 않을 것이니 각 사람은 자기 죄로 말미암아 죽임을 당할 것이니라"(신 24:16).

성경학자들은 이 구절이 아버지의 죄에 대한 책임을 아들에게 전가하는 것을 금할 뿐만 아니라, 아버지가 아들에게 불리한 증언을 하는 것까지도 금한다고 한다. 에스겔 선지자는 '하나님의 공의'를 따르는 공동체가 이 명령을 기억해야 한다고 상기시킨다. "그런데 너희는 이르기를 아들이 어찌 아버지의 죄를 담당하지 아니하겠느냐 하는도다. 아들이 정의와 공의를 행하며 내 모든 율례를 지켜 행하였으면 그는 반드시 살려니와 범죄하는 그 영혼은 죽을지라. 아들은 아버지의 죄악을 담당하지 아니할 것이요 아버지는 아들의 죄악을 담당하지 아니하리니 의인의 공의도 자기에게로 돌아가고 악인의 악도 자기에게로 돌아가리라"(겔 18:19-20). 예레미야 31장 30절과 이사야 3장 10-11절에서도 같은 가르침이 나온다.

개인만 자신에 대해 책임을 진다는 히브리 성경의 가르침은 신약에서도 계속 강조된다. 그리스도인에게 그리스도의 속죄가 가지는 의미는 아직 태어나지 않은 자나 이제 막 태어난 자를 포함하여 그 누구도 부모의 죄에 대한 희생양이 될 수 없다는 것이다. 기독교 신학에서는 타인의 죄에 대해 오로지 한 명의 희생양만 존재할 뿐이다. 신약에서는 각 개인이 하나님의 심판대 앞에 직접 설 것이며, 자신이 살아가면서 행한 것들에 대해 답변하고 최후의 심판이나 자비를 받을 것이라고 반복하여 가르친다(특히 마 25:31-46을 참고하라). 그러므로 하나님의 심판대 앞에 서는 개인에게는 답변해야 할 집단 소송도, 연대책임도, 대위책임도 없을 것이다.

물론 고대의 선지자들이 간음을 통해 태어난 자식들에 대해 불쾌하거나 위협적인 발언을 한 적이 있다. 예를 들어 호세아 선지자는

"내가 그의 자녀를 긍휼히 여기지 아니하리니 이는 그들이 음란한 자식들임이니라. 그들의 어머니는 음행하였고 그들을 임신했던 자는 부끄러운 일을 행하였나니"라고 말했다(호 2:4-5).

솔로몬의 지혜는 "간음의 소생들은 크지 못하고 부정한 잠자리에서 생긴 자식들은 망하고 만다. 오래 산다 하여도 그들은 아무것도 아닌 것으로 여겨지고 결국은 나이가 많음도 그들에게는 영예롭지 못하다 … 부정한 잠자리에서 생겨난 자식들은 재판 때에 부모가 저지른 죄악의 증인이 된다"고 했다(지혜서 3:16-17; 4-6). 예레미야 31장 20절, 예레미야애가 5장 7절, 집회서 3장 11절, 23장 24-26절에도 비슷한 구절들이 나온다.

그러나 이 예언의 구절들은 고대 선지자들이 유대인의 우상숭배를 책망하고 회개로 인도하기 위한 지속적인 비유의 일부분이다. 여호와 하나님과 이스라엘 간의 특별한 언약 관계를 남편과 아내의 관계에 비유하는 것이다. 여호와 하나님에 대한 이스라엘 민족의 불순종, 특히 우상숭배의 기질을 간음과 음행에 비교한 것이다. 간음과 마찬가지로 우상숭배는 이혼으로 이어질 수 있고, 여호와 하나님은 우상숭배자들과 그들의 자녀들에게 이혼과 같은 분리 및 기타 벌을 내릴 것이라고 반복적으로 말씀하시는 것이다.

그러나 자비로우신 하나님은 이 벌을 지체하신다. 바로 벌을 내리는 대신 삼사 대 후에 이 죄를 다시 물으시기로 함으로써 그동안 하나님의 선택된 민족이 하나님과 화목할 수 있도록 하신다. 이 은유는 선지자의 글들에서 반복적으로 볼 수 있다. 호세아 2장 2-23절; 이사야

1장 21-22절, 54장 5-8절, 57장 3-10절, 61장 10-11절, 62장 4-5절, 예레미야 2장 2-3절, 3장 1-5절, 6장 25절, 13장 27절, 23장 10절, 31장 32절, 에스겔 16장 1-63절, 23장 1-49절 등이다. 일부 현대 주석가는 이 구절들에서 볼 수 있는 혼외자들에 대한 비난을 혼외자에 대한 새로운 계명이 아닌 지속적인 은유의 일부분이자 산물로 보아야 한다고 주장한다.[9]

현대의 성경학자들은 신약에서 그리스도와 바울이 모세의 율법에 따라 구원을 받는다고 생각한 자들을 비난하는 데 사용했던 은유에 대해 이와 동일한 주장을 펼쳐왔다. 그리스도와 바울은 "강경한 수사학"[10]의 법칙을 사용하여 신약 세상에서 율법을 따를 것을 주장하는 자들은 결국 쫓겨나게 될 세상의 새로운 이스마엘이라고 묘사한다. 복음을 따르는 자들은 완전한 유산을 상속할 새로운 이삭과 같다(요 8:31-59; 갈 4:21-31).

현대 성경학자들은 여기서 다시 한번 이 구절들이 혼외자의 원칙을 허용하는 것이 아니라고 했다. 그리스도와 바울이 단지 당시의 바

9) Gordon P. Hugenberger, *Marriage as Covenant: A Study of Biblical Law and Ethics Governing Marriage Developed from the Perspective of Malachi*(Leiden: E.J. Brill, 1994); Edward Schillebeeckx, *Marriage*(New York: Sheed and Ward, 1965), esp. pp.59ff.; Michael Kolarcik, *The Book of Wisdom*(Nashville: Abingdon Press, 1997), esp. pp.473ff.; James M. Reese, *The Book of Wisdom, Song of Songs*(Wilmington, DE: Michael Glazier, Inc., 1983)의 자세한 연구 참고.

10) Luke Timothy Johnson, "Religious Rights and Christian Texts," in *Religious Human Rights in Global Perspective: Religious Perspectives*, ed. John Witte, Jr. and Johan D. van der Vyver(The Hague: Martinus Nijhoff Publishers, 1996), pp.65-95, at 76.

리새인과 선생들에게 매우 익숙한 이야기를 소재로 삼아 새로운 그리스도의 사역에 대한 요점을 설명했다는 것이다. 특히 바울은 이스마엘의 후손들이 아닌 유대인들을 소외의 대상으로 삼음으로써 이스마엘 이야기의 "보편적 해석에 반하는" 말을 한다. 바울의 말을 듣고 있는 유대인들에게 이러한 해석은 "터무니없었을 것"이다.[11]

바로 그것이 요점이다. 즉, 하나님이 "더욱 예쁨받고 특권을 가진 여자 대신 버림받고 잉태하지 못한 여자를 선택해, 사라의 육체적 후손들(율법에 의존하는 유대인)이 하갈의 영적 후손들이 되고, 하갈의 육체적 후손들(그리스도를 믿는 이방인)이 사라의 영적 후손들이 되어 하나님의 약속을 상속받는다"는 것이다.[12] 이 모든 비유와 역해석에서 신학적으로나 법학적으로나 혼외자의 원칙을 뜻하는 말은 찾아볼 수 없다.

그러나 과거 혼외자의 원칙을 비판하는 것이 현재 소외 아동의 처지를 개선해주지는 않는다. 현대에는 이미 성경의 신학이 더 이상 혼외자의 원칙을 옹호하지 않고, 법도 더 이상 혼외자들에게 불이익을 주지 않는다. 그렇다면 우리는 미래의 사회적 비운과 문제, 의존과 비행이 예상되는 수많은 혼외 아동에 대해 어떻게 대처해야 하는가.

---

11) Bruce, "Abraham Had Two Sons," pp.75-76. 갈라디아서 4장에 대한 심층 분석은 Hans Dieter Betz, *Galatians*(Philadelphia: Fortress Press, 1979) 참고.
12) Charles Kingsley Barrett, "The Allegory of Abraham, Sarah, and Hagar in the Argument of Galatians," *Rechtfertigung: Festschrift für Ernst Käsemann zum 70. Geburtstag*, ed. Johannes Friedrich, Johannes Pöhlman, and Peter Stuhlmacher(Tübingen: J.C.B. Mohr, 1976), p.16.

고대의 천사가 이스마엘에 대해 "그가 사람 중에 들나귀같이 되리니 그의 손이 모든 사람을 치겠고 모든 사람의 손이 그를 칠"것(창 16:11-12)이라고 하며 그의 비운을 예견한 것은 현대 혼외자의 처지에도 적용될 수 있는 여전히 적절한 예견처럼 보인다. 현재 모든 미국 아동 가운데 38.5퍼센트가 혼외에서 태어나고, 일부 서구 국가에서는 혼외자의 비율이 더욱 높은 상황에서 우리가 이들을 도울 수 있는 방법이 무엇인가. 미국의 혼외아동을 보호하는데 매년 1조 120억 달러의 비용이 들어가는 상황에서 어떠한 새로운 법과 정책을 고안해야 하는가.

첫 번째 방법은 마땅히 책임져야 할 자, 즉 원치 않는 자식을 출산한 친부와 친모(그리고 이 부모의 책임을 맡은 가족과 보호인들)에게 더 큰 책임을 두는 것이다. 간음자, 음행자 그리고 기타 성적 범죄자들은 역사적으로 자신들의 죄에 대해 벌금·구금·추방 심지어 어떤 경우에는 처형 등의 혹독한 대가를 치렀다. 하지만 이러한 대가는 종종 혼외자의 처지를 더욱 악화시키는 결과를 낳았고, 일부 극단적인 경우 혼외자가 자연적 가족 관계에서 제공받는 자원이나 지원을 전혀 받지 못하는 상황에 내몰리기도 했다.

오늘날 간음자와 음행자들은 새로운 문화적 기준과 성적 사생활법의 보호 등에 의해 자신들의 성적 행위에 대해 아무런 대가를 치르지 않거나 소량의 대가를 치를 뿐이다. 그리고 만약 누군가 간음과 음행을 형법상의 새로운 범죄로 만들자는 신(新)청교도적 방향(물론 나는 그것에 절대 찬성하지 않는다)을 제시한다고 해도, 그러한 제안이 헌법적·문화적 기준을 통과하는 일은 아마도 일어나지 않을 것이다.

혼외정사에 대한 형사처벌을 없애는 것은 그러한 행위를 통해 태어나는 죄 없는 자식을 지속적으로 보호하고 지원할 강력한 민사적 책임과 함께 동반되어야 한다고 본다. 방탕한 성생활을 처벌하지 않는 헌법은 동시에 피임도구의 사용을 허용한다. 요즘은 피임도구를 적은 비용으로 쉽게 구할 수 있으며, 여러 방법을 통해 무료로도 구할 수 있다. 이러한 방법이 있는데도 피임을 하지 않고 아이를 가지기로 선택한 자들에게는 자녀의 양육비를 지원할 강력한 책임이 주어져야 한다.

나는 오로지 임신으로 인한 갑작스러운 결혼이나, 서로 잘 맞지도 않는 커플이 태어날 아이 때문에 강제적으로 동거하는 것에 찬성하지 않는다. 강제적 결혼은 모든 이의 불행으로 이어지는 경우가 너무 많다. 그러나 친부와 친모를 찾는 친자소송에는 적극 찬성한다. 오늘날에는 유전자 검사를 어렵지 않게 할 수 있다. 또한 양육의무를 가지지 않은 부모에게 양육비 지원을 강제하고, 양육비를 지급하지 않을 경우 봉급과 재산 등을 압류하며, 미성년인 부양 자식을 외면하는 부모 특히 친부의 기존 보험 계약과 유언장 등의 수정을 요하는 강력한 법 제정에도 찬성한다.

또한 부모가 혼외자식을 버리거나 가혹하게 학대한 경우, 그 자식이 부모 또는 부모의 유산으로 보상 및 징벌적 배상을 받을 수 있도록 하는 민사소송에 찬성한다. 오늘날 미국에서 이와 같은 법과 혼외자를 보호하는 다양한 법들이 생겨나고 있다는 것은 참 반가운 일이다. 다른 주에 거주하는 부모에게도 양육비를 지원하고 집행하도록 하는 연방법들과 민사 명령을 반복적으로 어기는 경우 형사처벌하는 연방 및 주 법들이 생겨나고 있다.

사실 이러한 법은 부와 모 그리고 때로는 그들의 가족까지도 혼인 외에서 출생한 자녀의 양육비를 지급해야 한다는 중세 캐논법과 근대 초기 코먼로에서 영감을 얻어 도입된 것들이다. 그리고 생물학적으로 아동의 친모가 가져야 할 부담이 더욱 큰 것을 고려했을 때에 친부에게 물질적 지원을 더욱 열심히 하도록 하는 것이 바람직하다.

이것은 신보수주의적인 독단론을 펼치고자 하는 것이 아니라 기본적인 정치적 자유주의에 기초한 것이다. 모든 권리에는 그에 부합하는 의무가 있다. 그리고 권리의 남용은 계속되는 책임을 발생시킨다. 미국에는 총기소지의 권리가 있는 반면, 적법한 정당방위의 경우를 제외하고 살인을 해서는 안 된다는 의무가 있다. 한 번 부당하게 충동적인 살인을 저지르는 경우에는 피해자의 가족과 사회에 대해 평생 치러야 할 책임이 따라온다.

성관계를 가질 권리도 마찬가지다. 능력을 갖춘 성인이 합의에 의한 성관계를 가지는 것에 정부가 개입할 이유가 없다. 그러나 한 번의 충동적인 행위일지라도 임신을 하는 경우에는 그 자녀를 보호해야 할 책임이 평생 따른다. 생명을 앗아가는 행위에 대해서는 책임의 소멸시효가 없는 것과 마찬가지로, 새로운 생명을 탄생시키는 것에 대해서도 책임의 소멸시효가 있어서는 안 된다. 성관계는 무료일 수 있어도 그로 인해 생긴 자녀에 대해서는 비싼 값을 치러야 한다.

국가는 결혼한 부부 사이에서 자녀가 태어났을 때 자동적으로 자녀를 양육할 의무를 부과한다. 만약 아빠나 엄마가 특히 어린 자녀를 외면·학대·방치하는 경우에는 큰 대가를 치러야 한다. 혼인 외에서 태어난 자녀라고 해서 달라져야 할 이유가 없다. 자녀 양육을 위한 지속적인 지원에 대한 아빠의 자의적인 선택이나 친자소송의 결과를 기다려야 할 이유가 없다. 그 자녀가 다른 가정에 입양되지 않는 한 성년의 나이에 이르기 전까지 도덕적·재정적 책임은 친부와 친모에게 있다. 따라서 국가는 이러한 비용을 혼외자의 친부모에게 자동적으로 부과하고, 그들이 이 비용을 지불하지 않는 경우에는 그에 합당한 책임이 따르도록 해야 한다.

이것은 중세 및 근대 초 빈민구제법에서 얻을 수 있는 또 하나의 교훈이기도 하다. 특히 영국과 초기 아메리카의 빈민구제법은 혼외자의 양육에 대한 비용을 지역적으로 부과했다. 즉, 혼외자의 부모와 조부모 외에도 지역의 교구와 군구에 혼외자에 대한 양육 비용이 부과되었다. 이러한 체제하에서는 혼외자를 부양하기 위해 각 지역 개인이 부담해야 하는 비용을 즉각적이고 공개적으로 계산할 수 있었다.

혼외자의 수가 많아질수록 지역 공동체에는 혼외자를 생산하는 부적절한 성관계를 억지할 동기가 더욱 커졌다. 따라서 지역 공동체가 모든 이에게 책임감 있는 성생활을 실천하도록 가르치고 무책임한 행위를 하는 자에게는 비용을 치르도록 요구하는 것이 더욱 쉬웠다. 지역 공동체는 혼외자의 부모에게 노동증서를 발행하기도 하고, 그 부모 가족의 집에 권리를 설정하기도 했으며, 부모의 유산으로 비용을 보상하기 위해 검인법원(probate court)에 청구하기도 했다. 현대 복지국가의 거대한 관료체제로 인해 우리에게 혼외출생에 대한 실비용은 추상적인 것이 되었다. 2008년 미국은 혼외 아동 부양비용으로 약 1조 120억 달러를 사용했으나, 이러한 비용이 지역적 수준에서 우리 각 개인에게 미치는 실제 영향을 느끼기는 어렵다.[13] 혼외출생 비용이 모든 납세자에게 일반적으로 전가되는 경우에는 자기제어와 책임감, 지역적 통제와 지역적 보호에 대한 동기가 줄어들게된다.

오늘날 우리가 지역 법원과 판사들을 통해 양육비를 부담하지 않는 부모들에게 노동을 강요하는 체제로 돌아갈 수는 없다. 노동증서는 노예제도의 일종으로 불법이 된 지 오래이고, 현대의 이동의 방법과 권리를 고려했을 때에 지역판사들로 하여금 자녀에 대한 지원을 강제하도록 하는 것은 효과가 없다. 그러므로 우리는 다시 우리의 가족과 동네, 종교센터와 학교, 자선단체와 봉사단체들을 책임감 있는 성생활과 자녀양육이라는 대과업에 연결시킬 수 있는 새롭고 창조적인 방법들을 고안해야 한다.[14]

---

13) Benjamin Scafidi, *The Taxpayer Costs of Divorce and Unwed Childbearing: First-Ever Estimates for the Nation and All Fifty States*(New York: Institute for American Values, 2008).
14) 지역사회를 위한 훌륭한 성명서인 Robert M. Franklin, *Crisis in the Village: Restoring Hope in African-American Communities*(Minneapolis: Fortress Press, 2007) 참고.

나아가 현대기술을 사용하여 무책임한 부모들이 어디에 있든지 찾아내 자녀의 지원을 책임지도록 해야 한다. 출생 증명에는 아동의 부모에 대해 단순히 주소뿐만 아니라 사회보장번호, 혈액형, 유전 자료 등의 더욱 구체적인 정보가 명시되어야 한다. 또 이 출생증명 자료를 한데로 모을 수 있는 국가 등록 제도를 만들어 부모가 어디로 이주하든 찾을 수 있도록 해야 한다.

이렇게 부모에 대한 더욱 구체적인 자료를 보관하는 것은 지원받지 못하는 아동, 버림받은 친부 또는 친모, (그리고 필요한 경우에는) 정부 관료 등으로 하여금 비용지불의 의무를 이행하지 않는 부모를 찾아내어 미지불금을 지불하도록 하는 데 도움을 줄 것이다. 이것은 처음에는 마치 오웰주의적인 관리사회를 지향하는 것으로 들릴 수 있다. 그러나 이 방법과 혼외 아동들에 대한 비용을 지불하기 위해 국가가 모든 납세자의 주머니에서 1조 120억 달러라는 추가 돈을 징수해가는 것 중 과연 어느 것이 우리의 자유를 더욱 침해하는 것인가.

물론 정부는 부모의 개인정보에 대한 적법한 이용과 사생활 보호를 위한 절차와 안전장치를 마련해야 한다. 또한 부모를 찾을 수 없거나 부모가 최선의 노력을 해도 부양비를 지불할 능력이 없는 경우에는 정부가 지원을 해야 한다. 우리의 부와 가치를 보았을 때 국가 내의 어느 아동도 보험의 혜택을 받지 못하거나, 충분한 영양을 공급받지 못하거나, 교육의 혜택을 제대로 받지 못하는 일이 있어서는 안 된다.

그러나 우리는 부모들이 자신이 낳은 자녀에 대한 재정적 책임을 더욱 잘 지도록 할 수 있는 더 조직적이고 공개적인 주 및 연방 시스템이 필요하다. 이러한 시스템은 무책임한 성생활을 억지하고, 혼인 내에서의 책임감 있는 자녀 양육을 증진하는 데 기여할 것이다.

혼외자의 급증에 대한 두 번째 방안은 더욱 강력한 입양의 원칙을 세우는 것이다. '로 대 웨이드' 사건 이후 시대에 진행된 모든 낙태 찬성·반대 운동 및 소송에 비하면 입양이라는 대안에 대한 관심은 상대적으로 매우 적다. 입양은 역사적으로 혼외자를 친자로 인지하고, 출생에 따른 문화적 낙인과 사회적 그늘을 제거해주는 역할을 했다. 오늘날의 입양은 이러한 보호를 제공할 뿐만 아니라, 엄마의 자궁에서 태어나기도 전에 벌을 받는 위기에 처한 새로운 부류의 혼외자들에 대한 가장 최선의 구제 방법이 될 수 있다.

따라서 나는 입양을 지금보다 훨씬 더 적극적으로 옹호하고 입양이 훨씬 용이해져야 한다고 생각한다. 그리고 친모가 아이의 생명을 위해 영웅적인 희생을 하는 것을 매우 축하해주고 보상해주어야 한다고 생각한다.

신학적으로도 낙태는 여전히 민감한 주제다. 불과 최근까지도 낙태는 비난을 받거나 일부 보수적인 기독교계, 특히 안정된 가정생활과 충실한 부부생활이 필수적인 곳에서는 아예 금지되어 있었다. 물론 혈연 이타성(kin altruism)은 고대에 근원을 두고 있으며, 토마스 아퀴나스가 아리스토텔레스의 사상을 빌려 기독교 신학에 가장 두드러지게 적용했다.[15] 부모, 특히 아버지가 자신의 혈통과 이름을 가지

15) Don S. Browning et al., *From Culture Wars to Common Ground: Religion and the American Family Debate*, 2nd edn.(Louisville, KY: Westminster John Knox

고, 자신의 외모와 행동을 닮았으며, 어린 시기에 생존하기 위해서 자신의 도움을 필요로 하는 자식에게 자연적으로 이끌림(inclination)을 느낀다는 개념은 우리에게 매우 당연하고 상식적이다.

그러나 혈연 이타성에 대한 자연주의적 주장은 남용되기 쉽고, 혈연을 위험하고 차별적인 우상으로 만들 수도 있다.[16] 부모와 자식 간의 혈연성이 강조되는 바로 그 기독교 신학에서 역으로 남편과 아내는 비혈연성이 강조된다. 실제로 금지된 수준의 혈족관계 내에서 결혼하는 것은 근친상간의 죄를 범하는 것이고, 특히 의도적이었을 때에는 매우 심각한 범죄가 된다.

그러나 부모의 적법한 사랑이 혈연의 유(有)에 기초해야 하고, 반대로 부부 간의 적법한 사랑이 혈연의 무(無)에 기초해야 하는 이유가 무엇인가. 물론 부모에게 요구되는 희생적인 사랑과 자애는 배우자에게 요구되는 사랑과 자애와는 다르다. 그러나 이 두 종류의 사랑과

Press, 2000) 참고.
16) 혈통에 대한 이 집착은 두 가지로 나타날 수 있다. 유산을 상속할 수 있는 혈통에 대한 코먼로의 집착은 혼인 내에서의 출산을 장려하는 것으로 나타났다. 이 책, 172-173, 193-195쪽 참고. 반대로 악명 높은 레벤스보른 프로그램에서 보여진 아리안 혈통에 대한 나치의 집착은 순수혈통을 위한 난교로 나타났다. 예를 들어 Catrine Clay and Michael Leapman, *Master Race: The Lebensborn Experiment in Nazi Germany*(London: Hodder & Stoughton, 1995), 특히 pp.53-77; Hans Peter Bleuel, ed., *Sex and Society in Nazi Germany*, trans. J. Maxwell Brownjohn(Philadelphia: J.B. Lippincott Company, 1973), pp.54-74, 148-79; Paul Weindling, *Health, Race and German Politics between National Unification and Nazism, 1870-1945*(Cambridge: Cambridge University Press, 1989) 참고. 나는 이 반대현상을 지적해준 티모시 잭슨(Timothy P. Jackson)에게 감사를 표하는 바이다.

자애는 확실히 비슷한 면이 있으며 서로 공존해 베풀어져야 한다. 부모와 자식 간의 사랑 관계에서는 혈연이 너무나도 필수적이고, 부부 간의 사랑 관계에서는 그렇지 않은 이유가 무엇인가. 나는 이것이 일종의 성변화 교리의 심한 변질이라고 본다.

나는 오늘날 일부에서 제기되는 주장과 같이 근친상간을 더 이상 범죄로 규정하지 말고 친족 간 결혼도 허용해야 한다고 주장하려는 것이 아니다. 부모와 자식 간의 자연적인 혈연관계가 가정 내 안정의 필수요소가 아니라는 것이 핵심이다.

부부 간의 사랑과 마찬가지로, 부모의 사랑은 본질적으로 본능일 뿐만 아니라 덕목이기도 하며, 육적인 이끌림일 뿐만 아니라 영적인 직관이기도 하다.[17] 부모와 자녀 간의 혈연은 쉽게 끊을 수 없다. 그러나 부모와 자녀의 관계가 혈연에 의해서만 형성될 수 있는 것은 아니다. 스티븐 포스트(Stephen Post)의 적절한 말을 빌리자면, 진정한 가족관계는 "출생과 생물학적 관계와 혈통"을 뛰어넘는다.[18]

게다가 입양은 기독교적 자애의 가장 숭고한 형태이자 본보기 가운데 하나다. 그리스도인은 첫 번째 기독교 가정을 본받아야 한다. 사실 요셉은 당시의 상황으로 보자면 마리아의 혼외자인 예수님과 혈연이 부재함에도 불구하고 그를 입양하고 안정된 가정환경에서 양육

---

17) Timothy P. Jackson, *The Priority of Love: Christian Charity and Social Justice* (Princeton: Princeton University Press, 2003) 참고.

18) Stephen G. Post, *More Lasting Unions: Christianity, the Family, and Society* (Grand Rapids, MI: Wm. B. Eerdmans, 2000), p.124.

했다. 그리스도인은 또 신약이 묘사하는 하나님께서 은혜를 베푸시는 방법에서도 영감을 얻을 수 있다. 신약에서는 그리스도인들이 이미 죄를 상속했음에도 구원의 상속자로 입양된 양자들이라고 말한다(롬 8:15, 23; 9:4; 갈 4:5; 엡 1:5).[19] 은혜에 따른 입양은 하나님이 원죄의 낙인과 영원한 형벌을 제거하고, 각 개인이 영원히 누릴 새로운 이름과 거처 그리고 새로운 자유를 부여하시는 신학적 방법이다. 1647년 『웨스트민스터 신앙고백서』에는 다음과 같이 쓰여 있다.

"하나님은 의롭다 함을 받은 모든 자가 하나님의 외아들 예수 그리스도 안에서 그리고 그분으로 인해 입양의 은혜에 참여하는 것을 허락하신다. 그들은 입양으로 인해 하나님의 자녀의 수에 포함되고, 하나님의 자녀가 되는 자유와 특권을 누리며, 하나님의 이름이 붙여지고, 입양의 영을 받으며, 담대하게 은혜의 보좌로 나아가고, 하나님을 아바(Abba)라 부를 수 있게 되며, 연민에 따른 불쌍히 여김과 보호와 공급을 받고, 아버지의 훈계를 받으나 절대 버림받지 않으며, 구속의 날까지 인치심을 받고 영원한 구원의 상속자로서 약속들을 상속한다."[20]

---

19) James M. Scott, *Adoption As Sons of God*(Tübingen: J.C.B. Mohr(Paul Siebeck), 1992)의 방대한 문학을 참고.

20) The Westminster Confession of Faith(1647), ch. XII, in Philip Schaff, ed., *The Creeds of Christendom, with a History and Critical Notes*, reprint of 6th edn. by David S. Schaff, 3 vols.(Grand Rapids, MI: Baker Books, 2007), III, p.628. 입양의 원칙을 언급하는 여섯 개의 다른 개신교 신앙고백에 대해서는 Tim Trumper, "The Metaphorical Import of Adoption: A Plea for Realization," *Scottish Bulletin of Evangelical Theology* 14(1996), pp.129-45; Tim Trumper,

현대의 학자들은 이러한 성경 및 고백 문헌들을 열심히 연구하기 시작했고, 이러한 노력은 입양에 대한 신학과 법 발전에 좋은 전망을 품게 해준다.[21]

신학계에서 입양은 충분히 논의되지 못한 주제이며, 법학계에서도 완전히 발전하지 못한 원칙이다. 최근 미국 연방법 및 주법에서 입양법이 많이 개선됨에 따라 입양이 이전보다 더욱 쉬워지고 입양의 비용도 낮아졌다. 입양과 국경을 건너가는 아동의 이주에 대한 국제 협약과 양자 조약들도 생겨났다. 그러나 입양은 여전히 까다롭고 많은 비용을 필요로 하며, 따라서 주로 부유층에게만 기회가 주어진다. 게다가 많은 주에서는 친부와 친모에게 입양을 거부할 권리가 남아 있다. 이 부모가 얼마나 무책임하게 아동을 임신했고, 또 아이가 뱃속에 있을 때나 태어난 후에 얼마나 무자비하게 아동을 외면하고 학대했는지와 상관없이 말이다.

"The Theological History of Adoption," *Scottish Bulletin of Evangelical Theology* 20(2002), pp.4-28, 177-202; Douglas F. Kelly, "Adoption: An Under-developed Heritage of the Westminster Standards," *The Reformed Theological Review* 52(1993), pp110-20; Joel R. Beeke, "Transforming Power and Comfort: The Puritans on Adoption," *The Faith Once Delivered: Essays in Honor of Dr. Wayne R. Spear*, ed. Anthony T. Selvaggio(Phillipsburg, NJ: P & R Publishing, 2007), pp.63-106 참고.

21) 예를 들어 Timothy P. Jackson, *The Morality of Adoption: Social-Psychological, Theological, and Legal Perspectives*(Grand Rapids, MI: Wm. B. Eerdmans, 2005); Jeanne Stevenson-Moessner, *The Spirit of Adoption: At Home in God's Family*(Louisville, KY: Westminster John Knox Press, 2003); Trevor Burke, "Pauline Adoption: A Sociological Approach," *The Evangelical Quarterly* 73 (2001), pp.119-34 참고.

조지 버나드 오닐, 「잊지 못할」, 1882.

아동에게 혈연이 단지 부모가 누구이냐를 따지는 데에만 중요할 뿐 그 이상의 어떠한 의미도 없다고 할 수는 없다. 그것은 플라톤의 『공화국』(*Republic*)이나 스키너(B.F. Skinner)의 『월든 투』(*Walden Two*)에서 무정하게 고안한 암담한 익명의 양육 체제로 이어질 수 있는 위험한 발상이다. 그러나 입양법에 더욱 많은 예산과 유리한 행정, 관대한 적용이 더해진다면 분명 오늘날 혼외자들의 처우 개선에 기여할 수 있을 것이다.

점점 증가하는 혼외출생의 문제에 대한 가장 중요한 해법은 결혼을 법·문화적으로 아이를 낳고 기르는 가장 좋은 제도로 확립하는 것이다. 결혼 외 사적 연합이나 은밀한 관계가 합의하의 성인들에게는 효과적일 수 있으나, 아동들에게 가장 적합한 제도는 결혼이다. 이것은 서구에서 기독교가 법적으로 제도화되기 전부터 현대까지 이어져 내려온 교훈이다.

이제는 결혼이 가장 적합한 제도라는 사회과학적 증거들도 점점 늘어나고 있다. 지난 약 20년간 행해진 일련의 연구에 따르면 결혼한 가정에서 태어나고 자란 아동들이 미혼(또는 한 부모)가정, 위탁가정, 사회기관 등에서 자란 아동들보다 많은 면에서 더욱 좋은 성과를 이룬다. 또 결혼가정에서 태어난 아기들의 생존율이 50퍼센트 더 높다.

또한 일반적으로 아동들이 자라나는 데 필요한 경제적 자원과 양질의 영양, 삶, 교육, 여가활동, 보건의 혜택을 더욱 풍요롭게 누릴 수 있다. 또 어린 시기에 지원과 교제와 도움을 제공받을 수 있는 보호인들의 네트워크, 청소년기에서 성인으로 자라나는 시기에 원조를 제공받을 수 있는 친족의 네트워크도 더욱 넓다. 교육 및 직업 성취율은 거의 3배나 높으며, 자퇴·결석·흡연·약물 및 알코올 남용·청소년기의 임신·범죄(그리고 결국 투옥)의 비율은 절반 이하다.[22]

결혼이 아동에게 주는 혜택에 관한 이 새로운 사회과학 자료들은 물론 모든 아동이 처한 각각의 상황을 대변하는 것은 아니다. 아동을 훌륭하게 양육하는 미혼 부모나 위탁가정도 많고, 매우 훌륭한 아동 시설과 사회 프로그램도 다양하며, 모든 편견을 극복하고 너무나도 잘 자란 훌륭하고 활발한 아동도 많다. 우리 모두는 기쁨으로 눈시울을 붉히는 이러한 이야기들을 잘 알고 있다.

매우 많은 예외가 존재하지만 새로운 사회과학 자료들은 일반적으로 아동들이 결혼가정에서 태어나고 자랐을 때에 더욱 잘 성장한다는 것을 보여준다. 한 아이를 기르는 데에는 한 마을이 필요하지만, 한 아이를 낳는 데에는 하나의 결혼이 필요한 것인지도 모른다.

---

22) Timothy P. Jackson, *The Best Love of the Child*; Linda J. Waite and Maggie Gallagher, *The Case for Marriage: Why Married Peeple Are Happier, Healthier and Better Off Financially*(New York: Brooks, 2001); Kristian Anderson More, "Marriage from a Child's Perspective: How Does Family Structure Affect Children, and What Can We Do about It?"(Washington, DC: Child Trends Research Brief, June 2002); "Marriage Promotion in Low-Income Families, Fact Sheet"(Minneapolis: National Council of Family Relations, April 2003) 참고. 또한 이 책, 270쪽, 각주 64 참고.

참고 문헌

Adair, Richard, *Courtship, Illegitimacy, and Marriage in Early Modern England* (Manchester: Manchester University Press, 1996).

Alexander, Elizabeth Urban, *Notorious Woman: The Celebrated Case of Myra Clark Gaines*(Baton Rouge: Louisiana State University Press, 2001).

Althusius, Johannes, *Dicaeologicae libri tres, totum et universum jus, quo utimur, methodice complectentes*(Frankfurt am Main: Christophe Corvin, 1618).

Andreae, Johannes, *Novella in Sextum*[Venice, 1499], repr. edn.(Graz: Scientia Verlag, 1963).

The Ante-Nicene Fathers: The Writings of the Fathers Down to A.D. 325, repr. edn., trans. and ed. Alexander Roberts, 10 vols.(Peabody, Mass: Hendrickson Publishers, 1995).

Arbery, Glenn, "'Why Bastard? Wherefore Base?' Legitimacy, Nature, and the Family in Post-Renaissance Literature," *Liberty, Life, and the Family* 2(I) (2005): 99-119.

Augustine, *The Works of Saint Augustine*, trans. and ed. John E. Rotelle(Charlottesville, VA: Intelex Corporation, 2001).

Ayer, John C., "Legitimacy and Marriage," *Harvard Law Review* 16(1902): 22-42.

Baade, Hans W., "The Form of Marriage in Spanish North America," *Cornell Law Review* 61(1975): 1-89.

Bacon, Matthew, *A New Abridgement of the Law*(London: A. Strathan, 1798).

Balch, David and Carolyn Osick, *The Family in Early Christianity*(Louisville: West-minster John Knox Press, 1997); eds. *Early Christian Families in Context: An Interdisciplinary Dialogue*(Grand Rapids, MI: Wm. B. Eerdmans, 2005).

Barrett, Charles Kingsley, "The Allegory of Abraham, Sarah, and Hagar in the Argument of Galatians," in *Rechtfertigung: Festschrift für Ernst Käsemann zum 70. Geburtstag*, ed. Johannes Friedrich, Johannes Pöhlman, and Peter Stuhlmacher(Tübingen: J.C.B. Mohr, 1976), 16-31.

Bartolus de Sassoferrato, *In primam ff. veteris commentaria*(Venice, 1585).

Barzis, Benedecti de, *De filiis nom legitimé natis*, in *Tractatus universi iuris*, vol. VIII/2, 24a-29b.

Bassett, W.J., ed., *The Bond of Marriage: An Ecumenical and Interdiciplinary Study* (Notre Dame/London: University of Notre Dame Press, 1968).

"Bastard," in *The Universal Jewish Encyclopedia,* ed. Isaac Landman, 10 vols.(New York: The Universal Jewish Encyclopedia, Inc., 1942), VII:587-592.

Beeke, Joel R., "Transforming Power and Comfort: The Puritans on Adoption," *The Faith Once Delivered: Essays in Honor of Dr. Wayne R. Spear*, ed. Anthony T. Selvaggio(Phillipsburg, NJ: P & R Publishing, 2007), 63-106.

Betz, Hans Dieter, *Galatians*(Philadelphia: Fortress Press, 1979).

Bischof, L., *Die Rechtsstellung der ausserehelichen Kinder nach den zürcherischen Rechtsquellen*(Diss., Zurich, 1931).

Blackstone, William, *Commentaries on the Laws of England*, 4 vols.(Oxford: Clarendon Press, 1765).

Blaikie, Andrew, "A Kind of Loving: Illegitimacy, Grandparents, and the Rural Economy of North East Scotland, 1750-1900," *Scottish Economic and Social History*14(1994): 41-57; *Illegitimacy, Sex, and Society: Northeast Scotland, 1750-1900*(Oxford: Clarendon Press, 1993).

Blankenhorn, David, *Fatherless: America: Confronting Our Most Urgent Social*

Problem(New York: Basic Books, 1995).

Bleuel, Hans Peter, ed., *Sex and Society in Nazi Germany*, trans. J. Maxwell Brownjohn (Philadelphia: J.B. Lippincote Company, 1973).

Blume, Fred H., "Legitimation under the Roman Law," *Tulane Law Review* 5(1931): 256-266.

Bosco, Ronald A., "Lectures at the Pillory: The Early American Execution Sermon," *American Quarterly* 30(3)(1978): 156-176.

Boswel, John, *The Kindness of Strangers: The Abandonment of Children in Western Europe from Late Antiquity to the Renaissance*(New York: Pantheon Books, 1988).

Bracton on the Laws and Customs of England, trans. Samuel E. Thorne, 4 vols. (Cambridge, MA: Harvard University Press, 1968).

Brennan, Patrick M., ed., *The Vocation of the Child*(Grand Rapids, MI: Wm. B. Eerdmans, 2008).

Brinton, Crane, *The French Revolutionary Legislation on Illegitimacy*(Cambridge, MA: Harvard University Press, 1936).

Brissaud, Jean, *A History of French Private Law*, 2nd edn., trans. R. Howell(Boston: Little, Brown, and Company, 1912).

Brown, Peter, *Poverty and Leadership in the Later Roman Empire*(Hanover, NH/ London: University Press of New England, 2000).

Browning, Don S., "Family Law and Christian Jurisprudence," in *Chrisetianity and Law: An Introduction*, ed. John Witte, Jr. and Frank S. Alexander(Cambridge: Cambridge University Press, 2008), 163-184.

Browning, Don S., Bonnie J. Miller-McLemore, Pamela D. Couture, K. Brynolf Lyon, and Robert M. Franklin, *From Culture Wars to Common Ground: Religion and the American Family Debate*, 2nd edn.(Louisville, KY: Westminster John Knox Press, 2000).

Broyde, Michael J., "Adoption, Personal Status, and Jewish Law," in *The Morality*

of *Adoption: Social-Psychological, Theological, and Legal Perspectives*, ed.
Timothy P. Jackson (Grand Rapids, MI: Wm. B. Eerdmans, 2005), 128–147;
Marriage, Divorce, and the Abandoned Wife in Jewish Law (Hoboken, NJ: Ktav
Publishing House, 2001); "Proselytism and Jewish Law: Inreach, Outreach,
and the Jewish Tradition," in *Sharing the Book: Religious Perspectives on the
Rights and Wrongs of Proselytism*, ed. John Witte, Jr. and Richard C. Martin
(Maryknoll, NY: Orbis Books, 1999), 45–60.

Broyde, Michael J., and Michael Ausubel, eds., *Marriage, Sex, and Family in Judaism*
(Lanham, MD: Rowman & Littlefield, 2005).

Bruce, F.F., "'Abraham Had Two Sons': A Study in Pauline Hermeneutics," in *New
Testament Studies: Essays in Honor of Ray Summer*, ed. Huber L. Drumwright,
Jr. and Curtis Vaughan (Waco, TX: Baylor University Press, 1975), 71–84.

Brueggemann, Walter, *Deuteronomy* (Nashville: Abingdon Press, 2001); *Genesis*
(Atlanta: John Knox Press, 1982); *Theology of the Old Testament: Testimony,
Dispute, Advocacy* (Minneapolis: Fortress Press, 1997).

Brundage, James A., *Law, Sex, and Christian Society in Medieval Europe* (Chicago:
University of Chicago Press, 1987); *Sex, Law, and Marriage in the Middle Ages*
(Aldershot: Variorum, 1993).

Brydall, John, *Lex Spuriorum, or the Law Relating to Bastardy Collected from the
Common, Civil, and Ecclesiastical Laws* (London: Assigns of Richard and
Edwards Atkins, 1703).

Bückling, G., *Die Rechtstellung der unehelichen Kinder im Mittelalter und in der
heutigen Reformbewegung* (Breslau: M. and H. Marcus, 1920).

Bullough, Vern L. and James A. Brundage, *Sexual Practices and the Medieval Church*
(Buffalo, NY: Prometheus Books, 1982).

Bunge, Marcia J. ed., *The Child in Christian Thought* (Grand Rapids, MI: Wm. B.
Eerdmans, 2001).

Burke, Trevor, "Pauline Adoption: A Sociological Approach," *The Evangelical

Quarterly 73(2001): 119-134.

Burn, Richard, *Ecclesiastical Law*, 6th edn., 4 vols.(Philadelphia: 1787); *The Justice of the Peace, and Parish Officer*, 16th edn. by John Burn(London: A. Strahan and W. Woodfall, 1788).

Cardwell, Edward, ed., *Synodalia: A Collection of Articles of Religion, Canons, and Proceedings of Convocations in the Province of Canterbury*(Oxford: University Press, 1842).

Carlson, Eric Josef, *Marriage and the English Reformation*(Oxford: Blackwell, 1994).

Carpzov, Christian, *De legitima, quae vocantur ab Hotomano quarta Legitima* (Wittenberg: Johannis Gormanni, 1631).

Chloros, A.G., ed., *The Reform of Family Law in Europe(The Equality of the Spouses-Divorce-Illegitimate Children)*(Deventer: Kluwer, 1978).

Clay, Catrine and Michael Leapman, *Master Race: The Lebensborn Experiment in Nazi Germany*(London: Hodder & Stoughton, 1995).

Clerke, William, *The Triall of Bastardie*(London: Adam Islip, 1594).

Code Napoleon, or The French Civil Code, trans. George Spence(London: William Benning, 1827).

Cody, Lisa Forman, "The Politics of Illegitimacy in an Age of Reform: Women, Reproduction, and Political Economy in England's New Poor Law of 1834," *Journal of Women's Studies* 1(4)(2000): 131-156.

Coing, Helmut, ed., *Handbuch der Quellen und Literatur der neueren europäischen Privatrechtsgeschichte*, 3 vols.(Munich: Beck. 1973-88).

Coke, Sir Edward, *The Second Part of the Institutes of the Laws of England*, repr. of the 1797 edn., 4 vols.(Buffalo, NY: William S. Hein, 1986).

Corbett, P.E., *The Roman Law of Marriage*(Oxford: Oxford University Press, 1930).

Couvreur, Gilles, *Les pauvres on-ils des droits?*(Rome: Libraria editrce dell'Universita Gregoriana, 1961).

Cummin, William, M.D., *The Proofs of Infanticide Considered, Including Dr. Hunter's*

Tract on Child Murder(London: Green and Longman, 1836).

Cunningham, Hugh, *Children and Childhood in Western Society since 1500@* 2nd edn.(New York: Pearson Longman, 2005).

Davidson, J.S., "The European Convention on Human Rights and the 'Illegitimate' Child," in *Children and the Law: Essays in Honour of Professor H.K. Bevan,* ed. D. Freestone(Hull: Hull University Press, 1990), 75-106.

Davis, Kingsley, "Illegitimacy and the Social Structure," *American Journal of Sociology* 45(1939): 215-233.

De Mino, Wolfgang P. Hirczy, "From Bastardy to Equality: The Rights of Non-marital Children and Their Families in Comparative Perspective," *Journal of Comparative Family Studies* 31(2000): 231-262.

Deferrari, R.J. ed., *St. Augustine: Treatises on Marriage and Other Subjects*(New York: Fathers of the Church, Inc., 1955).

Desan, Suzanne, *The Family on Trial in Revolutionary France*(Berkeley: University of California Press, 2004).

Didascalia Apostolorum, trans. R. Hugh Connolly(Oxford: Clarendon Press, 1929).

The Digest of Justinian, ed. Theodor Mommsen and Paul Krueger, trans. Alan Watson, 4 vols.(Philadelphia: University of Pennsylvania Press, 1985).

Suzanne Dixon, *The Roman Family*(Baltimore: The Johns Hopkins Press, 1992).

Charles Donahue, *Law, Marriage, and Society in the Later Middle Ages: Arguments about Marriage in Five Courts*(Cambridge: Cambridge University Press, 2008).

Early Church Fathers: Nicene and Post-Nicene Fathers, First Series, trans. and ed. Philip Schaff, [1886-89], repr. edn., 14 vols.(Peabody, MA: Hendrickson Publishers, 1994).

Early Church Fathers: Nicene and Post-Nicene Fathers, Second Series, trans. and ed. Philip Schaff and Henry Wace, [1886-89], repr. ed., 14 vols.(Peabody, MA: Hendrickson Publishers, 1994).

Eekelaar, John M., *Family Life and Personal Life*(Oxford: Oxford University Press,

2006); "Reforming the English Law Concerning Illegitimate Persons," *Family Law Quarterly* 14(1980): 41-58.

Elon, Menachem, *Jewish Law: History, Sources, Principles*, trans. Bernard Auerbach and Melvin J. Sykes, 4 vols.(Philadelphia: The Jewish Publication Society, 1994); ed., *The Principles of Jewish Law*(Jerusalem: Keter Publishing House, 1975).

Epstein, Louis M., *Marriage Laws in the Bible and the Talmud*(Cambridge, MA: Harvard University Press, 1942); *Sex Laws and Customs in Judaism*(New York: Ktav Publishing House, 1967).

Etzensperger, C., *Die Rechtsstellung des ausserehelichen Kinder nach den schaffhauserischen Rechtsquellen*(Dissertation, Zurich, 1931).

Ewing, James, *A Treatise on the Office and Duty of a Justice of the Peace*(Trenton, NJ: James Oram, 1805).

Fairchilds, Cissie, "Female Sexual Attitudes and the Rise of Illegitimacy: A Case Study," *Journal of Interdisciplinary History* 8(1978): 627-667.

Finch, Sir Henry, *Law or a Discourse Thereof*(London: Henry Lintot, 1759).

Fliscus, Sinibaldus[Innocent IV], *Commentaria Apparatus in V Libros Decretalium* [1570], repr. edn.(Frankfurt am Main: Minerva, 1968).

Foxcroft, Thomas, *Lessons of Caution to Young Sinners: A Sermon Preached ... upon the Affecting Occasion of an Unhappy Young Woman Present in the Assembly under Sentence of Death*(Boston: S. Kneeland and T. Green, 1733).

Franklin, Robert M., *Crisis in the Village: Restoring Hope in African-American Communities*(Minneapolis: Fortress Press, 2007).

The Frederician Code, 2 vols.(Edinburgh: A. Donaldson and J. Reid, 1791).

Freund, Ernst, *Illegitimacy Laws of the United States and Certain Foreign Countries* (Washington, DC: Government Printing Office, 1919).

Friedberg, Emil, *Corpus Iuris Canonici*, 2 vols.(Leipzig: Bernard Tauchnitz, 1879-81).

Frier, Bruce W., and Thomas A.J. McGinn, *A Casebook on Roman Family Law* (Oxford: Oxford University Press, 2004).

A Full, True and Particular Account of the Trial, Sentence, and Execution of John Webb … for the Murder of a Male Bastard Child … to Which Is Added His Extraordinary Case, and the Substance of an Excellent Sermon Preached on This Most Solemn Occasion (London: J. Pitts, 1911).

Gaius, *Institutiones*, ed. Paul Krüger and William Studemund (Berlin: Weidemann, 1877).

Gardner, Jane F., *Family and Familia in Roman Law and Life* (Oxford: Clarendon Press, 1998).

Garnsey, Peter, *Social Status and Legal Privilege in the Roman Empire* (Oxford: Clarendon Press, 1970).

Garrow, David J., *Sexuality and Liberty: The Right to Privacy and the Making of Roe v. Wade*, rev. edn. (Berkeley/Los Angeles: University of California Press, 1998).

Gaudemet, Jean, "Les transformations de la vie familiale au bas empire et l'influence du christianisme," *Romanitas* 4 (1962): 58–85; "Tendances nouvelles de la legislation familiale aux ivme siecle," *Antiquitas* 1 (1978): 187–207.

Génestal, R., *Histoire de la legitimation des enfants naturels en droit canonique* (Paris: Ernst Leroux, 1905).

Germain, Christopher Saint, *Doctor and Student*, rev. edn., corrected by Wiliam Muchall (Cincinnati, OH: Robert Clarke & Co., 1874).

Ginzberg, Louis, *The Legends of the Jews*, trans. Henrietta Szold and Paul Radin (Philadelphia: The Jewish Publication Society, 2003).

Given-Wilson, Chris, and Alice Curetis, *The Royal Bastards of Medieval England* (London/Boston: Routledge & Kegan Paul, 1984).

Glanvill, Ranulf de, *A Translation of Glanville*, trans. John Beames, repr. edn. (Littleton, CO: Fred B. Rothman & Co., 1980).

Goldin, Judah, *Studies in Midrash and Related Literature* (Philadelphia: The Jewish

Publication Society, 1988).

Godolphin, John, *The Orphans Legacy*, 2nd enlarged edn.(London: Chr. Wilkinson, 1677); *Repertorium Canonicum*, 3rd edn.(London: Assigns of R. & E. Atkins, 1687).

Goody, Jack, *The Development of the Family and Marriage in Europe*(Cambridge: Cambridge University Press, 1985).

Gordon, Sarah Barringer, *The Mormon Question: Polygamy and Constitutional Conflict in Nineteenth-Century America*(Chapel Hill, NC: University of North Carolina Press, 2002).

Gottlieb, Beatrice, "The Meaning of Clandestine Marriage," in Robert Wheaton and Tamara K. Hareven, eds., *Family and Sexuality in French History*(Philadelphia: University of Pennsylvania Press, 1980): 49-83.

Graveson, Ronald H. and F.R. Crane, eds., *A Century of Family Law: 1857-1957* (London: Sweet & Maxwell, 1957).

Gray, Charles M. and Maija Jansson Cole, "Bowdier's Case: The Intestate Bastard," *University of Toronto Law Journal* 30(1980): 46-74.

Grayzel, Solomon, *The Church and the Jews in the XIIIth Century*(Philadelphia: Dropsie College, 1933).

Grossberg, Michael, *Governing the Hearth: Law and the Family in Nineteenth-Century America*(Chapel Hill, NC: University of North Carolina Press, 1985).

Grubbs, Judith Evans, *Law and Family in Late Antiquity: The Emperor Constantine's Marriage Legislation*(Oxford: Clarendon Press, 1995); "Marrying and Its Documentation in Later Roman Law," in *To Have and to Hold: Marrying and Its Documentation in Western Christendom, 400-1600*, ed. Philip L. Reynolds and John Witte, Jr.(Cambridge: Cambridge University Press, 2007), 43-94; *Women and the Law in the Roman Empire: A Sourcebook on Marriage, Divorce, and Widowhood*(London/New York: Routledge, 2002).

Guttmann, Alexander, *Rabbinic Judaism in the Making*(Detroit: Wayne State University

Press, 1970).

Hagn, Hans, *Illegitimität und Thronfolge: zur Thronfolgeproblematik illegitimiter Merowinger, Karolinger, und Ottonen*(Neureid: Ars Una, 2006).

Halivni, David Weiss, *Midrash, Mishnah, and Gemara: The Jewish Predilection for Justified Law*(Cambridge, MA: Harvard University Press, 1986).

Hall, Amy Laura, *Conceiving Parenthood: American Protestantism and the Spirit of Reproduction*(Grand Rapids, MI: Wm. B. Eerdmans, 2008).

Hambleton, Else L., *Daughters of Eve: Pregnant Brides and Unwed Mothers in Seventeenth-Century Massachusetts*(New York: Routledge, 2004).

Harms-Ziegler, Beate, *Illegitimität und Ehe: Illegitimität als Reflex des Ehediskurses in Preussen im 18. und 19. Jahrhundert*(Berlin: Duncker & Humblot, 1991).

Hartley, Shirley, *Illegitimacy*(Berkeley: University of California Press, 1975).

Hayes, Christine E., *Gentile Impurities and Jewish Identities: Intermarriage and Conversion from the Bible to the Talmud*(Oxford: Oxford University Press, 2002).

The Hebrew-English Edition of the Babylonian Talmud, trans. Israel W. Slotki, ed. I. Epstein(London: Soncino Press, 1984).

Helmholz, R.H., "Bastardy Litigation in Medieval England," *American Journal of Legal History* 13(1969): 361-383; *The Oxford History of the Laws of England, vol. 1, The Canon Law and Eccleiastical Jurisdiction, 597 to the 1640s* (Oxford: Oxford University Press, 2004); *Roman Canon Law in Reformation England*(Cambridge: Cambridge University Press, 1990); "Support Orders, the Church Courts, and the Rule of *Filius Nullius*: A Reassessment of the Common Law," *Virginia Law Review* 63(1977): 431-448.

Hendrix, Llewellyn, *Illegitimacy and Social Structures*(Westport, CT: Bergin & Garvey, 1996).

Hening, W.W., *The Statutes at Large, Being a Collection of Al the Laws of Virginia*, 12 vols.(Richmond: George Cochran, 1823).

316

Herrmann, H., *Die Stellung der unehelichen Kinder nach kanonischen Recht*(Amsterdam: Grüner, 1971).

Hess, Hamilton, *Sexuality and Power: The Emergence of Canon Law at the Synod of Elvira*(Philadelphia: University of Pennsylvania Press, 1972).

Higginbotham, Ann R., "'Sin of the Age': Infanticide and Illegitimacy in Victorian London," *Victorian Studies* 32(Spring, 1989): 319-337.

Hooper, Wilfrid, *The Law of Illegitimacy*(London: Sweet & Maxwell, Ltd., 1911).

Hotman, François, *De spuriis et legitimatione*, appended to Barnabé Brisson, *De verteri ritu nuptiarum et jure connubiorum*(Amsterdam: Petrus le Grand, 1662).

Howard, George Elliott, *A History of Matrimonial Institutions*, 3 vols.(Chicago: University of Chicago Press, 1904).

Hugenberger, Gordon P., *Marriage As Covenant: A Study of Biblical Law and Ethics Governing Marriage Developed from the Perspective of Malachi*(Leiden: E.J. Brill, 1994).

Hunter, David G., *Marriage, Celibacy, and Heresy in Ancient Christianity: The Jovinianist Controversy*(Oxford: Oxford University Press, 2007).

Ingram, Martin, *Church Courts, Sex and Marriage in England, 1570-1640*(Cambridge: Cambridge University Press, 1987).

Isidore of Seville, *The Etymologies of Isidore of Seville*, trans. and ed. Stephen A. Barney, W.J. Lewis, J.A. Beach, and Oliver Berghof(Cambridge: Cambridge University Press, 2006).

Jackson, Mark, *New-Born Child Murder: Women, Illegitimacy, and the Courts in Eighteenth-Century England*(Manchester: Manchester University Press, 1996).

Jackson, Timothy P., ed., *The Morality of Adoption: Social-Psychological, Theological, and Legal Perspectives*(Grand Rapids, MI: Wm. B. Eerdmans, 2005); *The Priority of Love: Christian Charity and Social Justice*(Princeton: Princeton University Press, 2003); ed., *The Best Love of the Child*(Grand Rapids, MI: Wm. B. Eerdmans, 2011).

James, T.E., "The Illegitimate and Deprived Child: Legitimation and Adoption," in *A Century of Family Law*, ed. R.H. Graveson and F.R. Crane(London: Sweet & Mawell, Ltd., 1957), 39–55.

Jefferson, Thomas, *The Writings of Thomas Jefferson*, ed. P.L. Ford, 10 vols.(New York: G.P. Putnam's Sons, 1892–99).

Johnson, Luke Timothy, "Religious Rights and Christian Texts," in *Religious Human Rights in Global Perspective: Religious Perspectives*, ed. John Witte, Jr. and Johan D. van der Vyver(The Hague: Martinus Nijhoff Publishers, 1996), 65–95.

Jonkers, Engbert J.J., *Invloed van het Christendom op de romeinsche wetgeving betreffende het concubinaat en de echtscheiding*(Wageningen: H. Veenman, 1938).

Joyce, George Hayward, *Christian Marriage: An Historical and Doctrinal Study*, 2nd rev. edn.(London: Sheed and Ward, 1948).

Kawashima, Yasuhide, "Adoption in Early America," *Journal of Family Law* 20 (1982): 677–696.

Kay, Herma Hill, "The Family and Kinship System of Illegitimate Children in California Law," *American Anthropologist* 67(6)(1965): 57–81.

Kelly, Douglas F., "Adoption: An Underdeveloped Heritage of the Westminster Standards," *The Reformed Theological Review* 52(1993): 110–120.

Kelly, Henry Ansgar, *The Matrimonial Trials of Henry VIII*(Stanford: Stanford University Press, 1976).

Kent, James, *Commentaries on American Law*, 2 vols.(New York: O. Halsted, 1827).

Kertzer, David I. and Marzio Barbagli, eds., *Family Life in Early Modern Times, 1500-1789*(New Haven, CT: Yale University Press, 2001).

Kolarcik, Michael, *The Book of Wisdom*(Nashville: Abingdon Press, 1997).

Krause, Harry D., *Illegitimacy: Law and Social Policy*(Indianapolis: Bobbs–Merrill, 1971).

Krüger, Paul, ed., *Codex Theodosianus*(Berlin: Weidmann, 1923–26), translated as *The Theodosian Code and Novels and the Sirmonidian Constitutions*, trans. C.

Pharr(Princeton: Princeton University Press, 1952); ed., *Corpus Iuris Civilis*, 3 vols.(Berlin: Weidmann, 1928-29); ed., *Justinian's Institutes*, trans. Peter Birks and Grant McLeod(Ithaca, NY: Cornell University Press, 1987).

Kuehn, Thomas, *Illegitimacy in Renaissance Florence*(Ann Arbor, Mi: University of Michigan Press, 2002); "A Medieval Conflict of Laws: Illegitimacy and Legitimation in Ius Communeand Ius Proprium," *Law and History Review* 15(1997): 243-273.

Landau, Peter, "Sakramentalität und Jurisdiktion," in *Das Recht der Kirche*, ed. Gerhard Rau, Hans-Richard Reuter, and Klaus Schlaich, 4 vols.(Gütersloh: Chr. Kaiser, 1994-97), II:58-95.

Laslett, Peter, *Family Life and Illicit Love in Earlier Generations: Essays in Historical Sociology*(Cambridge: Cambridge University Press, 1977); Karla Oosterveen, "Long Term Trends in Bastardy in England: A Study of the Illegitimacy Figures in the Parish Registers and in the Reports of the Registrar General, 1561-1960," *Population Studies* 27(1973): 255-286; Karla Oosterveen, and Richard M. Smith, eds., *Bastardy and Its Comparative History: Studies in the History of Illegitimacy and Marital Non-Conformism in Britain, France, Germany, Sweden, North America, Jamaica, and Japan*(Cambridge, MA: Harvard University Press, 1980).

Laudensis, Martinus, *De Legitimatione* in *Tractatus universi iuris*, vol. VIII/2, 90b-98a.

Leclercq, Jean, *Monks on Marriage: A Twelfth Century View*(New York: Seabury Press, 1982).

Leineweber, Anke, *Die rechtliche Beziehung des nichtehelichen Kindes zu seinem Erzeuger in der Geschichte des Privatrechts*(Königstein: Peter Hanstein Verlag, 1978).

Leneman, Leah and Rosalind Mitchison, "Scottish Illegitimacy Ratios in the Early Modern Period," *Economic History Review*, 2nd ser. 40(1)(1987): 41-63;

Sin in the City: Sexuality and Social Control in Urban Scotland, 1660–1780(Edinburgh: Scottish Cultural Press, 1998).

Lettmann, Reinhard, *Die Diskussion über die klandestinen Ehen und die Einführung einer zur Gültigkeit verpfichtenden Eheschliessung auf dem Konzil von Trent* (Münster: Aschendorff, 1967).

Levine, Alyssa, Thomas Nutt, and Samantha Williams, eds., *Hegitimacy in Britain, 1700-1920*(Basingstoke/New York: Palgrave Macmillan, 2005).

Linder, Amnon, ed., *The Jews in the Legal Sources of the Early Middle Ages*(Detroit: Wayne State University Press, 1997); *The Jews in Roman Imperial Legislation* (Detroit: Wayne State University Press, 1987).

Locke, John, *Two Treatises on Government,* ed. Peter Laslett(Cambridge: Cambridge University Press, 1960).

Maimonides, Moses, *The Code of Maimonides*(*Mishneh Torah*), Book 5, *The Book of Holiness,* ed. Leon Nemoy, trans. Louis I. Rabinowitz and Philip Grossman (New Haven, CT: Yale University Press, 1965).

Maitland, F.W., *Roman Canon Law in the Church of England: Six Essays*(London: Methuen, 1898).

Manuche, Cosmo, *The Bastard: A Tragedy*(London: M.M.T. Collins and Gabrielle Bedell, 1652).

"Marriage Promotion in Low–Income Families, Fact Sheet"(Minneapolis: National Council of Family Relations, April 2003).

Mason, Mary Ann, *From Father's Property to Children's Rights: The History of Child Custody in the United States*(New York: Columbia University Press, 1994).

Mayali, Laurent, "Note on the Legitimization by Subsequent Marriage from Alexander III to Innocent III," in *The Two Laws: Studies in Medieval Legal History Dedicated to Stephan Kuttner,* ed. Laurent Mayali and Stephanie A.J. Tibbets(Washington, DC: Catholic University of America Press, 1990), 55–75.

McDevitt, Gilbert J., *Legitimacy and Legitimation: An Historical Synopsis and Commentary*(Washington, DC: Catholic University of America Press, 1941).

Menochius, Jacobus[Giacomo Menochio], *De arbitrariis iudicium quaestionibus et causis libri II*(Venice, 1624).

Meriton, George, *Immorality, Debauchery, and Profaneness, Exposed to the Reproof of Scripture and the Censure of the Law: Containing a Compendium of the Laws Now in Force Against ... Debauched Incontinency and Bastard-Getting*(London: John Harris and Andrew Bell, 1698).

Merlinus, Mercurialus, *De legitima tractatus*(Venice, 1651).

Meteyard, Belinda, "Illegitimacy and Marriage in Eighteen-Century England," *Journal of Interdisciplinary Histor* 10(1980): 479–489.

Meyer, Paul, *Der römischen Konkubinat nach den Rechtsquellen und den Inschriften* (Leipzig: G.B. Teubner, 1895).

The Minor Tractates of the Talmud, 2nd edn., trans. and ed. A. Cohen, 2 vols.(London: Soncino Press, 1971).

The Mishnah, trans. Herbert Danby(Oxford: Oxford University Press, 1987).

More, Kristian Anderson, "Marriage from a Child's Perspective: How Does Family Structure Affect Children, and What Can We Do about It?"(Washington, DC: Child Trends Research Brief, June 2002).

Morgan, Edmund S., *The Puritan Family: Religion and Domestic Relations in Seventeenth-Century New England*, rev. edn.(New York: Harper & Row, 1966).

Naphey, George H., *The Transmision of Life: Counsels on the Nature and Hygiene of the Masculine Function*, new edn.(Philadelphia: David McKay, 1887).

Neeve, Lydia, *The True Account of the Confession and Behaviour of Lydia Neeve for That Barbarous ... Murder, by the Cutting off the Head of Her Bastard Child* (Norwich?, 1702).

Nelson, William, *Lex Testamentaria*(London: J. Nutt, 1714).

Neudecker, Reinhard, "Does God Visit the Iniquity of the Fathers upon their

Children? Rabbinic Commentaries on Ex. 20,5b (Deut 5,9b)," *Gregorianum* 81(1)(2000): 5–24.

Nicolas, Harris, *Treatise on the Law of Adulterine Bastardy*(London: W. Pickering, 1836).

Noonan, John T., Jr., *Contraception: A History of Its Treatment by Catholic Theologians and Canonists*(Cambridge, MA: Harvard University Press, 1986); "Marital Affection among the Canonist," *Studia Gratiana* 14(1967): 489–499; "Novel 22," in *The Bond of Marriage: An Ecumenical and Interdisciplinary Study*, ed. W.J. Bassett(Notre Dame/London: University of Notre Dame Press, 1968), 41–90.

Novak, David, "Law and Religion in Judaism," in *Christianity and Law: An Introduction*, ed. John Witte, Jr. and Frank S. Alexander(Cambridge: Cambridge University Press, 2008), 33–52.

Oberman, Heiko A., *The Roots of Antisemitism in the Age of Renaissance and Reformation*(Philadelphia: Fortress Press, 1984).

Ogden, Daniel, *Greek Bastardy in the Classical and Hellenistic Periods*(Oxford: Oxford University Press, 1996).

Orme, Nicholas, *Medieval Children*(New Haven, CT: Yale University Press, 2002).

Pagan, John Ruston, *Anne Orthwood's Bastard: Sex and Law in Early Virginia*(Oxford: Oxford University Press, 2003).

Paleotti, Gabriele, *De notis spuriisque*(Frankfure am Main: Nicolai Bassaei, 1574), in *Tractatus universi juris*, vol. VIII/2: 45b–74b.

Papiensis, Bernardus, *Summa Decretalium*, repr. edn., ed. Theodore Laspeyres (Graz: Akademische Druck und Verlagsanstalt, 1956).

Parkes, James W., *The Jew in the Medieval Community: A Study of His Political and Economic Situation*, 2nd edn.(New York: Hermon Press, 1976).

Passameneck, Stephen M., *Some Medieval Problems in Mamzeruth*(Cincinnati: Hebrew Union College Annual, 1966).

Pataui, Mntua Bonauito, *Tractarus de legitima filiorum*, in *Tractatus universi iuris*, VIII/1, 440a-445b.

Penrose, J., *The Rev. Mr. Penrose's Account of the Behavior, Confession, and Last Dying Words of ··· J. Williams for the Murder of Her Bastard Child* (Bristol, 1741).

Peters, Edward N., ed. and trans., *The 1917 or Pio-Benedictine Cade of Canon Law in English Translation* (San Francisco: Ignatius Press, 2001).

Pollock, Sir Frederick and F.W. Maitland, *The History of English Law before the Time of Edward I*, 2nd edn. by S.F.C. Milsom, 2 vols. (Cambridge: Cambridge University Press, 1968).

Popenoe, David and Barbara DaFoe Whitehead, *The State of Our Unions* (Rutgers, NJ: National Marriage Project, 1998-2000).

Post, Stephen G., *More Lasting Unions: Christianity, the Family, and Society* (Grand Rapids, MI: Wm. B. Eerdmans, 2000).

Poudret, Jean-François, *Coutumes et coutumiers: Histoire comparative des droits des pays romands du XIIIe à la fin du XVIe siècle*, 6 vols. (Berne: Staempfli, 1998).

Presser, Stephen B., "The Historical Background of the American Law of Adoption," *Journal of Family Law* II (1972): 443-516; "Law, Christianity, and Adoption," in *The Morality of Adoption: Social-Psychological, Theological, and Legal Perspectives*, ed. Timothy P. Jackson (Grand Rapids, MI: Wm. B. Eerdmans, 2005), 219-245.

Pringsheim, Fritz, *Gesammelte Abhandlungen*, 2 vols. (Heidelberg: C. Winter, 1961).

Pullan, Brian S., *Rich and Poor in Renaissance Florence: The Social Institutions of a Catholic State to 1620* (Oxford: Oxford University Press, 1971); "Support and Redeem: Charity and Poor Relief in Italian Cities from the Fourteenth to the Seventeenth Century," *Continuity and Change* 3 (1988): 177-188.

Pustilnik, Amanda C., "Private Ordering, Legal Ordering, and the Getting of Children: A Counterhistory of Adoption Law," *Yale Law and Policy Review* 20 (2002): 263-296.

Quaesten, Johannes et al., eds., *Ancient Christian Writers: The Works of the Fathers in Translation* (New York: Newman Press, 1982).

Quigley, Aileen, *King Bastard: The Story of William the Conqueror* (London: Hale, 1973).

Rau, Gerhard, Hans-Richard Reuter, and Klaus Schlaich, eds., *Das Recht der Kirche*, 4 vols. (Gütersloh: Chr. Kaiser, 1994-97).

Rawson, Beryl, "Spurii and the Roman View of Illegitimacy," *Antichthon* 23 (1989): 10-41.

Reay, Barry, "Sexuality in Nineteenth-Century England: The Social Context of Illegitimacy in Rural Kent," *Rural History* 1 (2)(1990): 219-247.

Reckie, Gail, *Measuring Immorality: Social Inquiry and the Problem of Illegitimacy* (Cambridge: Cambridge University Press, 1998).

Reese, James M., *The Book of Wisdom, Song of Songs* (Wilmington, DE: Michael Glazier, Inc., 1983).

Reeve, Tapping, *The Law of Baron and Femme*, 2nd edn. (New York: Banks, Gould and Company, 1845).

Reid, Charles J., Jr., *Power over the Body, Equality in the Family: Rights and Domestic Relations in Medieval Canon Law* (Grand Rapids, MI: Wm. B. Eerdmans, 2004).

Reynolds, Philip L., *Marriage in the Western Church: The Christianization of Marriage during the Patristic and Early Medieval Periods* (Leiden: E. J. Brill, 1994); John Witte, Jr., eds., *To Have and to Hold: Marrying and Its Documentation in Western Christendom, 400-1600* (Cambridge: Cambridge University Press, 2007).

Rodgers, William C., *A Treatise on the Law of Domestic Relations* (Chicago: T.H. Flood and Company, 1899).

Rogers, Nicholas, "Carnal Knowledge: Illegitimacy in Eighteenth-Century Westminster," *Journal of Social History* 23 (1989): 355-375.

Rose, Lionel, *The Massacre of the Innocents: Infanticide in Britain 1800-1939* (London: Routledge and Kegan Paul, 1986).

Rosellis, Antonii de, *De legitimatione*, in *Tractatus universi iuris*, vol. VIII/2, 75a-90a.

Rubin, E.R, *The Supreme Court and the American Family* (Westport, CT: Greenwood Press, 1986).

Rufinus, *Summa Decretorum*, ed. Henrich Singer, repr. edn.(Aalen: Scientia Verlag, 1963).

Salmon, Mary Lynn, *Women and the Law of Property in Early America* (Chapel Hill, NC: University of North Carolina Press, 1986).

Salzberg, Marc, "The Marckx Case: 'The Impact of European Jurisprudence of the European Court of Human Rights' 1979 Marck Decision Declaring Belgian Illegitimacy Statutes Violative of the European Convention on Human Rights," *Denver Journal of International Law and Policy* 13(1984): 283-299.

Sardis, Ludovici a, *De naturalis liberis ac eorum successione*, in *Tractatus universi iuris*, vol. VIII/2, 29b-45b.

Scafidi, Benjamin, *The Taxpayer Costs of Divorce and Unwed Childbearing: First-Ever Estimates for the Nation and All Fifty States* (New York: Institute for American Values, 2008).

Schaff, Philip, ed., *The Creeds of Christendom, with a History and Critical Notes*, reprint of 6th edn. by David S. Schaff, 3 vols.(Grand Rapids, MI: Baker Books, 2007).

Schellekens, Joan, "Courtship, the Clandestine Marriage Act, and Illegitimate Fertility in England," *Journal of Interdisciplinary History* 25(1995): 433-444.

Schillebeeckx, Edward, *Marriage* (New York: Sheed and Ward, 1965).

Schmugge, Ludwig, *Kirche, Kinder, Karrieren: Päpstliche Dispense von der unehelichen*

Geburt in Spätmittelalter(Zurich: Artemis & Winkler, 1995); ed., *Illegitimät in Spätmittelalter*(Munich: R. Oldenbourg, 1994).

The Schottenstein Edition Talmud: The Gemara(Brooklyn: Mesorah Publications, 1990-).

Schouler, James, *A Treatise on the Law of Domestic Relations*(Boston: Little, Brown, and Company, 1870).

Schrader, Katharina, Gerda Mayer, Helga Fredebold, and Irene Fründ, *Vorehelich, ausserehelichen, uneheliche-wegen der grossen Schande: Kindestötung im 17. und 18. Jahrhundert*(Hildesheim: Gerstenberg, 2006).

Schroeder, H.J., *Councils and Decrees of the Council of Trent*(St. Louis, MO: B. Herder Book Co., 1941); *Disciplinary Decrees of the General Councils: Text, Translation, and Commentary*(London: Herder, 1937).

Scott, James M., *Adoption As Sons of God*(Tübingen: J.C.B. Mohr(Paul Siebeck), 1992).

Scott, John, *The Fatal Consequences of Licentiousness: A Sermon, Occasioned by the Trial of a Young Woman for the Alleged Murder of Her Illegitimate Child*, 6th edn. (London: L.B. Seeley & Sons, 1828).

Scott, S.P., *The Civil Law*, repr. edn., 17 vols.(New York: AMS Press, 1973).

Seott, Susan and C.J. Duncan, "Interacting Factors Affecting Illegitimacy in Pre-industrial Northern England," *Journal of Biosociological Science* 29(1997): 151-169.

Segusio, Henrici de [Hostiensis], *Summa aurea*, repr. edn.(Aalen: Scientia Verlag, 1962).

Selden, John, *De iure naturali et gentium, juxta disciplinam Ebraeorum libri septem* (London, 1640); *De successionibus ad leges Ebraeorum in bona defunctorum*, new edn.(Frankfurt an der Oder: 1673); *Opera Omnia tam edita quam inedita in tribus voluminibus*, 3 vols.(London, Guil. Bowyer, 1726).

Sexton, George, *The Causes of Illegitimacy Particularly in Scotland*(Edinburgh:

Edmonston and Douglas, 1860).

Shaberg, Jane, *The Illegitimacy of Jesus: A Feminist Theological Interpretation of the Infancy Narratives*(New York: Crossroad, 1990).

Shahar, Shulamith, *Childhood in the Middle Ages*(London/New York: Routledge, 1990).

Sheehan, Michael M., "Illegitimacy in Late Medieval England," in Ludwig Schmugge, ed., *Illegitimiat im Spätmittelalter*(Munich: R. Oldenbourg Verlag, 1994), 115-122.

Shorter, Edward, "Illegitimacy, Sexual Revolution, and Social Change in Modern Europe," *Journal of Interdisciplinary History* 2(2)(1971): 237-272; *The Making of the Modern Family*(New York: Basic Books, 1977).

The Shulchan Aruch, trans. and ed. Eliyahu Touger(Brooklyn: Kehot, 2002).

Smith, Daniel Blake, *Inside the Great House: Planter Family Life in Eighteenth-Century Chesapeake Society*(Ithaca, NY: Cornell University Press, 1980).

Smith, Daniel Scott, "The Long Cycle in American Illegitimacy and Premarital Pregnancy," in Laslett et al., *Bastardy and Its Comparative History*, 362-378.

Smith, Sydney, *Elementary Sketches of Moral Philosophy*(New York, Harper and Bros., 1856).

Soloveitchik, Joseph B., *Family Redeemed: Essays on Family Relationships*, ed. David Shatz and Joel Wolowelsky(New York: Meorot Harav Foundation, 2002).

Spierling, Karen E., *Infant Baptism in Reformation Geneva: The Shaping of a Community*, 1536-1564(Aldershot: Ashgate, 2005).

Spitz, Rabbi Elie Kaplan, "Mamzerut," *The Committee on Jewish Law and Standards of the Rabbincal Assembly*(March 8, 2000): 558-586.

Stephen, Henry John, *New Commentaries on the Laws of England*(*Partly Founded on Blackstone*), 4 vols.(London: Henry Butterworth, 1842).

Stevenson-Moessner, Jean, *The Spirit of Adoption: At Home in God's Family*(Louisville, KY: Westminster John Knox Press, 2003).

Stone, Lawrence, *The Family, Sex, and Marriage in England, 1500-1800* (San Francisco: Harper & Row, 1979).

Strebi, W., "Die Rechtsstellung der unehelichen Kinder in Kanton Luzern "(Diss., Berne, 1928).

Swinburne, Henry, *A Briefe Treatise on Testaments and Last Willes* (London: John Windet, 1590).

Symposium, "What's Wrong with Rights for Children?" *Emory International Law Review* 20 (2006): 1-239.

Tanner, Norman P., ed., *Decrees of the Ecumenical Councils* (Washington, DC: Georgetown University Press, 1990).

The Teaching of the Twelve Apostles, Didache, or The Oldest Church Manual, 3rd rev. edn. ed. and trans. Philip Schaff (New York: Funk & Wagnalls, 1889).

Teichmann, Jenny, *Illegitimacy: An Examination of Bastardy* (Ithaca, NY: Cornell University Press, 1982).

Tertullian, trans. and ed. Gerald H. Rendall (New York: G.P. Purnam's Sons, 1931).

Thomas, Mason P., "Child Abuse and Neglect. Part I: Historical Overview, Legal Matrix, and Social Perspectives," *North Carolina Law Review* 50 (1972): 293-349.

Tierney, Brian, *Medieval Poor Law* (Berkeley: University of California Press, 1959).

Tiffany, Walter C., *Handbook on the Law of Persons and Domestic Relations* (St. Paul, MN: West Publishing, 1896).

Tipton, Steven M. and John Witte, Jr., eds. *Family Transformed: Religion, Values, and Society in American Life* (Washington, DC: Georgetown University Press, 2005).

Tractatus universi iuris, duce & auspice Gregorio XIII, vol. VIII/1 -VIII/2 (Venice, 1584).

Treggiari, Susan, *Roman Marriage: Iusti Coniuges from the Time of Cicero to Ulpian* (Oxford: Clarendon Press, 1991).

The Trial of Alice Clifton, for the Murder of Her Bastard-Child (Philadelphia, 1787).

The Trial af Mary Gibbs for the Murder of Her Female Bastard Child(London, 1814).

Trible, Phyllis, *Texts of Terror: Literary-Feminist Readings of Biblical Narratives* (London: SCM Press, 2002); and Letty M. Russell, eds., *Hagar, Sarah, and Their Children: Jewish, Christian, and Muslim Perspectives*(Louisville, KY: Westminster John Knox Press, 2006).

Trumper, Tim, "The Metaphorical Import of Adoption: A Plea for Realization," *Scottish Bulletin of Evangelical Theology* 14(1996): 129-145; "The Theological History of Adoption," *Scotsh Bulletin of Evangelical Theology* 20 (2002): 4-28, 177-202.

Twinam, Ann, *Public Lives, Private Secrets: Gender, Honor, Sexuality, and Illgitimacy in Colonial Spanish America*(Stanford: Stanford University Press, 1999).

Ubaldi, Angelo degli, *Consilia*(Frankfurt am Main, 1575).

Vawter, Bruce, *On Genesis: A New Reading*(Garden City, NY: Doubleday & Company, Inc., 1977).

Vernier, Chester G., *American Family Laws: A Comparative Study of the Family Law of the Forty-Eight American States* ⋯ *(to Jan. 1, 1935)* 5 vols.(Stanford: Stanford University Press, 1936).

von Balthasar, Hans Urs, *The Glory of the Lord: A Theological Aesthetics, vol VI, Theology: The Old Covenant*(San Francisco: Ignatius Press, 1991).

von Rad, Gerhard, *Deuteronomy*(Philadelphia: The Westminster Press, 1966); *Genesis*(Philadelphia: The Westminster Press, 1961); *Old Testament Theology*, 2 vols.(New York Harper & Brothers Publishers, 1962).

Waite, Linda J. and Maggie Gallagher, *The Case for Marriage: Why Married People Are Happier, Healthier and Better Off Financially*(New York: Broadway Books, 2001).

Walker, Timothy, *Introduction to American Law: Designed As a First Book for Students* (Philadelphia: P.H. Nicklin and T. Johnson, 1837).

Watson, Alan, *The Evolution of Law*(Baltimore, MD: Johns Hopkins University Press,

1985); *The Law of Persons in the Later Roman Republic*(Oxford: Clarendon Press, 1967); *Legal Transplants: An Approach to Comparative Law*(Charlottesville VA: University of Virgina Press, 1974); *The Making of the Civil Law* (Cambridge, MA: Harvard University Press, 1981); *Sources of Law, Legal Change, and Ambiguity*(Philadelphia: University of Pennslyvania Press, 1984).

Watt, Jeffrey R., "The Impact of the Reformation and Counter-Reformation," in *Family Life in Early Modern Times, 1500-1789*, ed. David I. Kertzer and Marzio Barbagli(New Haven, CT: Yale University Press, 2001), 125-154; *The Making of Modern Marriage: Matrimonial Control and the Rise of Sentiment in Neuchâtel, 1550-1800*(Ithaca, NY: Cornell University Press, 1992).

Weindling, Paul, *Health, Race and German Politics between National Unification and Nazism, 1870-1945*(Cambridge: Cambridge University Press, 1989).

Weitnauer, Albert, *Die Legitimation des ausserehelichen Kindes im römischen Recht und in den Germanenrechten des Mittelalters*(Basel: Helbing & Lichtenhahn, 1940).

Wells, Robert, "Illegitimacy and Bridal Pregnancy in Colonial America," in *Bastardy and Its Comparative History*, ed. Peter Laslett et al., 349-361.

Westermann, Claus, *Genesis 12-36: A Commentary*(Minneapolis: Augsburg Publishing House, 1985).

White, J.D., "Legitimation by Subsequent Marriage," *Law Quarterly Review* 36 (1920): 255-267.

Wilkerson, Albert E., ed., *The Rights of Children: Emergent Concepts in Law and Society*(Philadelphia: Temple University Press, 1973).

Wilpert, Paul, ed., *Lex et Sacramentum im Mittelalter*(Betlin: Walter de Gruyter, 1969).

Winterer, Hermann, *Die rechtliche Stellung der Bastarden in Italien von 800 bis 1500* (Munich: Arbeo, 1978).

Witte, John, Jr., "Ishmael's Bane: The Sin and Crime of Illegitimacy Reconsidered," *Punishment and Society* 5(2003): 327-345; *Law and Protestantism: The Legal*

Teachings of the Lutheran Reformation(Cambridge: Cambridge University Press, 2002); *The Reformation of Rights: Law, Religion, and Human Rights in Early Modern Calvinism*(Cambridge: Cambridge University Press, 2007); *Religion and the American Constitutional Experiment*, 2nd edn.(Boulder, CO: Westview Press, 2005); Frank S. Alexander, eds., *Law and Christianity: An Introduction*(Cambridge: Cambridge University Press, 2008); Robert M. Kingdon, *Sex, Marriage and Family in John Calvin's Geneva*, 3 vols.(Grand Rapids, MI: Wm. B. Eerdmans, 2005-); Richard C. Martin, eds., *Sharing the Book: Religious Perspectives on the Rights and Wrongs of Proselytism*(Maryknoll, NY: Orbis Books, 1999); Johan D. van der Vyver, eds., *Religious Human Rights in Global Perspective: Religious Perspectives*(The Hague: Martinus Nijhoff Publishers, 1996).

Wohlhaupter, Eugen, *Aequitas canonica. Eine Studie aus dem kanonischen Recht* (Paderborn: F. Schöning, 1931).

Wolff, Hans Julius, "The Background of the Post-Classical Legislation on Legitimation," *Seminar* 3(1945): 21-45.

Zainaldin, Jamil S., "The Emergence of an American Family Law: Chiild Custody, Adoption, and the Courts, 1796-1851," *Northwestern University Law Review* 73(1979): 1038-89.

Zingo, Martin T. and Kevin E. Early, *Nameless Persons: Legal Discrimination against Non-Marital Children in the United States*(Westport, CT: Praeger, 1994).

Zunshine, Lisa, *Bastards and Foundlings: Illegitimacy in Eighteenth-Century England* (Columbus, OH: Ohio State University Press, 2005).

성경 찾아보기

성경/구전 토라 약어표

<table>
<tr><td colspan="2" align="center">구약성경</td><td colspan="2" align="center">신약성경</td></tr>
<tr><th>성경 이름</th><th>약어</th><th>성경 이름</th><th>약어</th></tr>
<tr><td>창세기</td><td>창</td><td>마태복음</td><td>마</td></tr>
<tr><td>출애굽기</td><td>출</td><td>누가복음</td><td>눅</td></tr>
<tr><td>레위기</td><td>레</td><td>요한복음</td><td>요</td></tr>
<tr><td>민수기</td><td>민</td><td>로마서</td><td>롬</td></tr>
<tr><td>신명기</td><td>신</td><td>고린도전서</td><td>고전</td></tr>
<tr><td>사사기</td><td>삿</td><td>갈라디아서</td><td>갈</td></tr>
<tr><td>룻기</td><td>룻</td><td>에베소서</td><td>엡</td></tr>
<tr><td>사무엘상</td><td>삼상</td><td>골로새서</td><td>골</td></tr>
<tr><td>사무엘하</td><td>삼하</td><td>디모데전서</td><td>딤전</td></tr>
<tr><td>열왕기상</td><td>왕상</td><td>히브리서</td><td>히</td></tr>
<tr><td>역대상</td><td>대상</td><td>야고보서</td><td>약</td></tr>
<tr><td>에스라</td><td>스</td><td></td><td></td></tr>
<tr><td>에스더</td><td>에</td><td></td><td></td></tr>
<tr><td>욥기</td><td>욥</td><td></td><td></td></tr>
<tr><td>시편</td><td>시</td><td colspan="2" align="center">구전 토라</td></tr>
<tr><td>이사야</td><td>사</td><td>권(쎄데르)</td><td>부(마쎄켓)</td></tr>
<tr><td>예레미야</td><td>렘</td><td>나쉼</td><td>예바못</td></tr>
<tr><td>예레미야애가</td><td>애</td><td>나쉼</td><td>키두쉰</td></tr>
<tr><td>에스겔</td><td>겔</td><td>네지킨</td><td>산헤드린</td></tr>
<tr><td>호세아</td><td>호</td><td>네지킨</td><td>호라욧</td></tr>
<tr><td>스가랴</td><td>슥</td><td>외전</td><td>쏘페림</td></tr>
</table>

구전 토라

권(쎄데르)	부(마쎄켓)	약어
나쉼	예바못	Yev.
나쉼	키두쉰	Kid.
네지킨	산헤드린	San.
네지킨	호라욧	Hor.
외전	쏘페림	Sof.

찾아보기

지은이 존 위티 주니어

1959년에 캐나다 온타리오에서 태어난 캐나다계 미국인이다.
1982년에 캘빈대학교를 졸업했고 1985년에 하버드 법학대학원에서
박사학위를 받았다. 미국 헌법과 종교의 관계를 연구하는 학자로
에모리대학교 법학과 석좌교수이자 법과 종교 연구센터 소장이다.
법, 인권, 종교의 자유, 결혼과 가족법, 법과 종교 분야의 최고 권위자로서
300편 이상의 논문을 출간했고 18회의 학술 심포지엄을 주최했으며,
20개의 국제적 프로젝트에서 1,600여 명의 학자를 지휘했다.
『에모리 법과 종교 연구』(*Emory Studies in Law and Religion*),
『케임브리지 법과 기독교 연구』(*Cambridge Studies in Law and Christianity*)의
편집자이며 『법과 종교 저널』(*Journal of Law and Religion*),
『브릴 법과 종교 연구 전망』(*Brill Research Perspectives on Law and Religion*),
『법의 뿌리 총서』(*Colección Raíces del Derecho*)를 공동 편집했다.
『권리와 자유의 역사』(*The Reformation of Rights*, Cambridge, 2008),
『종교와 미국 헌법의 실험』(*Religion and the American Constitutional Experiment*,
Oxford, 2005), 『법과 프로테스탄트주의』(*Law and Protestantism*, Cambridge, 2002)를
비롯해 45권의 책을 출간했다.

옮긴이 정두메

동국대학교 정치외교학과를 졸업하고, 한동대학교 국제법률대학원에서
법학 석사학위를, 미국 에모리대학교 법학대학원에서 법학 석사 및
박사학위를 취득했다. 박사과정 동안 에모리대학교 법과 종교 연구센터에서
존 위티 주니어의 지도를 받으며 법과 종교의 상호작용,
인권과 종교 자유에 대한 법사상사적 연구를 수행했다.
현재 미국에서 변호사로 활동하고 있다. 대표 역서로는 존 위티 주니어의
『권리와 자유의 역사』가 있으며, 이번에 같은 저자의 『아버지의 죄』를 번역했다.
이 책은 종교와 법의 상호작용이라는 큰 틀 안에서 아동에 대한 서구의 법,
특히 혼외자의 권리에 대한 법이 종교의 흐름과 함께 어떻게 발전하고
변화했는지를 규명하고 현대사회에서 아동의 권리를 보호하는 법적 틀을
고안하는 연구다. 이를 국내 독자들이 충실히 이해할 수 있도록
원전의 논리와 문맥을 정확히 전달하는 데 주력했다.

감수 김형태

부산대학교 전자공학과를 졸업하고, 기업연구소에서 개발자로
근무하다가 뒤늦게 신학의 길에 뛰어들어 목사가 되었다.
고려신학대학원 해외유학장학생으로 선발되어 미국 에모리대학교에서
신학석사를, 영국 더럼대학교에서 바울신학 전공으로 박사학위를 취득했다.
현재는 김포 고촌의 주님의보배교회 담임목사, 개신대학원대학교 겸임교수로
일하면서 목사-신학자(Pastor Theologian)의 길을 가고 있다.

아버지의 죄

지은이 존 위티 주니어
옮긴이 정두메
감 수 김형태
펴낸이 김언호

펴낸곳 (주)도서출판 한길사
등록 1976년 12월 24일
주소 10881 경기도 파주시 광인사길 37
홈페이지 www.hangilsa.co.kr
전자우편 hangilsa@hangilsa.co.kr
전화 031-955-2000~3 **팩스** 031-955-2005

부사장 박관순 **총괄이사** 김서영 **관리이사** 곽명호
경영이사 김관영 **편집주간** 백은숙
편집 박홍민 노유연 배소현 임진영
관리 이주환 이희문 원선아 이진아 **마케팅** 이영은
디자인 창포 031-955-2097
CTP출력·인쇄 예림 **제책** 예림바인딩

제1판 제1쇄 2025년 5월 15일

값 22,000원

ISBN 978-89-356-7895-2 03230

● 잘못 만들어진 책은 구입하신 서점에서 바꿔드립니다.